KEVORK ASLAN

Études Historiques

Peuple Arménien

PARIS
LIBRAIRIE GEUTHNER

1909

Études Historiques

SUR LE

Peuple Arménien

KÉVORK ASLAN

Études Historiques

SUR LE

Peuple Arménien

PARIS

G. DUJARRIC, Éditeur

46, RUE SAINT-PLACIDE, 46

—

1909

TABLE DES MATIÈRES

AVANT-PROPOS

CHAPITRE PREMIER

Les commencements du peuple Arménien.

1. — L'Ararat et l'Arménie. — Les habitants primitifs. — Les royaumes d'Ourartou et de Van. .   27
2. — Les Arméniens et les Haï. — Les Hittites. — Les migrations des tribus Arméno-Haï.   48
3. — Les Arméniens au temps des Mèdes et de l'empire Perse. — La Satrapie d'Arménie . . .   64
4. — La domination des Séleucides. — Les dynastes nationaux.   79

CHAPITRE II.

La royauté Arménienne jusqu'à l'avènement des Arsacides.

(190 av. J.-C. — 200 ap. J.-C.).

1. — La fondation de la royauté. — Artaxias. . .   89
    — Tigrane le Grand. — Conquêtes. — Luttes contre les Romains   98

3. — Artavasde. — Les derniers Tigranes 110
4. — Les compétitions pour le trône d'Arménie. — Les princes imposés par les Parthes et les Romains 118

Chapitre III

Les Arsacides d'Arménie.

(*193-297 ap. J.-C.*).

1. — La dynastie des Arsacides arméniens. — Valarse. — L'invasion de Sapor et de Narseh. . 133
2. — L'organisation de la royauté arménienne. — Les divisions territoriales. — Les grandes familles. — L'état social du peuple. 148
3. — Les croyances religieuses. — Le paganisme arménien 169

Chapitre IV.

Les Arsacides chrétiens. — Chute de la royauté.

(*297-428 ap. J.-C.*).

1. — Tiridate III. — Le christianisme en Arménie. Grégoire l'Illuminateur. 183
2. — Les successeurs de Tiridate. — Partage de l'Arménie 194
3. — Sahac et Mesrop. — Le mouvement littéraire au ve siècle 212
4. — L'Eglise Arménienne 230

Chapitre V.

L'Arménie sous les Byzantins, les Sassanides et les Arabes.

(428-860 ap. J.-C.).

1. — L'Arménie à la chute de la royauté. — Luttes contre les persécutions religieuses de la Perse. Les Mamiconiens Vardane et Vahane 245
2. — L'Arménie au temps des guerres perso-romaines du VIe siècle. — Les Marzpans Sassanides. 257
3. — Campagnes d'Héraclius. — Suprématie des Byzantins 271
4. — Rôle politique du Patriarcat 281
5. — La domination des Califes. — Les Osticans. Prépondérance des Bagratides. 288

Chapitre VI.

Les Bagratides et les Arzérounis.

(840-1.050 ap. J.-C.).

1. — Les principautés des Bagratides et des Arzérounis. — Les Sunides. 299
2. — Les lettres et les Arts au temps des Bagratides 314
3. — Faiblesse et chute définitive des principautés arméniennes. 323
4. — Retour offensif des Byzantins. — L'invasion des Seldjoukides. — Dispersion du peuple arménien 333

AVANT-PROPOS

Bien que le rôle joué par le peuple arménien se réduise à peu de chose, que son évolution soit le plus souvent dénuée d'intérêt au point de vue de la civilisation, des idées et des arts, les savants n'en étudient pas moins les origines, le passé, à cause des liens de parenté qu'ils trouvent en lui avec les plus vieilles races de l'Asie-Mineure. Et puis, le peuple arménien offre des particularités que l'histoire ne peut manquer de signaler : contemporain aux peuples de l'Orient disparus depuis des siècles, l'Arménien vit toujours, en gardant son individualité et sa langue, malgré les maux des invasions et des persécutions religieuses qu'il eut à subir. Et qui plus est, il sut s'affranchir de l'influence orientale pour embrasser le christianisme dès les premiers siècles, et même acquérir l'idée de la nationalité au moment où il perdait les derniers vestiges de son indépendance. C'est même au milieu des maux qui accablent l'Arménie que surgit l'événement national le plus remarquable ;

la création des lettres, accompagnée d'une activité littéraire que rien ne présageait. Pour avoir résisté à la destruction, pour avoir évolué de telle sorte, il faut admettre que l'Arménien porte en lui une rare ténacité et une étonnante vitalité. Son histoire présente donc des traits qui doivent intéresser tous ceux qui étudient l'évolution des anciens peuples de l'Orient.

Il y a quelques vingt ans on considérait les Arméniens comme un rameau des Mèdes et des Perses, qui serait venu s'échouer dans les hautes vallées de l'Araxe et de l'Euphrate, à l'époque des migrations des tribus aryennes. Leur idiome était considéré comme un dérivé de l'iranien, et le mazdéisme comme leur code religieux, alors que les Arméniens eux-mêmes s'en rapportaient aux récits de Moïse de Khorène, leur historien national. Mais, depuis que les inscriptions d'Assyrie et d'Ararat ont renouvelé l'histoire des peuples de l'Orient, que les philologues se sont rendu compte de la formation de la langue arménienne, qu'un immense travail d'investigation a jeté des lumières inattendues sur les origines, on est revenu des idées que l'on se faisait naguère. Les documents mis au jour ont révélé l'existence d'un monde que l'on ignorait, et qui avait exercé pendant des siècles sa suprématie sur ce plateau d'Ararat, alors qu'on le considérait comme le berceau des Arméniens proprement dits. Ces documents firent voir que la plupart des localités, des appellations géogra-

phiques, comme aussi l'origine de plusieurs
familles terriennes d'Arménie, remontent à des
temps durant lesquels les Arméniens erraient
ailleurs. D'où viennent ces derniers et que penser
d'eux quand les inscriptions sont muettes à leur
égard, et quand aucun document contemporain
n'éclaire leur naissance à l'histoire ? Il y a bien
les récits de Moïse de Khorène, mais ceux-ci
présentent le caractère des contes imaginaires
en désaccord avec les données que nous puisons
ailleurs. Les sources relatives aux temps primitifs, si l'on peut les appeler ainsi, consistent,
comme on le sait, en une mention des inscriptions
de Darius à Behoustoun, en quelques fragments
d'Hérodote et de Xénophon, ou en quelques
citations de la Bible, comme celle du quatrième
livre des Rois, des prophéties d'Isaïe et de Jérémie, avec lesquels il est extrêmement difficile
de percer le voile qui couvre les origines. Pour
l'époque qui s'étend de Darius à Alexandre et à
l'arrivée des Romains en Asie, on trouve bien
des allusions historiques dans Polype, Diodore,
Strabon, Plutarque, Arrien, mais les faits
rapportés sont si menus et si dilués qu'on ne
peut en composer un tableau tant soit peu satis-
faisant. La rareté des documents fait que les
études arméniennes soulèvent beaucoup de controverses et donnent lieu à beaucoup de conjectures.

Après la traduction des écritures saintes, vers
le milieu du ve siècle, les docteurs arméniens

admirent, en se rapportant aux traditions bibliques, pour ancêtre de la nation, le personnage Thorgom (le Tog-Arma du texte hébraïque), petit-fils de Japhet, suivant en cela l'opinion des exégètes anciens, qui assimilaient le Tog-Arma biblique à l'Arménie ou à une partie de ce pays. C'est ainsi que les premiers écrivains de l'Arménie appelèrent la nation « la maison de Thorgon ». Dans les siècles suivants, le rédacteur de l'histoire de Moïse de Khorène reconnut pour ancêtre le personnage Haïc, dont il fit le quatrième descendant de Japhet.

Les études arméniennes se sont localisées longtemps sur l'histoire de Moïse de Khorène que l'Ecole des Mikhitaristes de Venise considère encore comme une source autorisée. Le tableau que cette histoire déroule devant nos yeux est habilement conçu ; rien de discordant à première vue : des colons fuyant les persécutions de Belus de Babylone, viennent peupler le plateau de Van sous la conduite de Haïc : de là ils étendent successivement leur domination, et l'Ararat prend la désignation d'Arménie, du nom d'Aram, un des descendants de Haïc. L'auteur ne nous dit, il est vrai, si c'est là une tradition nationale, ou simplement une conjecture, pour expliquer l'origine des appellations Haï et Armen, que la nation s'est données. Haïc, que les traducteurs de la Bible ont assimilé à l'Orion de la version des Septante, semble être plutôt un personnage mythique, un héros ou un dieu des temps primitifs, qui n'a rien à faire à l'histoire. Nous devons considérer ces récits de Moïse de Khorène comme une composition plus ou moins ingénieuse, basée sur quelques contes syriaques attribués à un certain Mar-Abas, ou sur quelques légendes vagues qui avaient cours en Arménie. On peut dire d'ailleurs que l'histoire de Moïse de Khorène est non seulement dénuée de valeur pour les origines, mais qu'encore elle laisse à désirer pour les temps historiques, notamment pour l'époque dite des Arsacides. L'auteur ignore les historiens grecs et latins de ces temps, il se sert de sources syriaques ou persanes, qu'il complète d'après les traductions arméniennes de Josèphe (Guerre des Juifs), d'Eusèbe (Hist. Eccl.) de la Chronique Pascale et de Malalas.

C'est par l'étude de la langue arménienne qu'on est parvenu à déterminer d'une façon probante, l'origine de la nation, tout au moins de l'élément arménien proprement dit. Les travaux de Pétermann, de Hübschmann, de F. Muller, du P. Dervichian, ont établi de la manière la plus sûre, que la langue arménienne appartient à la branche occidentale ou européenne de la famille aryenne, qu'elle présente plus d'affinité avec le grec et le latin qu'avec l'iranien. L'iranisme qu'on y remarque est plutôt dû à l'influence séculaire de la Perse. On admet aujourd'hui que l'arménien, représente, sans tenir compte de ce qu'il a pu emprunter plus tard, les anciens idiomes thraco-phrygiens de l'Asie-Mineure, qui formaient un groupe à part entre les branches orientale et occidentale de la famille aryenne. La langue arménienne, ayant été définitivement classée, on est arrivé à confirmer la tradition rapportée par Hérodote et Eudoxe, d'après laquelle les Arméniens sont issus de la Phrygie, et appartiennent à la même race que les Phrygiens et leurs parents les Thraces. Le nom Arma, Armé que devaient porter les chefs ou les tribus de même souche que les Phrygiens, est reproduit dans les traditions bibliques, sous la forme de Tog-Arma. Le radical Arma-Armé se rencontre dans Arménac, Armaï, Harma considérés comme les premiers patriarches de la nation.

On sait qu'en même temps que les Phrygiens vivaient dans les régions méridionales de l'Asie-Mineure, vers le Taurus, au nord de la Syrie, des peuples qui se disaient Kheti, Khati, Hati, auxquels les savants ont donné le nom générique de Hittites. Les inscriptions ourartiennes font voir que plusieurs de leurs tribus s'étaient avancées vers la région de l'Euphrate, dans la Mélitène, dans la Sophène, et s'étaient trouvées en contact avec les habitants du plateau d'Ararat. Cette appellation de Khati, Hati a une ressemblance frappante avec le nom de Haï que se donnent les Arméniens. Rien n'autorise, aujourd'hui, à démentir la parenté que la plupart des savants, et M. Yensen en tête, voient entre les

Arméniens et les Hittites. On peut admettre que des tribus Hati se sont amalgamées avec les Arma, tout en gardant leur nom propre.

Tel est le résultat des recherches effectuées jusqu'aujourd'hui, en ce qui concerne les origines du peuple arménien. Ce dernier doit être considéré comme le produit de juxtaposition des tribus Arma et Hati, toutes deux originaires de l'Asie-Mineure, que les évènements politiques ont poussées vers l'est, dans les hautes vallées de l'Euphrate et de l'Araxe. Nous ne possédons, il est vrai, aucun document pour certifier cette conjecture et déterminer l'époque de la migration. Il résulte pourtant de l'ensemble des faits historiques que la présence des Armeno-Haï, dans les régions du plateau d'Ararat, ne date que du VIIe siècle avant notre ère. Leur établissement sur ce plateau est donc postérieur aux inscriptions qu'on y trouve. Tous ceux qui déchiffrent les inscriptions ourartiennes affirment que l'idiome de ces inscriptions n'a rien de commun avec l'Arménien, tel que nous le connaissons depuis le ve siècle.

Nous ne savons d'ailleurs rien de bien précis sur les commencements, si ce n'est que les Arméniens ont été, peu après leur apparition, englobés dans l'empire des Akémenides, et plus tard dans le royaume des Séleucides. Ces trois siècles de sujétion sont à peine connus. L'histoire des Arméniens commence à se dessiner après la bataille de Magnésie (189 av. J.-C.), qui mit fin à la supré-

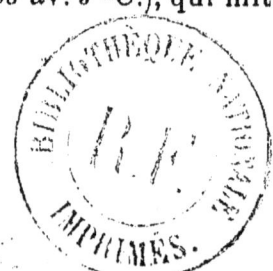

matie des Séleucides. La prépondérance des Romains en Asie marque en même temps une des phases remarquables de l'évolution du peuple arménien. Tributaires, jusque-là, des rois Séleucides, les Arméniens s'érigent en royauté indépendante, sous l'autorité des princes de la famille de Tigrane. L'histoire devient plus documentée, et malgré les lacunes que les sources présentent encore, on se rend compte, à quelques incertitudes près, de l'ensemble des événements qu'embrassent les six siècles que dura l'indépendance nationale. Nous possédons même deux versions sur cette période, appelée la dynastie des Arsacides arméniens : celle que nous donnent les auteurs contemporains Plutarque, Suétone, Tacite, Dion, Hérodien, Ammien, Marcellin, et puis celle de Moïse de Khorène. A en croire ce dernier, le royaume des Arsacides arméniens serait fondé vers l'an 150 av. J.-C., par un certain Valarsace, un frère d'Arsace le Grand des Parthes. Les princes de cette dysnatie, où figurent aussi Erovant d'Ourarton, Abgare d'Edesse, se seraient succédé de père en fils, jusqu'à Artaschir, le dernier, détrôné par les Sassanides. en 428. Les faits que nous rapportent les auteurs contemporains, font voir que les princes qui ont occupé le trône d'Arménie, n'appartiennent pas à la même lignée ; qu'après l'extinction de la famille de Tigrane, les Romains et les Parthes nommèrent tour à tour des rois de leur choix. La dynastie arsacide proprement dite, est venue au jour vers l'an 193, quand les Parthes placèrent sur le trône un certain Valarse, apparenté à leur famille royale.

Nous devons non seulement nous méfier des récits de Moïse de Khorène, mais encore nous servir des autres sources nationales, comme Acathange, Fauste de Byzance, Lazare de Pharpi, avec circonspection pour ce qu'il en est du récit des Arsacides chrétiens. Ces sources n'apportent d'ailleurs que des renseignements vagues, sur le paganisme pratiqué en Arménie, sur les débuts du christianisme, sur l'invention de l'alphabet, et les travaux de Mesrop, et ces questions restées obscures soulèvent encore des controverses.

Après l'invention de l'écriture, on devait s'attendre à ce que les sources nationales se suffisent à elles-mêmes pour l'histoire des siècles suivants. Il n'en est rien : nous ne possédons, pour les VIe et VIIe siècles, qu'un ou deux auteurs; l'évêque Sébéos dont l'histoire d'Héraclius n'envisage que brièvement certains événements en Arménie durant la domination des Sassanides, et le diacre Léonce, dont l'histoire de l'invasion des Arabes, ne nous apprend que des faits isolés, sans corrélation les uns avec les autres. Nous n'avons, pour ces temps, ni la chronologie exacte des événements politiques, ni l'analyse des faits qui firent surgir les nombreuses insurrections étouffées dans le sang. Si l'histoire politique des VIe, VIIe et VIIIe siècles reste quelque peu obscure, même avec ce qu'il est possible de puiser dans les chroniqueurs byzantins, s'il n'est pas aisé de retracer les figures et les caractères des hommes célèbres de ces temps, nous connaissons mieux l'histoire ecclésiastique, particulièrement les actes des patriarches d'Arménie.

C'est à partir du xe siècle, que nous voyons apparaître sinon des historiens, du moins des chroniqueurs qui s'appliquent à consigner tous les faits qui intéressent l'histoire. Ces chroniqueurs sont assez documentés pour se passer désormais du secours des sources étrangères. Les histoires de Jean le Catholices, de Thomas Arzérouni, d'Açoghik, d'Oukthanès, nous fournissent de précieux renseignements, à dater du ixe siècle. Malgré cela, nous sommes à peine instruits sur les mœurs, les coutumes, la vie intime du peuple. Les monographies sont rares pour pénétrer dans la vie des princes et des hommes de ces temps. Nous ne sommes pas mieux renseignés sur l'organisation civile et militaire, l'administration de la justice, l'activité artistique et économique du peuple arménien.

Cet aperçu des documents fait voir qu'il est malaisé de faire l'historique de l'évolution du peuple arménien sans prêter le flanc à la critique. La difficulté augmente à mesure que l'on remonte vers les origines et que l'on s'efforce de percer le voile qui couvre l'enfance de la nation. On peut dire, comme Moïse de Khorène, qu'on n'a pas sous la main les documents nécessaires pour composer sûrement l'image que nous désirons. La rareté des documents s'explique, quand on songe que le peuple arménien vécut longtemps d'une manière ignorée dans le sein de l'empire perse, que l'Arménien a évolué pendant des siècles sans être initié à l'art de l'écriture. Et même après l'invention de l'alphabet, l'histoire, comme tout le mouvement intellectuel, est confinée dans les mains des moines, pour lesquels les contes des temps païens n'avaient aucun mérite à côté des merveilleux récits de la Genèse. Il semble, néanmoins, que les docteurs du ve siècle, par les rapprochements qu'ils ont établis entre Haïc et Orion, Aramazd et Zeus, Vahagn et Hercule possédaient, sur les temps antérieurs, des données qu'ils négligèrent de transmettre à la postérité.

Délaissée pendant des siècles, l'étude de l'histoire d'Arménie fut reprise au XVIIIe siècle par l'Ecole des Mikhitaristes. Le P. Tchamitch s'est livré à un travail laborieux pour publier son histoire d'Arménie en trois volumes, où il a recueilli tous les matériaux fournis par les écrivains nationaux et étrangers. Très documenté, l'ouvrage de Tchamitch a le grand mérite d'établir d'après l'ère vulgaire la chronologie de tous les événements survenus en Arménie, avec une liste des patriarches depuis Grégoire l'Illuminateur jusqu'à l'année 1780. L'auteur distingue une première dynastie dite Haïcazienne, fondée par

Haïc, dont il fixe le règne vers l'an 2273 av. J.-C. Certes, l'ouvrage de Tchamitch n'est plus à la hauteur des connaissances actuelles, il commet de nombreuses erreurs chronologiques, il reproduit trop aveuglément les récits de Moïse de Khorène, mais il n'en reste pas moins une œuvre méritoire quand on songe qu'il date de plus d'un siècle, d'une époque où les sciences historiques n'avaient fait encore aucun progrès en ce qui concerne l'antiquité. C'est ainsi que l'histoire de Tchamitch fit époque, et les écoles arméniennes ne cessèrent d'y puiser leur enseignement pendant un siècle. Un autre mikhitariste de Venise, le P. Indjidjian, publiait en 1835 une étude historique et géographique de l'Arménie ancienne qui, naturellement, n'a plus de valeur aujourd'hui. De nos jours, le P. Alichan a publié plusieurs volumes d'une grande érudition sur la géographie ancienne de l'Arménie, où les leçons de la critique tiennent malheureusement peu de place. Ce sont les Mikhitaristes de Vienne et les professeurs de l'Institut arménien de Moscou qui se sont efforcés de réédifier l'histoire nationale sur des bases plus solides, en suivant la voie tracée par la critique. Dans son histoire universelle, publiée en 1852, le P. Katerdjian a souligné quelques-unes des corrections exigées par la science en ce qui concerne l'époque des Arsacides. Ses confrères Karacachian et Tachian, firent plus et soumirent à la critique raisonnée les sources dont se sont servi Moïse de Khorène et Acathange. Parmi les Arméniens de Russie nous devons rendre hommage à Emine, à Patcanoff et à leur distingué successeur le Dr G. Khalathiautz dont les mémoires ont beaucoup contribué à l'avancement des études arméniennes.

En France, les mémoires de Saint-Martin, publiés vers le premier quart du siècle dernier, sur les Arsacides, constituent encore une étude pleine d'enseignement. Dans sa collection des auteurs arméniens traduits en français, Victor Langlois a inséré des notes savantes dont on peut tirer le plus grand profit. Nous pouvons citer parmi tant d'autres arménistes français Dulaurier, Brosset, et le regretté A. Carrière, dont les études des sources de Moise de Khorène, ont tranché définitivement la question de l'époque de la composition de cette histoire mystérieuse. D'un autre côté, les assyriologues français : Oppert, F. Lenormant, Menaut, Guyard, ont puissamment aidé à éclairer la période primitive, et l'exposé de M. Maspéro de l'évolution de l'ancien Ourartou, consigné dans son histoire magistrale des peuples de l'Orient, nous trace la voie à suivre pour déterminer les migrations du peuple arménien.

Les travaux des savants allemands et anglais ont peut-être le plus contribué aux progrès des études arméniennes. La liste en est longue, nous devons exprimer toute notre gratitude aux historiens, linguistes et critiques, tels que Petermann, Hübschmann, F. Muller, Max Muller, De

Lagarde, Gutschmid, R. Ritter, Kiépert, Nöldecke, Gelzer, Marquardt, Weber. La grammaire arménienne de Hübschmann a marqué une ère nouvelle pour l'étude de la langue dont la classification est devenue le point de départ de nouvelles recherches. Les nombreux mémoires de De Lagarde, Gelzer, Nöldecke, Marquardt, constituent des études inestimables pour l'histoire des temps arsacides. Les publications de MM. Belck et Lehmann, sur les inscriptions d'Ararat, ont fourni pour l'étude de la géographie ancienne des données du plus haut intérêt. Enfin les Hittites et les Arméniens du professeur Yensen ont ouvert une nouvelle voie, considérée comme la plus sûre pour la recherche des origines et de la formation du peuple arménien.

Parmi les savants anglais G. Rawlinson a mis au jour par le déchiffrement des cunéiformes akéménides des documents précieux en ce qui concerne les événements qui décidèrent la reduction de l'Arménie en Satrapie, sous Darius. Nous lui devons aussi les premières recherches qui militent en faveur de la tradition rapportée par Hérodote, d'après laquelle les Arméniens sont des émigrés de l'Asie-Mineure. C'est encore à un savant anglais, à M. Sayce, que nous sommes redevables des progrès réalisés dans le déchiffrement des inscriptions d'Ararat.

Nous avons mis à profit dans cette publication les travaux des savants dont nous venons de citer les noms, et dont l'autorité est notoire. Est-ce à dire que l'on doive voir en elle l'exposé d'un ensemble de faits définitivement acquis? Il y aura toujours dans les faits, comme dans la chronologie de l'histoire d'Arménie des conjectures et des incertitudes dont la critique ne peut se satisfaire. Si nous avons omis de citer quelques-uns des auteurs dont nous avons pu emprunter les travaux, c'est un oubli que le lecteur nous pardonnera quand il aura vu que nous nous sommes astreints à présenter un tableau concis, sans entrer dans des développements qui eussent exigé un volume plus considérable. Notre histoire s'arrête d'ailleurs au xie siècle, à la perte de l'indépendance du peuple arménien. Quoique l'arménien survive encore en communautés, qu'il n'ait pas totalement abandonné sa patrie, son histoire ne présente plus d'intérêt quand on laisse de côté, comme nous le faisons, le royaume arménien de Cilicie, qui se déroule dans un autre cadre.

1908

ÉTUDES HISTORIQUES SUR LE PEUPLE ARMÉNIEN

CHAPITRE PREMIER

Les Commencements du Peuple Arménien

I

L'Ararat et l'Arménie. — Les habitants primitifs. — Les royaumes d'Ourartou et de Van.

La région qui s'étend à l'est de la péninsule de l'Asie-Mineure jusqu'aux confins de la Médie, entre la chaîne Pontique et les ramifications du Caucase au nord, la Mésopotamie au sud, et que les géographes nomment l'Arménie (1), était désignée aux temps des Assyriens par des

---

(1) L'origine et l'étymologie du nom d'Arménie, sont encore un sujet de controverses parmi les critiques. Les Arméniens, en se rapportant aux récits de Moïse de Khorène, s'imaginaient jusqu'à ces derniers temps que cette appellation était due au personnage Aram, un des patriarches de la lignée de Haïc. Strabon et F. de Byzance l'attribuent à Arménos, personnage mythique, né en Thessalie, qui serait venu dans la haute vallée de l'Euphrate, à la suite de l'expédition des Argonautes. Le patriarche Nersés Schnorali, auteur du

noms dont l'origine se perd dans la nuit des temps : l'Ararat ou l'Ourartou (1), le Supan (2), l'Enzite (3), le

---

xii⁰ siècle, la fait dériver d'Arménac. D'après Bochart, l'Arménie ne serait autre chose que Har Minni, c'est-à-dire la montagne de Minni, de la tradition biblique. Selon Karacachian, l'Arménie, ou plutôt l'Armnik ou Erimen est une désignation de l'Avesta et se rapporte au pays à l'occident de l'Iran. Cette appellation daterait du temps de Darius, puisqu'elle se trouve mentionnée pour la première fois dans l'inscription de Bihoustoun. De Carra voudrait l'expliquer par Kar Minni ; la particule Kar ayant, dans les langues de l'Asie-Mineure, le sens de lieu, de résidence. D'après le père Saldagian, l'Ourartou s'appellerait Harminiap au temps des Mèdes et Harminiap aurait pris la forme Armenia chez les Perses. Ce sont V. Langlois et le savant mikhitariste Katirdjian de Vienne qui ont la première fois fait remarquer que les noms des premiers patriarches mentionnés dans l'histoire de Moïse de Khorène, comme dans la liste anonyme de Sébéos portent le suffixe commun Arma, tel qu'on le trouve dans le Tog-Arma biblique. L'assimilation de Tog-Arma à l'Arménie euphratienne a été démontrée d'autre part par Kiepert, Dillemain et Michaëlis (F. Lenormand, les Orig. de l'Hist.). L'appellation Arménie ou Armenœ est donc due aux Arma ou Armen, à des immigrants d'origine thracique, qui ont conquis les hautes vallées de l'Euphrate vers le vii⁰ siècle avant notre ère, conformément à la tradition rapportée par Strabon, dans laquelle les Arma ont pris la forme d'un héros éponyme. Les Arméniens qui se donnent le nom de Haï appellent leur patrie Haï-Astan, c'est-à-dire la résidence des Haï. C'est là une appellation due à des tribus Khati de l'Asie-Mineure, qui se sont mêlées aux Arma.

(1) L'Ararat est cité par la Bible (Gen. VIII, 11. Isaïe. XXXVII, 38, Jér. II, 27) n'est qu'une transcription légèrement modifiée de l'Ourartou ou Ourarti, mentionnée dans les inscriptions d'Assourbanipal de Salmanassar (855-825). Les Assyriens et les Babyloniens appelaient Ourartou le pays situé au nord des plaines. Il semble que ce nom s'appliquait au pays qui s'étend entre les deux bras de l'Euphrate et les sources de l'Araxe, et qu'il fut restreint, à la fin, à la région avoisinant la montagne du même nom. D'après Schmid, Ourartou ou Ararat signifierait haut pays.

(2) Le Supan ou Supna des inscriptions ourartiennes, est transcrit sous la forme de Suphan ou Souphan par les Syriens. C'est la Sophène classique, le Sophk des Arméniens.

(3) L'Enzite ou Enzi des Assyriens se retrouve chez les auteurs arméniens, sous la forme de Hanzit. C'est la région qui s'étend à l'est de la Sophène et qui se confond avec l'Alzi ou Alzik, le district où naissent les sources du Tigre occidental.

Naïri (1) avec le Biainæ ou Vanæ, le Manna (2). Le pays affecte la forme d'un massif compact de 1500 à 2000 mètres de hauteur, qui se dresse brusquement sur le Pont-Euxin, la Caspienne et les plaines de la Mésopotamie, et qui s'incline légèrement vers le plateau de la Médie. C'est là que prennent naissance les plus grands fleuves de l'Asie-Antérieure, comme l'Araxe et le Kour qui se dirigent vers la mer Caspienne, l'Euphrate et le Tigre, qui vont arroser les campagnes d'Assyrie et de Babylonie, l'Halys et le Lycus qui serpentent à travers l'Asie-Mineure, pour se jeter dans le Pont-Euxin. Des montagnes qui relient le Caucase à la chaîne Pontique et au Taurus sillonnent le plateau de toutes parts, et affectent la forme de massifs énormes, dont le plus élevé est l'Ararat, le Massik ou Massis (3) des Arméniens, qui projette ses deux cônes de porphyre, chargés de neige, à plus de 5.000 mètres. Pays volcanique par excellence, tous les hauts sommets d'Arménie sont autant de cratères éteints. Vers le nord entre l'Araxe et le Kour, se dresse l'Aragaz, le mont d'une blancheur

---

(1) Naïri ou Nahri, qui voudrait dire, selon quelques critiques, le pays des fleuves, est cité pour la première fois dans les inscriptions de Tiglatphalassar Ier au XIe siècle. Le monarque assyrien comprend, sous le nom de Naïri, le bassin de Van et les hautes vallées de l'Euphrate oriental. C'est une appellation antérieure à la fondation du royaume de Van; elle cesse d'être employée à partir de Sargon. Quant au Biainæ, qui s'est transformé en Vanæ, le Van de nos jours, c'est une appellation des inscriptions indigènes, et qui se rencontre chez Ptolémée, sous la forme de Vovanæ.

(2) Le Manna ou Man qui formait un petit état distinct et indépendant de l'Ourartou est le Minni de la Bible, le Matiane des géographes classiques. Il s'étendait à l'est du lac de Van et comprenait en partie le pays appelé plus tard Armeno-Médie.

(3) Le Massis des Arméniens ne saurait être identifié avec le Massios des géographes classiques, qui se dresse au nord de Nissibine.

éclatante de Moïse de Khorène ; au nord-ouest, le Paryadis; au centre l'Abos (1); à l'est le Niphatès (2), aux cratères à peine éteints ; vers le sud, le Sépouh (3), dominant le lac de Van. Disposées en amphithéâtres, les montagnes d'Arménie encadrent des bassins ne communiquant les uns aux autres que par des brèches d'un accès difficile. Dans ce pays sans homogénéité géographique, le bassin de Van (4), situé à l'altitude de 1.600 mètres, est un des plus remarquables. Un lac d'eau saumâtre d'une étendue six fois plus grande que le lac Léman, en occupe le fond. Au sud-est des montagnes bordières de ce bassin, s'étend une autre cavité remplie d'eau salée, entourée de marais et de salines, d'une étendue encore plus considérable. C'est le lac d'Ourmiah (5). Ce ne sont pas d'ailleurs les seules nappes d'eau du plateau arménien. D'anciens cratères transformés aujourd'hui en lacs d'une beauté grandiose, épanchent leurs eaux vers l'Araxe, comme le Sevane, le Gœuk-Tchaï des Tartares, situé à l'altitude de 1.600 mètres, d'une superficie au moins deux fois plus grande que le lac de Genève.

L'Araxe, le fleuve arménien par excellence, naît dans le massif de l'Abos, arrose la plaine de l'Araxiane, s'engage dans les montagnes, et, de cascades en cascades,

---

(1) L'Abos ou Avos est le Bine-Gœul actuel, la montagne aux Mille-Lacs, au sud d'Erzéroum.

(2) Le Npate des Arméniens. Les géographes grecs font confusion en plaçant cette montagne plus au sud, dans la chaîne du Taurus.

(3) Appellation d'origine iranienne, qui semble signifier le Superbe.

(4) Le lac de Van est la mer d'Ourartou ou la mer supérieure de Naïri des Assyriens, c'est l'Arsissa des géographes classiques, la mer d'Ishpouinès (Bjnouni), de Dhouspa, d'Ardjis, de Vaspuracan, des Arméniens.

(5) C'est la mer inférieure du Naïri, la mer d'Atrpatacan des Iraniens, la Capoutac des Arméniens, le Matiana de Strabon.

se fraie un chemin à travers des gorges sauvages, pour gagner la plaine caspienne où elle se confond avec les eaux du Khour. Ce dernier, le fleuve des Géorgiens, sort des montagnes de la Gogarêne pour s'écouler dans une première cavité, dominée par de hauts sommets, et de là s'engager dans une série de défilés, à travers le plateau qui sépare l'ancienne Ibérie.

L'Arzania (1) ou l'Euphrate oriental commence dans les montagnes neigeuses de Npate, se dirige vers le sud-ouest, pour arroser le district de Tarone, et se frayer un passage à travers les contreforts du Taurus jusqu'à sa réunion avec le bras occidental, qui vient de la Carénitide. Après un chemin tortueux vers la plaine de l'Akilisène, cette branche s'engage aussi dans une suite de gorges abruptes dont les parois surplombent la rivière de plusieurs centaines de mètres. Les deux bras réunis, l'Euphrate sert de limite à la Mélitène. Le Tigre naît dans le Taurus, non loin de l'Arzania, par une infinité de branches. Le bras occidental arrose la plaine d'Amid, et reçoit une série d'affluents considérables, parmi lesquels le Sassoun, ou le Batman, le Nymphius des Grecs, et le Bohtan (2) qui draine les eaux du plateau bordant au sud le bassin de Van. Le Djorokh (3) qui se forme dans le nord-ouest du plateau, arrose l'antique pays des Taoques, et, tournant au sud, il s'ouvre un passage dans le Paryadis qui le porte au Pont-Euxin. L'Halys et le Lycus naissent sur

---

(1) L'Arazani des Arméniens, le Mourat actuel.

(2) Belck et Lehmann croient y voir le Centrite des récits de Xénophon.

(3) Appellation d'origine géorgienne. Les auteurs arméniens le connaissent surtout sous le nom d'eau de Sper. On ne saurait dire si c'est le Boas ou le Harpase, ou même le Phase de Xénophon.

le revers ouest, à des altitudes de plus de 2.000 mètres, dans l'Arménie-Mineure, pour aller ensuite arroser les campagnes du Pont et de la Cappadoce.

Rien n'est plus tourmenté que cette contrée arménienne. Les volcans qui la façonnèrent aux époques géologiques n'y brûlent plus depuis que l'homme se l'est appropriée, mais le sol y est marqué encore de l'empreinte de leurs feux. La terre est bouleversée sans cesse et de violentes secousses sismiques s'y renouvellent de siècle en siècle. Pays plein de contradictions, à la fois maltraité et favorisé de la nature dans la variété de ses altitudes et de ses expositions : des cimes rugueuses, des gouffres, des solitudes poudreuses, mais aussi des vallons ombreux, des coteaux riants où la vigne se marie aux arbres, de vastes bassins où l'alluvion s'étale en couches grasses et profondes, des campagnes d'une monotonie désolante, où le paysage est à peine égayé par les saules et les peupliers qui bordent les rivières. Des froids intenses qui succèdent à de violentes chaleurs ; la neige couvre les campagnes pendant six mois de l'année, la température baisse souvent à 25 degrés au-dessous de zéro, pour faire place ensuite à des chaleurs qui atteignent dans la vallée de l'Araxe 40 degrés. Les froidures hivernales, les gelées du printemps retardent la végétation : mais, au mois de mai, la nature fait explosion, pour ainsi dire ; les plantes se hâtent de croître et de mûrir (1). Cependant, dans les vallées abritées du Paryadis, comme dans le bassin de Van et les échancrures du haut Tigre, croissent en abondance la vigne, les arbres fruitiers. Certaines vallées du

---

(1) E. Recl. Géog. Univ.

Taurus produisent un chêne nain sur les branches duquel on ramasse la manne (1), substance sucrée qui se développe en menus grumeaux par les jours de brouillard.

Les oiseaux sont rares, à l'exception de ceux qui nichent dans les anfractuosités des rocs. Les fauves manquent de retraites sur ces espaces nus, mais on y rencontre encore, en grand nombre, le sanglier et le loup, parfois l'ours et l'hyène. Presque toutes les pentes sont le domaine du mouton dont l'élevage est une des principales richesses du pays. La race bovine est surtout représentée par le buffle, le principal auxiliaire de l'homme dans ses travaux agricoles. Le cheval se distingue par sa taille svelte, son intrépidité et son assurance ; les Niscei d'Arménie étaient comparables aux chevaux parthes.

Défendue au nord par les ramifications du massif du Caucase, au sud par le Taurus, l'Arménie formerait une région naturellement forte, si ce n'étaient le manque d'homogénéité à l'intérieur et sa situation géographique qui en fait le point de convergence des principaux chemins de l'Asie-Antérieure. Le plateau arménien fut la grande route des peuples envahisseurs, débouchant de la Caspienne pour pénétrer dans l'Asie-Mineure, en même temps qu'une des étapes des expéditions des conquérants assyriens et arabes, qui y passèrent et repassèrent, en l'escaladant par les dépressions qu'ouvrent les hautes vallées du Tigre. Il dut subir de tout temps l'ascendant des puissances qui s'élevèrent sur ses frontières, à cause

---

(1) La manne, qui renferme surtout de la dextrine, est connue sous le nom de kazpen. C'est une matière semblable à la gomme que produisent les morsures des insectes, et particulièrement la cigale ; la plaie qui en résulte, laisse couler la manne.

de sa position qui en fait la clef de toute la région qui s'étend entre la Caspienne, la Méditerranée et le golfe Persique. La citadelle de Carine, le Théodosopolis des Byzantins, l'Erzeroum de nos jours, qui s'élève vers les sources de l'Araxe et de l'Euphrate, marque le centre stratégique du plateau.

Quels sont les premiers habitants qui ont peuplé cette région que nous venons de décrire? D'après les récits arméniens, le plateau d'Ararat aurait été colonisé dès les origines par les Haï, ainsi appelés du nom de leur ancêtre Haïc, originaire de la plaine de Senaar, qui serait venu s'y fixer en fuyant les persécutions de Belus de Babylone. Les expéditions guerrières, l'éclat du règne d'Aram, de la lignée de Haïc, auraient donné naissance à l'appellation Arménie. Mais rien ne confirme ce récit brodé sur les traditions bibliques, ni même la présence des Arméniens dans les cantons de l'Araxe et de l'Euphrate à une époque aussi reculée. Nous devons rapporter cette colonisation conçue d'après la Genèse à l'imagination de quelque exégète chrétien, qui, pour expliquer les origines de la nation, fit de Haïc, personnage mythique des temps anciens, un descendant de Japhet, auquel il était facile de rapprocher l'appellation Haï. Ce qui ressort au plus de ce récit fabuleux, s'il était jamais l'écho d'un événement historique, c'est que les cantons du bassin de Van ont été subjugués, en ces temps lointains, par quelques chefs de clans chaldéens ou assyriens, qui y firent souche et donnèrent naissance aux premiers dynastes de cette région. Les documents mis au jour, les investigations auxquelles se sont livrés les savants, démontrent d'autre part que nous devons aussi bien rejeter le système admis longtemps par les ethnographes, d'après lequel le plateau d'Ararat aurait été colonisé par un rameau iranien venant de l'est, comme les Mèdes et les Perses, rameau qui se serait fixé là dès les temps anciens en donnant naissance aux Arméniens. C'est là une hypothèse échafaudée sur une similitude plus ou moins réelle de langue et de mœurs entre les Mèdes et les Arméniens, sans tenir compte de la tradition des anciens qui rapproche les Arméniens aux peuples de l'Asie-Mineure, notamment aux Phrygiens. Les données que l'on possède maintenant, font voir que la population primitive du plateau d'Ararat était une agglomération de peuples d'origines diverses. L'Ararat a été successivement envahi, comme la plupart des pays de montagne, par les peuples qui campaient tout autour, peuples de la Caspienne, de la Médie, de la Mésopotamie, de l'Asie-Mineure. Des migrations successives y ont déversé d'une part des tribus scytiques ou touraniennes, de même souche que les Alains, les Saspires, que Ezéchiel désigne sous le nom de Gog et Magog, d'autre part, des Mèdes, des Araméens et des Indo-Européens de l'Asie-Mineure. C'étaient, à ce que l'on voit, des peuplades de langues et de mœurs différentes, répondant à des noms dont l'histoire ne se souvient plus. Les immigrants du nord subjuguèrent sans doute la vallée de l'Araxe, et peut-être aussi le bassin de Van, mais ils ne purent avancer du côté de l'Euphrate, où avaient pris place des tribus originaires de l'Asie-Mineure et de la Mésopotamie. Il faut croire que ces peuplades vécurent pendant des siècles, sans se mêler, sans fusionner, puisque nous les trouvons encore en agglomérations distinctes, vers la fin de l'empire perse.

L'élément principal, qui a été appelé par les savants khaldi ou khaldœ, du nom de leur dieu national Khaldis, représente sans doute les Ourarti des inscriptions assyriennes, dont Hérodote put connaître les descendants sous le nom d'Alarodiens. On est tenté de les identifier aux Chaldéens, aux Chalybes de Xénophon et de Strabon, aux Khaltik des auteurs arméniens qui habitaient les monts Pontiques vers le v⁰ siècle avant notre ère. Mais ces rapprochements n'expliquent pas leur origine et nous laissent dans l'incertitude, quant à leur parenté avec les peuples du Caucase et de l'Asie-Mineure. L'idiome de leurs inscriptions, que les savants déchiffrent, n'est pas classé, et ne présente pas d'affinité avec les langues connues (1). Ce que les inscriptions nous apprennent, c'est que les rois d'Ararat furent de fiers guerriers, poussèrent leurs armes vers l'est, vers le nord, vers l'ouest, et même jusque dans la Syrie septentrionale. Ils bataillèrent longtemps contre l'Assyrie pour garder leur suprématie et leur

(1) Depuis les études de Sayce et de Lehmann, les savants sont d'accord pour désigner sous le nom de Khaldœ les habitants primitifs d'Ararat, d'après le dieu national Khaldis, de la même manière que les Assyriens tirent leur nom du dieu Assour. L'idiome des inscriptions ourartiennes, qui a cessé d'exister depuis la conquête Mède, est considérée par Rawlinson, Oppert, Lenormant, Sayce, comme une langue à part. Tous ceux qui déchiffrent les inscriptions, comme Sayce, Guyard, Belek et Lehmann, Basmadjian, Nikolski, Iwanoski, reconnaissent unanimement que cette langue n'a rien de commun avec l'arménien, ni aucune parenté avec l'aryen. Pour d'autres la langue d'Ourartou se rapprocherait du dialecte encore parlé dans quelques districts de l'ancienne Albanie du Caucase, où elle aurait des analogies avec les inscriptions hittites de l'Asie-Mineure. Dans un récent ouvrage écrit avec des idées préconçues, le P. Saldagian se propose de démontrer que l'idiome d'Ourartou dérive de l'Arménien, d'un arménien primitif que nous ignorons. Rien n'autorise à dire que cet idiome qui ne dénote aucun vocable ressemblant à l'arménien, fut la langue des immigrants d'origine thraco-phrygienne, comme le sont les Arméniens de l'avis de tous les savants.

indépendance. Ces Khaldi avaient appris l'art de l'écriture, et étaient arrivés à un certain degré de civilisation, dont les vestiges se retrouvent dans le pays de Van ; ils construisirent des villes, des forteresses, des canaux, des aqueducs dont quelques-uns restent encore debout. Ils ont laissé des inscriptions en caractères cunéiformes qui rapportent les faits d'armes de leurs rois. Mais les documents réunis jusqu'ici ne précisent ni leur origine, ni les circonstances qui les poussèrent dans la vallée de l'Araxe, et de là dans le bassin de Van, d'où ils étendirent successivement leur aire de domination. Après une existence qui a duré plusieurs siècles, ils ont disparu de la scène vers les commencements de la conquête mède, sans que l'éclat du rôle que leurs rois ont joué dans l'histoire de l'Asie-Antérieure, parvint jusqu'aux écrivains de l'antiquité.

Parmi les peuplades qui entouraient les Khaldi, les inscriptions nous signalent la présence des Kheti ou Khati dans le Supan ou la Sophène, et des Carducques dans les montagnes bordant, au sud, le lac de Van. Les Khati, originaires de l'Asie-Mineure, qui s'étaient avancés jusqu'en ces contrées de l'Euphrate et du Tigre, avaient payé tour à tour tribut aux rois ourartiens et aux monarques assyriens, mais ils avaient mené une existence distincte. Comme leurs frères du Taurus Cilicien, ils parlaient une langue aryo-européenne et vivaient en agriculteurs ou en pasteurs dans leurs vallées, prêts à payer le tribut que les monarques assyriens ou ourartiens venaient leur réclamer. Les Carducques (1) étaient d'une autre

---

(1) Les Kourdes de nos jours, dont le domaine ethnographique s'étend depuis le golfe d'Issus jusqu'aux frontières de la Perse, n'appartiennent pas à une même race ; les uns sont croisés d'Arméniens

trempe, d'humeur farouche, batailleuse et pillarde, comme leurs descendants les Kourdes des nos jours. Ils étaient fameux par leur ardeur à la guerre ; ils portaient des armures, des boucliers, des lances et des arcs armés de longues flèches. C'étaient apparemment des clans d'origine mède que les Khaldi et les Assyriens tenaient en respect, quand ils ne les employaient pas comme mercenaires. Ils sont connus dès le vi⁰ siècle avant notre ère, et se trouvent mentionnés dans les inscriptions de Persépolis, sour la forme de Koudraha, et puis par Xénophon dans la retraite des Dix-Mille. Les documents arméniens distinguent le pays des Carducques, mais ils appliquent de préférence le nom de Mar à ces tribus, peut-être en souvenir de la Médie, leur patrie originaire. Au nord, les Khaldis touchaient aux Saces ou Scythes classiques, de souche touranienne qui avaient occupé un district entre l'Araxe et

---

et de Persans; les autres, de Turcs, d'Arabes, de Tartares. Abstraction faite des éléments étrangers, les Kourdes sont évidemment les descendants des anciens Carducques, campés dans les montagnes au sud du bassin de Van. Les Kourdes Jaza ont peut-être gagné le Dersim dans les temps anciens, mais l'expansion des différentes tribus vers 'Ouest, vers la région d'Amit et d'Ourfa ne date que de la fin du xii⁰ siècle. A voir la consonnance de leur nom, leur présence sur le plateau de Van, dès la plus haute antiquité, on est tenté de les assimiler aussi aux Khaldi, quoique les écrivains de l'antiquité semblent faire une distinction entre les deux peuples. En tout cas, les Carducques ont incorporé dans leur sein une partie des Khaldi. La langue kourde est trop peu connue pour voir si en dehors des mots persans, arabes, turcs ou arméniens qu'elle a empruntés, elle ne présente pas quelque affinité avec l'idiome des inscriptions ourartiennes. Le Jaza qui est parlé dans les districts de Mouche et de Dersim offrirat des analogies avec l'idiome des Ossètes du Caucase, auquel plusieurs linguistes croient rapprocher la langue des Khaldi. Ces montagnards qu'aucune nation ne put assimiler, ont été longtemps en inimitié avec les Arméniens, au temps de Xénophon comme de nos jours. Le Kourde est resté le même : il vit encore de pillage, de brigandage ; il bataille de tribu à tribu, sans cesser de rançonner les habitants paisibles.

le Kour, appelé Sacaseni (1) de leur nom. Les documents cunéiformes nous les font connaitre dès le viiie siècle avant notre ère, sous le nom d'Ashgouzaï ou Ishgouzaï que Jérémie nous signale par le royaume d'Ashkenaz. Des peuples de même origine que les Ibères, les Saspères et les Taoques s'étaient aussi échoués dans les hautes vallées du Kour, non loin des sources de l'Araxe. Les Taoques auxquels eurent également affaire les Dix-Mille de Xénophon, avaient gardé, comme toutes les peuplades du plateau, une semi-indépendance. Ils étaient belliqueux et habitaient des lieux escarpés, où ils se défendaient contre l'ennemi en lançant des pierres. Favorisés par les circonstances politiques, ils ont formé longtemps une peuplade à part, mais serrés à la longue entre les Arméniens et les Géorgiens, ils finirent par être absorbés. Du côté du sud, les expéditions des monarques assyriens nous révèlent l'existence d'une foule de tribus, d'origine araméenne, cantonnées dans les régions où naissent les sources du Tigre occidental, dont les noms n'évoquent aucun souvenir, mais qui prouvent que le plateau d'Ararat avait été, dès les origines, le séjour d'un grand nombre de peuples différents les uns des autres, quoique peu considérables en nombre et en importance.

Les documents nous rendent d'ailleurs chez tous ces habitants primitifs d'Ararat, la plupart des traits qui caractérisent les populations actuelles d'Arménie. Ils nous les

---

(1) Str. XI. Pline dit que les Sakai établis en Arménie s'appelaient Saccassani (J, VI et XI). Ptolémée appelle Saxons un peuple scythique sorti des Sakai. Les Saxons actuels seraient les descendants de ces anciens Sakai d'Arménie. Saxones, Saxon, Sacæ-Asi, Arii (Turner, I, 113.)

révèlent hauts de taille, robustes, lourds, tenaces, âpres au labeur et à la bataille, fiers de leur indépendance. Une partie d'entre eux menaient la vie de pâtres, errants à la garde de leurs troupeaux, et forcés de suivre l'herbe de la vallée à la montagne, selon la saison, puis bloqués par les frimas pendant l'hiver dans des habitations souterraines, au temps de Xénophon comme de nos jours. Quand le sol s'y prêtait, ils le cultivaient et lui arrachaient des récoltes abondantes. Mais lorsque le manque de pluie ou les incursions de pillards et les expéditions de guerre privaient l'habitant de ses récoltes, il était voué le plus souvent à la famine. Les industries étaient peu développées chez eux, sauf peut-être celle des métaux et des armes (1). Ils habitaient des bourgades fortifiées pour la plupart, ou perchées sur des hauteurs de défense facile, telles que celles de Thouspa, de Mokhrabert d'Arzascon ou Ardjis, dans le bassin de Van ; d'Etiaous, d'Irouand, d'Ironandakert, dans la vallée de l'Araxe ; d'Alzi, dans le bassin du Tigre occidental, de Balou sur l'Arzania. Ils avaient construit des temples, pour abriter leurs divinités, et c'étaient les phénomènes sidéraux qui prédominaient, autant qu'on peut le croire, dans leur mythologie. Un dieu suprême, Khaldis, protégeait la nation entière et lui donnait son nom, comme Assour aux Assyriens. Il y avait encore Théïsbas, le dieu de l'air, Ardenis, celui du soleil et d'autres encore, qui n'étaient adorés que dans une localité déterminée.

Les premiers conquérants d'Assyrie, qui avaient dirigé, dès le ve siècle avant notre ère, des expéditions vers le

---

(1) Masp. Hist. anc. des peuples de l'Orient.

nord, appliquèrent le nom de Naïri au haut plateau, et Salmanassar I assujettit vers 1300 la plupart des roitelets qui se partageaient la contrée. Ceux-ci se coalisèrent, sous le règne de Teglatphalassar I, mais le roi d'Assyrie parvint à les rendre tributaires, et l'Ourartou dépendit de Ninive pendant un siècle. Vers le commencement du ix° siècle, deux royaumes s'étaient constitués : l'un à l'est, dans le Manna ; l'autre au centre même du pays, dans l'Ourartou. Ce dernier embrassait, outre l'Ararat, la canton de Biainæ et le bassin de l'Arzania. Le roi le plus ancien que les inscriptions nous révèlent, est Aranié, descendant d'un certain Shardour ou Shétour, contemporain de Salmanassar III (860-825). Malheureux dans ses luttes contre l'Assyrie, il semble avoir péri dans une bataille, après avoir perdu son camp et son trésor. Mais cette défaite n'avait point affaibli l'Ourartou. Shardour II eut, pour successeur, vers 828, son fils Ishpouinis, qui paraît avoir façonné en province le Biainæ. Il y transporta le siège de son gouvernement et il fit de Thouspa (1) sa résidence favorite. Son fils Menouas (2) double en quelques années, vers 790, l'aire de son domaine. Il attaqua les tribus voisines du lac d'Ourmiah, le Mouzazir, le Gulzon, le Dayaïni, puis descendit dans le bassin de l'Arzania, soumit les Khati de la région, et leva un tribut sur le Milid (Mélitène). Plusieurs monuments découverts

---

(1) Le Dhosp des Arméniens. C'est Ishpouinis qui a travaillé le premier à la construction de la forteresse de Van, d'après une inscription gravée à l'une des portes de la citadelle de cette ville. Ce nom peut être identifié à Bjnouni des auteurs arméniens ; le lac de Van s'appelle aussi la mer de Bjnouni.

(2) C'est le Manavaz des récits de Moïse de Khorène.

près d'Armavir, de Carine, témoignent que Merouas a poussé ses armes vers le nord et le nord-ouest. Il édifia de nouvelles villes, entre autres le bourg de Manazkert, sur le bord de l'Arzania, qui porte encore son nom. Il construisit le grand aqueduc de Dhouspa (1), planta des jardins, et fit de la ville une sorte de place inexpugnable. Dhouspa ainsi complétée fut, au cours du siècle suivant, la capitale et le boulevard du royaume. Son fils Arghistis qui lui succéda vers 790 ou 784 fut contraint de lutter contre Salmanassar IV qui voulait reprendre les provinces que l'Ourartou avait conquises. La guerre dura trois ans à l'avantage du roi de Van. Son fils Shardouris III, devenu roi vers 760 ou 755, avait d'abord attaqué le Manna ; de là, profitant de la faiblesse de l'Assyrie, il s'était tourné vers le sud, pour descendre dans la Syrie qu'avaient abandonnée les Assyriens. Il contraignait les gens de Khati à lui jurer fidélité. Arpad (2) fut pris et devint le pivot de sa domination en Syrie. Mais la fortune tentée par Shardouris, n'eut point le succès des desseins de Tigrane à l'époque romaine. Une grande victoire de Teglatphalassar II, vers 743, mit fin à l'entreprise de Shardouris, qui put à grand'peine regagner ses états. Quelques années plus tard, le roi d'Assyrie envahit l'Ourartou et arriva sous les murs de Dhouspa. La ville se composait, comme aujourd'hui de faubourgs entourés de jardins s'adossant à la colline isolée qui supporte la forteresse. Teglatphalassar se contenta de cerner le château inexpugnable ; il ravagea la banlieue, brûla tout dans la plaine, puis leva le camp en emmenant en captivité tout ce qu'il rencontra. L'Ourartou n'était

---

(1) L'aqueduc existe encore et porte le nom de Sémiramis.
(2) Aujourd'hui Tel-Arpad, près d'Alep.

pas dompté, mais sa puissance avait reçu un coup mortel.

La lutte contre l'Assyrie recommença vingt-cinq ans après, sous le règne de Rusas Ier (1) (730-714 ?), fils de Shardouris, qui fut un adversaire redoutable contre l'Assyrie. Les stèles triomphales de la vallée de l'Araxe, des bords du lac de Sevane, mentionnent sa puissance, et font voir que la plaine araxienne faisait partie de son royaume. Il fallut à Sargon plusieurs campagnes pour vaincre Rusas, qui découragé par des revers, se tua. Sa mort n'entraîna pas cependant la soumission de l'Ourartou ; son frère Arghistis II s'opposa vaillamment aux armées assyriennes (2). Ces luttes de l'Ourartou et de ses alliés contre Ninive réjouissaient le cœur des Juifs, et Jérémie s'écriait : « Elevez la bannière dans le pays, sonnez la trompette contre les nations, préparez les nations contre elle ; convoquez contre elle les royaumes d'Ararat, de Minni et d'Ashkenaz (3). A Arghistis II, avaient succédé Menouas II ou Rusas II, Erémenas ou Eriménouas,

---

(1) Rusas, Rousas ou Ursa doit être identifié au Rouschtouni, une des grandes familles d'Arménie, qui s'est perpétuée jusqu'au vııı{e} siècle de notre ère. L'identification d'autres noms ourartou, fait voir que l'origine de la plupart des grands d'Arménie, remonte aux premiers ourartiens. La terminaison Uni ou Ouni, qui sert dans l'Arménien à désigner les noms des familles, est sans doute d'origine ourartienne ; on la retrouve dans les noms de l'ancien ourartou, sous la forme ili, uli, uni (B. Khalathiantz).

(2) Masp., Hist. anc. des peuples de l'Orient.

(3) Jérémie II, 27. Le prophète, qui a écrit vers 592, n'a probablement pas assisté à la prise de Babylone par Cyrus (538), de sorte que le passage L. I. 27, ne doit pas être rapporté à la prise de Babylone, comme on le fait habituellement. L'Ashkenaz de Jérémie, désigne sûrement l'Ashgouzaï des documents cunéiformes, les Scythes classiques qui à cette époque étaient bien établis dans la vallée du Kour (Winckler Maspéro). Le passage du prophète indique en réalité trois pays voisins alliés contre l'Assyrie.

Rusas III et Shardouris III (645-620?). Mais un ennemi inattendu surgissait derrière l'Ourartou : les Cimmériens et les Sacces; les Scythes débouchaient de la Caspienne comme un torrent et le harcelaient. Force était à l'Ourartou de s'accommoder avec l'Assyrie, et d'écarter tout prétexte de conflit avec elle. Deux des fils de Sennachérib, Scharezer ou Sarazar et Adramelek purent se réfugier dans l'Ourartou (1), après avoir tué leur père, sans que cela rallumât la guerre. Rusas II (670-645?) fit bien des incursions à l'ouest, il avança jusqu'au-delà de la Mélitène, dans les cantons de Khati, mais les luttes précédentes avaient affaibli l'Ourartou à tel point qu'il ne put opposer aucune résistance contre les Cimmériens et les Scythes. Ceux-ci entraînèrent à leur suite les Moushki, les Armen, les Khati et les gens de tous les pays voisins, pour tomber sur l'Ourartou et l'Assyrie, qu'ils mirent à feu et à sang. On peut s'imaginer les déprédations de tous ces barbares, d'après ce qui s'est passé au moyen âge, sous l'invasion des Huns, des Turcs et des Mongoles. Les villes incendiées, les populations massacrées, les rois d'Ourartou durent se réfugier dans les montagnes, et disparurent quelques temps après quand les Mèdes vinrent donner le dernier coup (580?) (2). Les débris des

---

(1) Rois XIX, 37, Berose. Inscriptions d'Assarhaddon. Moïse de Khorène qui connaît le passage biblique, transcrit le nom du premier en Sanassar, et comme le second Argamajan. D'après une tradition qui avait cours en Arménie, on faisait descendre la puissante famille des Arzérouni de ces deux fils réfugiés dans l'Ourartou. Il semble plutôt que les Arzérouni qui possédaient en propre l'Arzen et le pays de Van, procèdent des rois d'Ourartou.

(2) La chronologie des derniers rois d'Ourartou est encore incertaine. D'après la liste du P. Sandalgian, Shardouris III aurait pour successeur Irghouas et Medaas (600-580?), lequel serait le dernier roi ourartien. La liste de Belek et Lehmann s'arrête à un Shardouris IV.

populations belliqueuses allèrent se retrancher dans les montagnes : les uns vers le Caucase et dans les monts Pontiques, d'autres dans les défilés du Taurus, où ils grossirent les rangs des Carducques. Mais après la tourmente, les familles terriennes finirent par s'accommoder et s'incorporer dans le sein des nouveaux maîtres d'Ararat. Le royaume d'Ourartou fut oublié bientôt : les villes, les forteresses bâties par ses rois, les monuments de Dhouspa furent confondus dans la légende de Ninos et de Sémiramis.

L'histoire oublia les œuvres accomplies par les rois de Ninive, de Babylone et de Van, pour s'emparer du mythe de Ninos et de Sémiramis. On raconta qu'à l'aube des temps un chef nommé Ninos avait assujetti successivement la Babylonie, la Médie, l'Arménie, et tous les pays compris entre l'Inde et la Méditerranée : Sémiramis, la déesse Colombe devint son épouse, et l'on a fini par attribuer à elle la fondation de Babylone, celle de Van ou Semiramocerta (1) en Arménie, Tarse en Cilicie, enfin de toutes villes, de toutes constructions dont la hardiesse étonnait la postérité (2). On avait vaguement retenu les noms de quelques-uns des rois les plus célèbres d'Ourartou et de Biainæ, que Moïse de Khorène s'empressa d'ajouter à la liste de ses prétendus rois d'Arménie des temps pri-

---

(1) Moïse de Khorène répète avec quelques variantes les faits relatifs à la légende de Ninos et de Semiramis. Il attribue à la déesse babylonienne la fondation de Van et les inscriptions écrites, suivant lui, dans une langue inconnue. Un de ses rois légendaires du nom de Van aurait plus tard rebâti la ville, et aurait imposé son nom.

(2) Masph. Hist. anc. des peuples de l'Orient. Caracachian Hist. des Arm.

3.

mitifs (1). On y trouve en effet des noms réels, bien que mal classés, de rois, non pas arméniens, mais d'Ourartou, comme Aram, l'Aramé, contemporain de Salmanassar III, Sour, le Shardour-is, Ierouvand, l'Irévenas. Plusieurs localités d'Arménie, comme Manavazakert, l'Ardjïs, sur le bord septentrional du lac de Van, Erivan, dans la vallée de l'Araxe, Ierouvandakert, près d'Ani, ont conservé les noms de Menouas, d'Arghist-is, d'Irévénas. Les familles princières d'Arménie, comme les Rouschtouni, les Manavaz, les Bjnouni, les Arzérouni, dont la dernière régnait sur le pays de Van jusqu'au xie siècle de notre ère, ont gardé même les noms de Rusas, Menouas, Ishpouin-is, Arghist-is, issus des anciens rois de Biainæ. La chute du royaume d'Ourartou n'avait donc pas entraîné la disparition de ses feudataires, ceux-ci s'étaient incorporés dans le sein des Arméniens, tout en gardant leurs privilèges seigneuriaux. La tourmente des invasions avait aussi renversé le dieu suprême d'Ourartou, le dieu qui protégeait constamment les armes de ses rois. Mais ce dieu ne fut pas non plus oublié ; Khaldis s'est transformé dans l'imagination des générations postérieures en un héros, en un géant personnifiant les luttes des temps passés. Plus tard, il s'iden-

---

(1) Moïse de Khorène attribue son histoire des temps primitifs ou des Haïcaziens, à un certain Mar-Abas-Catina de Nissibine, qui aurait trouvé l'histoire d'Arménie dans les archives royales de Ninive, vers l'an 150 avant notre ère. Mais l'historien arménien se fait aider le plus souvent par son imagination, et plusieurs indices font voir que son Mar-Abas, s'il a jamais existé, est un écrivain chrétien, peut-être de l'école syriaque des iie ou iiie siècles (Hist. crit. des Arm. Caracachian). Malgré cela, son histoire des temps primitifs est peu documentée, et ressemble plutôt à une œuvre littéraire, rehaussant surtout ses trois personnages : Haïc, Aram et Tigrane le Haïcazien.

LES COMMENCEMENTS DU PEUPLE ARMÉNIEN   47

tifie avec le Haïc (1) des Arméniens, auquel on rapportait une victoire sur Belus, cette autre personnification de Ninive et de Babylone. L'imagination populaire croyait à une bataille qui se serait passée non loin des rives septentrionales du lac de Van dans laquelle Belus aurait été tué de la main de Haïc. Le temps ayant effacé tout souvenir des faits historiques, on avait rapporté tout le passé à une simple lutte des dieux nationaux. Le royaume d'Ourartou avait disparu de la scène, ne laissant à la postérité qu'un vague souvenir de ses luttes contre l'Assyrie et quelques noms de ses princes les plus illustres (2).

---

(1) Les traducteurs de la Bible voient en Haïc un personnage mythique semblable à l'Orion des Grecs. Acathange le connaît comme un géant. C'est Moïse de Khorène qui fait de Haïc l'ancêtre des Haï suivant en cela son système favori de faire descendre les nations d'un personnage de même nom. Il n'attache aucun crédit aux légendes qui couraient sur Haïc (M. de Kh., I, 21). Comme Haïc présente tous les caractères d'un personnage héroïque, d'un demi-dieu, on peut l'identifier sans crainte au dieu Khaldis des inscriptions Au fond, les deux appellations ont une certaine ressemblance ; en supprimant la terminaison is, très commune dans les noms ourartiens, on a affaire à la forme Kaldou Hald, dont les Arméniens ont fait Haïc et Haik, suivant la loi de l'inflexion.

(2) Les souverains d'Ourartou ; d'après les inscriptions assyriennes et ourartiennes :

Shardour (is) ou Shetour.
Aramé, vers... 850
Loutibir (is)...
Shardour...... 833
Ishpouin (is)... 828
Menouas 720
Arghist (is)... 765
Shardour...... 735
Rusasou Rousas 720
Arghist.... ...
Menouas......
Irémenas ou Erivenas
Rusas 645
Shardour...... 640

d'après la liste du P. Sandalgian :

Aram (is)...... 860
Loutibir (is)... 843
Shardour...... 835
Ishpouin 820
Menouas I..... 800
Arghist I..... 780
Shardour II... 755
Rousas I...... 730
Arghist II..... 714
Rousas II,.... 685
Irémenas III... 675
Rousas III 670
Shardour III... 645
Irghouas....... 620
Menouas III... 600

Les Sargonides.

Sargon..... 722-705
Sennacherib ... 681
Assar-Haddon. 668
Assourbanipal. 626
Assourdilani... 606
Chute de Ninive 608 ou 606

II

Les Arméniens et les Haï. — Les Hitittes. — Les migrations des tribus Armeno-Haï.

Le nord-ouest de l'Asie-Mineure, là où l'Hellespont et le Bosphore séparent à peine l'Asie de l'Europe, fut, dès les origines de l'histoire, un lieu de passage pour la migration de nations errantes. Les peuples qui avaient colonisé la presqu'île des Balkans, comme les Thraces, les Trères, ne manquèrent pas de franchir les deux bras de mer qui les séparaient de l'Asie. Une couche de races neuves avait peu à peu envahi la péninsule, en partie refoulé les anciens habitants, en partie s'était superposée et les avait absorbés. Parmi ces nations de souche européenne, les Bryges, les Phrygiens des auteurs classiques, laissèrent une partie de leur effectif en Thrace, et se jetèrent en Asie (1). Ils envahirent la Mysie, la Bithynie, et poursuivant leur route, ils allèrent s'installer dans les districts arrosés par les hautes vallées du Sangarius et du Méandre. Leur nouvelle patrie, à laquelle on a donné le nom de Phrygie, s'étendait de la Propontide jusqu'à l'Halys. C'est dans le bassin du haut Sangarius que s'élevaient les bourgs et les châteaux des chefs ou rois les plus vénérés de la nation : Midas, Dorylos, Gordios. Sur ce plateau écarté, la civilisation des Phrygiens eut, à cause de leur isolement, un cachet particulier. Leur religion était composite comme leur civilisation : elle était mé-

---

(1) Herod. VII, 37. — Str. XII, 3.

langée d'éléments asiatiques et européens (1). La langue phrygienne de même souche que les idiomes thraciques, appartenait à la division européenne de la famille aryenne. Elle s'était beaucoup modifiée par son contact avec les langues asiatiques, mais au fond, elle constituait un chaînon intermédiaire, entre le grec et les idiomes Hiraniens (2). L'alphabet phrygien, à en juger par les rares inscriptions, est d'origine grecque; les caractères ont la plus grande ressemblance avec les lettres grecques les plus archaïques, comme celles de Théra. A part quelques noms propres, les savants n'ont pu tirer jusqu'ici aucun sens précis de la lecture des inscriptions phrygiennes dont l'usage semble avoir cessé depuis le milieu du VIIe siècle avant notre ère. Ravagée par les incursions des Cimmériens, la Phrygie ne tarda pas à tomber sous le joug des rois lydiens; elle disparut de l'histoire et ne laissa que des tombeaux, des grottes taillées dans le roc et quelques bas-reliefs.

Les Phrygiens comme les autres tribus thraces qui avaient envahi l'Asie-Mineure n'avaient pas pu repousser les Moushki, les Tabal, les Meshekh et Toubal des traditions bibliques, peuples d'origines diverses, qui habitaient, dès la plus haute antiquité la Cappadoce et le Pont classique. Les Moushki occupaient également la Cataonie et la Cilicie cappadocienne (3), d'où le terme des Cataoniens qui leur fut aussi appliqué quelque temps après:

---

(1) Masp. — Hist. anc. des peuples de l'Orient.
(2) Curtius.
(3) La Cataonie correspond, d'après la description très claire de Strabon, au district actuel d'Albistan, traversé par le Pyramus, dont la source se trouve au milieu de la plaine (Str. XII. 2).

Ils avaient fondé Mazacca au pied de l'Argée et le Comanou ou Comana dans le Taurus. Longtemps en lutte contre l'Assyrie et puis subjugués par Assourbanipal et Assarhaddon, ils furent, comme les Phrygiens, ruinés et dispersés sous l'invasion cimmérienne.

Au sud de la Phrygie, dans la région du Taurus vivaient les Khitti, les Hati, les Khetta de la Bible, ainsi appelés du nom d'un pays dit Kheti ou Khati, que les inscriptions égyptiennes et assyriennes nous font connaître depuis le xve siècle avant notre ère. Ces peuples auxquels les savants ont donné le nom générique des Hittites étaient probablement d'origines diverses : quelques-uns de de race sémitique, d'autres de race aryenne et représentaient des nations distinctes qui se touchaient et se mêlaient au nord avec les Monhki de la Cappadoce. Ils avaient formé au nord de la Syrie, dans la Cilicie, dans le Taurus, dans la Commagène et la Cataonie, de petits états dont quelques-uns avaient lutté contre l'Egypte et contre l'Assyrie. Vers le xe et le xie siècle, les Hati avaient même porté leurs armes sur le plateau de l'Asie-Mineure, en Galatie et même jusqu'à la mer Egée. Ceux de la Syrie avaient eu affaire aux Pharaons d'Egypte, et avaient conclu un traité d'alliance avec Ramsès II. L'hégémonie de Khati a succombé sous le dernier coup porté par Sargon en 115. Karkenish devint la résidence d'un gouverneur assyrien, et la région du Taurus, de Comana, de Mélid forma, quelques années après, une autre province assyrienne. Ils ont été à la fin décimés et dispersés par les Cimmériens. Le souvenir de leur domination disparut complètement dans l'esprit des générations futures, leur nom s'effaça de l'histoire. On a fini par les confondre avec leurs adversaires d'Egypte et d'Assyrie. On a attribué aux Egyptiens une conquête de l'Asie-Mineure et les guerriers de Karabel, près de Smyrne, furent considérés comme l'image de Sésostris (1). Les monuments hittites de Bagaz-Kéni, d'Eurzuk en Galatie étaient attribués, il n'y a pas encore longtemps, aux Assyriens et aux Mèdes. Les inscriptions que les Hittites ont laissées dans le nord de la Syrie, dans le Taurus, en Galatie, dans la Mélitène, font voir que ces peuples étaient parvenus, en ces temps lointains, à un certain degré de civilisation. Ils s'étaient enrichis par l'agriculture et même par l'industrie ; ils avaient construit nombre de forteresses, des villes comme Karkenish, sur l'Euphrate, devenue le grand entrepôt des caravanes allant de la Syrie en Mésopotamie. Leur système d'écriture hiéroglyphique, fort différent du système égyptien résiste encore au déchiffrement (2), et les inscriptions ne nous renseignent pas suffisamment sur le rôle qu'ils ont joué dans l'histoire de l'Asie-Mineure.

Les Khati, qui s'étaient répandus à l'est de la péninsule, dans la Mélitène et la Sophène, avaient été forcés de courber la tête devant les races belliqueuses qui les entouraient ; ils avaient maintes fois essuyé les armes des rois d'Ourartou et des monarques assyriens. Ils furent subjugués par Shardouris, par Rusas et furent contraints de payer tribut à Sargon et à ses successeurs qui ne cessaient de ravager leur domaine. C'était, à ce que l'on voit, des populations paisibles, des pasteurs ou des cul-

---

(1) Hérod.
(2) Plusieurs savants : Sayce, Menaut, Yensen, sont déjà parvenus à pénétrer le sens en rapprochant l'idiome des inscriptions hittites aux langues indo-européennes.

tivateurs, vivant du fruit de leur labeur, que l'invasion cimmérienne vint à la fin décimer comme leurs frères des hautes vallées de l'Halys. Leurs survivants ont été incorporés sans doute dans la masse d'autres peuples, vraisemblablement dans celle des tribus arméniennes, qui s'étaient implantées dans ces cantons de l'Euphrate, sous la poussée de l'invasion cimmérienne. A en juger par le nom de Haï que les Arméniens se donnent à eux-mêmes, on peut conjecturer que le peuple arménien des temps historiques fut formé de deux éléments, l'un d'origine phrygienne ou thracique, appelé Armen, l'autre d'extraction asiatique, appelée Haï, mais dont on ne retrouve la mention nulle part. Jusqu'ici, aucun document n'est venu nous dire si ce nom de Haï est celui d'une peuplade distincte ou la forme dégénérée de Khati, Khate ou Kheti, ou s'il ne désigne pas les Khaldi, les habitants primitifs d'Ararat. L'assimilation des Haï ou Khaldi paraît vraisemblable quand on envisage ce fait que le nom du dieu Khaldis d'Ourartou s'est conservé, chez les Arméniens, sous la forme de Haï, et que Moïse de Khorène voit en ce personnage mystique l'ancêtre des Haï. Pris dans leur ensemble, les Arméniens présenteraient ainsi un amalgame des Armen venant de l'ouest et des Kaldi d'Ararat. Cela vient à l'appui de la tradition plus ou moins vague, qui fait descendre les Haï d'Aschkenas (1), c'est-à-dire

---

(1) Une tradition conservée chez les Arméniens les fait descendre à la fois de Thorgom (Tog-Arma.) et d'Aschkenas. Les Armens descendant de Tog-Arma, les Haï procéderaient d'après cela des Scythes, conformément à une croyance conservée encore chez les Georgiens, d'après laquelle les Ibères, les Legœ et les Haï auraient la même origine et l'ancêtre de ces derniers serait un personnage du nom d'Abas ou Abos.

des peuples scythes. Mais les Arméniens connaissent l'appellation Khaldi ou Khaldik et ne la confondent pas avec leur nom national. Ils voient, dans les monuments et les inscriptions de Van, l'œuvre de Sémiramis, et une langue étrangère à la leur (1). Aussi bien les monuments mis au jour de notre temps, font voir que les Khaldi n'ont rien de commun avec les Haï sous le rapport de la langue, de la religion, des mœurs et de la civilisation. En tout cas, les Armen-Haï apparaissent, à l'aurore de leur histoire, sous des traits tels que leur assimilation aux Ourartou ou aux Alarodiens d'Hérodote, soulève les plus grandes objections. Dans l'ignorance où nous sommes encore, relativement à l'appellation de Haï, on s'est demandé avec F. Muller, si ce n'est pas une simple épithète dérivant du sanscrit, hati ou haïti ayant le sens de maître ou seigneur. Mais, quand on envisage la présence des Khati dans ces régions de l'Halys et de l'Euphrate, la langue indo-européenne que les Khati parlaient apparemment, comme la plupart des peuples de l'Asie-Mineure, la similitude frappante entre les appellations de Khati ou Hatti avec Haï, on doit admettre que les

---

(1) M. de Kh. I.

(2) Yensen. — Les Hittites et les Arméniens. — D'après le savant professeur de Strasbourg, les Khati ou Hati sont ces Arméniens primitifs, qui, après avoir longtemps séjourné dans les parages de la Cilicie, se répandirent jusqu'en Phrygie et entrèrent vers le viiie siècle avant notre ère dans l'Arménie actuelle où ils dominèrent à la faveur de l'invasion arménienne les Phaldi ou les habitants d'Ourartou. Yenson fait dériver la forme Khai ou Hai de Khati, dans laquelle Kh et ti ont dégénéré en h et i. Pelck admet une corrélation entre les migrations des Cimmériens et des Arméniens. En général, les critiques modernes admettent volontiers la parenté des Arméniens et des Phrygiens. Tomaschek voit en eux une descendance thracique.

Haï ne sont autres que les survivants des Khati des hautes vallées de l'Halys et de l'Euphrate. Ceux-ci fusionnèrent avec les Armen, mais ils gardèrent leur nom, qui devint dans la suite l'appellation nationale de Haï. La fusion produisit d'ailleurs un peuple ayant les aptitudes et les mœurs des uns et des autres ; paisible, laborieux, mais aussi tenace et opiniâtre, et à l'occasion, capable de courir les champs de bataille.

Les Armens formaient apparemment des tribus d'origine thracique, qui avaient devancé ou suivi les Phrygiens dans leur immigration en Asie-Mineure. La parenté des Arméniens avec les Phrygiens nous est attestée par Hérodote (1), par Eudoxe, qui sait que leur langue ressemble à l'idiome phrygien. Si l'histoire est muette sur la migration des Armens, nous savons, par la tradition, que leurs ancêtres vinrent en Asie-Mineure, du côté de la Thrace, d'abord sous la forme légendaire d'un héros éponyme que rapporte Strabon, d'après laquelle Armenos le Thessalien ayant quitté Arménium sa ville natale, pénétra dans les pays pontiques à la suite de Jason. C'est d'Arménos, s'il faut en croire les historiens Cyrile de Pharsale et Meduis de Larine, tous deux compagnons d'armes d'Alexandre, que l'Arménie aurait dû son nom (2). A l'appui des traditions grecques, les historiens nationaux rapportent une généalogie des fils de l'humanité, dans laquelle Thorgom (Tog-Arma) procède de Tiras, que les exégètes envisagent comme le représentant de Thrace. Le troisième pa-

---

(1) Herod. VII. 73.
(2) Str. XI 14.
(3) M. de Kh. I.

triarche après Jasepth engendra trois fils: Aschenas, Riphad et Thorgom ; et comme il possédait en propre et personnellement le pays des Thraces, il jugea convenable de partager en trois lots ce royaume et ses autres possessions, pour les donner en héritage à ses trois fils. Thorgom s'étant approprié par la suite l'Arménie, et en étant devenu le souverain, conserva le nom et sa dynastie à ce royaume qui portait jusque-là le nom d'Aschenas. Ainsi, retenez bien que nous descendons à la fois d'Aschenas et de la maison de Thorgom (1). Nous ne savons cependant rien des premières étapes que suivirent les tribus Armens à travers l'Asie-Mineure. Aucun document ne nous renseigne sur le sort que ces tribus eurent à subir durant l'époque qui précède la prise de possession des hautes vallées de l'Euphrate. Elles furent sans doute poussées vers les hautes vallées de l'Halys, où elles menèrent longtemps une vie ignorée

Elles eurent des démêlés avec les autres peuplades cantonnées dans ces régions : elles connurent les Meshekh et Toubal ; elles se courbèrent devant les armées de l'Assyrie, mais elles gardèrent leur individualité et leur langue. Le seul écho qui nous soit parvenu de ces temps lointains, est encore un récit légendaire de Moïse de Khorène, relatif à Aram et à Zarmaïr (2), et à leur séjour sur les confins de la Cappadoce et de la Phrygie. Aram, un des premiers patriarches de la nation, aurait eu affaire aux Assyriens et aurait mis en fuite le Titan Payapis, fils de Chaldœ, pour placer sous sa domination une partie de la

---

(1) Jean Cath. Hist. d'Arm.
(2) M. de Kh. I.

Cappadoce, au temps où Ninos aurait régné en Assyrie. Zarmaïr, un de ses descendants, aurait été au secours de Troie. Les Armens vivaient à l'aventure, sous la dépendance de leurs chefs, quand les armées de Sargon vinrent envahir la Cappadoce et la Mélitène (718-710). Ils durent éprouver la main pesante du conquérant ninivite ; ses chefs payèrent tribut et jurèrent obéissance pour se soustraire à la mort ou à l'exil. La domination assyrienne fut, à ce qu'il semble, le signal d'une nouvelle émigration vers l'est, émigration favorisée par les offres des rois d'Ourartou dont la politique consistait à entretenir de bonnes relations avec les peuples de l'Asie-Mineure pour les entraîner à l'occasion dans leur lutte contre l'Assyrie. La localité d'Ani ou Camakh sur l'Euphrate occidental, que les historiens nationaux nous désignent comme un lieu de sépulcres royaux, semble être un des points principaux de l'étape (1). La poussée vers l'est fut accentuée sans doute par un événement inattendu qui devait bouleverser le monde oriental et faciliter aux Armens la prise de possession des hautes vallées de l'Euphrate.

Au nord du Caucase, dans les vastes plaines du continent européen, vers le nord-est du Palus-Méotide, vivaient des tribus sauvages, les Cimmériens d'Hérodote et de Strabon, les Gemmiri des documents cunéiformes (2). C'é-

---

(1) D'après une étude de Tomaschek, les immigrants arméniens auraient suivi les hautes vallées de l'Iris et du Lycus, pour pénétrer en Arménie par la gorge de Satale.

(2) Schrader. — Les Cimmériens appartenaient à la grande famille indo-européenne (Str). Les auteurs arméniens ont transcrit leur nom sous la forme de Gamirk, et ils ont appelé Gamirk, la Cappadoce classique, en souvenir de la domination des Cimmiri sur ce pays.

tait un peuple de même race que les Trères de la région balkanique. L'arrivée en Europe des Scythes ou Skouzaï, peuplades originaires des plaines de l'Oxus, les obligea à décamper de là. Quelques-unes des tribus se retranchèrent dans la Chersonèse taurique, mais le plus grand nombre continua au-delà des marais méotides et pénétra dans l'Asie-Mineure, en longeant les côtes du Pont-Euxin. Les Scythes qui les poursuivaient, s'installèrent dans le bassin oriental de l'Araxe, sur les confins de Mannaï et de l'Ourartou, à côté de leurs bandes qui avaient pénétré un demi-siècle auparavant par une autre route, et s'étaient établies dans ce canton qui reçut d'eux le nom de Sacasène (1). Les Cimmériens filèrent vers l'ouest, se logèrent sur le haut cours de l'Euphrate, de l'Halys, du Thermidon, et se répandirent jusqu'en Phrygie. Il semble qu'ils s'unirent dans ces parages à d'autres hordes débarquées de la Thrace par-dessus le détroit de Bosphore depuis quelques années déjà, et parmi lesquelles les anciens historiens mentionnent plus particulièrement les Trères. De la Phrygie, ils se répandirent sur la Bithynie, sur la Cappadoce, sur le Taurus et la péninsule entière fut la proie de leur incursion vers la fin du VIIe siècle (710?). Les hordes cimmériennes, qui s'étaient jetées vers l'est, se heurtèrent aux Assyriens et furent battues en 678 dans la Cappadoce par Assarhaddon. Les ravages des Cimmériens continuaient encore, quand une nouvelle invasion des Scythes débouchant du côté de la Caspienne, prit les Mèdes à revers, au moment où ceux-ci venaient de former une

---

(1) Str. XI. — C'est le district de Siçacan des Perses, le Sunik des Arméniens, appellation dérivant des Sakes, Çaka ou Scythes.

coalition pour attaquer l'Assyrie. Celle-ci était usée par ses guerres incessantes, mais avant de tomber, elle allait donner une dernière preuve de son énergie avec Ashshourbanipal, le fils d'Assarhaddon. Ashshourbanipal traversa l'Ourartou par Assiyanisch et le Harsi (1), au nord du lac de Van, pénétra dans la vallée de l'Arzania, obligea les chefs de districts de lui rendre hommage et, de là, il se porta vers l'Araxe pour infliger une défaite au chef de Sahi (2) fils de Gog (660). Cette rapide campagne fit rentrer tout le monde dans le devoir; les prisonniers furent nombreux, le butin considérable. Mais c'était en vain, rien ne pouvait arrêter l'invasion qui allait se déchaîner sur l'Assyrie. La Médie vaincue, les envahisseurs se jetèrent tout droit sur l'Assyrie; Ninive leur échappa, mais les autres villes royales : Kalakh, Asour, furent brûlées de fond en comble. Tout fut ruiné sur leur passage, comme aux temps des invasions turques et mongoles du xie et xve siècles de notre ère. Le royaume d'Ourartou reçut un coup mortel; les Mouski et Tabal qui avaient résisté aux Assyriens échappèrent à peine à la destruction. Leurs débris furent repoussés dans les montagnes du Pont-Euxin et dans les hautes vallées de l'Euphrate où les Grecs connurent plus tard leurs descendants les Mosques ou Mosynèques et les Tibarènes (3). Tout porte à croire que leurs devanciers, les Cimmériens, furent incorporés à leurs hordes, ainsi que la plupart des peuples vaincus, les

---

(1) Ins. d'Ashshourbanipal. L'Arsiyanish est évidemment l'Arsissa de la géographie classique, l'Ardjis des Arméniens. Harsi est sans doute l'Artène de Pline, le Hark des Arméniens.

(2) Sahi est probablement une autre forme de Sace.

(3) Str. XI.

Moushki, les Tabal, les Khiti, les Armens, les Khaldi et autres peuplades de la péninsule. Mais ces hordes engagées chaque année dans de nouvelles guerres réparaient difficilement les vides que la victoire causait dans leur rang, leur nombre diminua et leur puissance s'écroula aussi vite qu'elle s'était élevée (1). Après des luttes sanglantes, Cyaxare, le fondateur de l'empire Mède, parvint à leur donner le coup décisif. Le pouvoir de ces envahisseurs dura peu, de sept à huit ans (634-627), il est vrai, mais ce court espace suffit à changer la face du monde asiatique. On doit rapporter à l'œuvre de destruction de ces hordes, la terreur éprouvée par les Hébreux, qu'Ezéchiel signale quelques temps après : « J'en veux à toi, Gog, prince de Rosch, de Meschek et de Toubal... Je te ferai sortir, toi et toute ton armée, chevaux et cavaliers, Gômer et tous ses escadrons, la maison de Tog-Arma à l'extrémité du Septentrion... peuples nombreux qui sont avec toi (2) ».

C'est vers l'apparition des Cimmériens ou quelque temps auparavant, que les Armens se portèrent au-delà de l'Euphrate et se fixèrent dans les cantons de la rive gauche. Mais la poussée ne s'est pas faite en masse; plusieurs tribus se maintinrent dans les hautes vallées de l'Halys, dans ces régions qui furent appelées dans la suite l'Arménie-Mineure. L'implantation sur la rive gauche de l'Euphrate ne pouvait offrir de difficulté à une époque où les Assyriens et les Ourartiens étaient obligés de porter ailleurs leur action, pour surveiller les mouvements des hordes

---

(1) May. Hist. anc. des peuples de l'Orient.
(2) Ezechiel XXXVII, XXXIX. Le prophète amené en captivité à Babylone était à même de connaitre de près les évènements survenus un siècle auparavant.

barbares qui débouchaient à la fois du Caucase et des détroits de l'Hellespont. Quant aux indigènes, ils ne pouvaient opposer de résistance, étant totalement ruinés par les guerres précédentes, force leur était de fusionner avec les immigrants. La région que les Armens venaient d'occuper, était un pays montagneux, entrecoupé de vallées profondes qui s'élargissaient parfois pour déployer des plaines verdoyantes. Elle constituait un certain nombre de cantons répartis entre des chefs terriens plus ou moins indépendants, parmi lesquels les inscriptions nous signalent le Supna (Sophène), l'Enzite (Hantzid), l'Erez (Akilisène), le Girzanou (Chorzène), le Daiani (Dersini?). A voir l'inventaire du butin et les prisonniers pris par Ashshourbanipal, Tiglietphalassar I et Salmanassar II, le pays était bien habité dès le xiie siècle avant notre ère. Il y avait nombre de châteaux-forts sur les sommets des montagnes, des bourgs populeux bien défendus, dont quelques-uns, comme Amiti ou Amid, Argkhni, Henni, Anghl, Palou ont conservé leurs noms jusqu'à nos jours. Le pays était riche en métaux, principalement en fer et en cuivre, les montagnes étaient couvertes de bois : hêtres, tilleuls, platanes, sapins et chênes; les vallons étaient verts et ombragés. La vigne y prospérait sur les pentes tournées au sud et les vergers étaient plantés d'abricotiers et d'amandiers comme de nos jours.

C'est dans leur nouvelle patrie que les immigrants, devenus prépondérants, furent connus des peuples voisins, sous le nom d'Arma, Armaï ou Arméni, peut-être du nom même des dynastes nationaux qui portaient la particule Arma, comme Armen-ac, Arma-is, Arma-sia, Harma que les souvenirs nationaux nous représentent comme les premiers patriarches de la nation (1). Le pays soumis à leur autorité fut appelé Armina, Armenik ou Erimen, et c'est cette appellation qui a prévalu auprès des peuples étrangers, d'abord chez les Sémites et les Hébreux, sous la forme de Tog-Arma, puis chez les Mèdes et les Perses, et plus tard chez les Grecs et les Romains. Le Tog-Arma biblique (2), pays situé entre Gomer d'un côté et Gog de l'autre, c'està-dire entre la Cappadoce et l'Ararat, se rapporte évidemment aux cantons des hautes vallées de l'Euphrate, à l'Arménie d'Hérodote (3). Cette appellation appliquée d'abord aux vallées de l'Euphrate, s'est étendue peu à peu à l'Ourartou, au Biainæ, à mesure que les Armeno-Haï grossis des peuples vaincus faisaient valoir leur prépondérance, pénétraient dans la vallée de l'Araxe, et imposaient partout leur langue. D'après Hérodote, l'Arménie proprement dite, ne comprenait que la portion sud-est de l'ancien Ourartou. Les Phrygiens sont à l'est, et confinent aux Lydiens; viennent ensuite les Cappadociens, puis les Ciliciens, les Arméniens les suivent. Les Matianiens sont contigus. L'Euphrate, que l'on passe en bateau, sert de bornes entre la Cilicie et l'Arménie. On fait en Arménie cinquante-six parasanges et demie, et l'on y rencontre quinze stathèmes et des troupes en chacun. Ce pays est arrosé par quatre fleuves navigables, qu'il faut nécessairement traverser. Le premier est le

---

(1) M. de Kh. I.

(2) Genèse X. 3. Ezeklei XXVII, XXXVIII, XXXIX. D'après tous les interprètes anciens, la maison de Tog-Arma représente les Arméniens. Dès l'établissement du christianisme, les docteurs arméniens adoptèrent cette interprétation, en faisant de Torgom, forme altérée du Tog-Arma, de la version des Septante, un ancêtre de la nation. (Acath. E. de Byzance).

(3) Hérodote ne connaît pour son temps que l'Arménie euphratienné.

Tigre, le deuxième et le troisième ont le même nom, quoiqu'ils soient très différents et ne sortent pas du même pays, car le premier prend sa source en Arménie et l'autre dans le pays des Matianiens (1).

Les dernières campagnes des monarques assyriens, l'invasion scythique et puis les attaques des Mèdes, avaient mis fin à la puissance de l'Ourartou. Les Cimmériens et les Scythes avaient préparé le chemin aux Arméniens, qui ne manquèrent pas de gagner du terrain et de faire valoir leur prépondérance aux lieux mêmes où l'Ourartou avait trôné pendant des siècles. Une branche des Arma poussa une pointe et s'établit dans une antique localité ourartienne qui s'appela Armavir ou Armaïra (2), du nom même des Arma. Mais la prépondérance des Iraniens, qui allait bientôt éclater, n'a pas permis aux Arméniens de constituer un état, de dominer politiquement l'Ourartou, ni même de maîtriser entièrement ses anciennes populations. Les Arméniens ne tardèrent pas à être englobés dans l'empire perse, et c'est longtemps après qu'ils parvinrent à se constituer en royauté indépendante, quand la conquête

---

(1) Herod, V. 49.

(2) Comme aucun texte ne précise la prise de possession de la vallée de l'Araxe pour cette époque, quelques auteurs voudraient la reculer vers la fin de l'empire perse. Mais alors on ne s'explique pas l'étendue qu'assigne Xénophon à l'Arménie, lors de la retraite des Dix-Mille, ni la fondation d'Armavir qui devait déjà exister au temps de Cyrus. Armavir est citée par Ptolémée sous la forme d'Armavira. La citadelle s'élevait dans le canton d'Etixous (inscrip. de Menouas) sur une colline qui s'appelle aujourd'hui Tépé-Dibi. La colline formée d'une lave rougeâtre, se trouve isolée au milieu de la plaine, sur le bord de l'ancien lit de l'Araxe. On y voit encore quelques ruines informes, des démolitions de murs cyclopéens. Les matériaux semblent avoir servi à la construction de la localité voisine persane, nommée Sardarapat, également en ruines.

d'Alexandrée eut brisé la puissance des Akménides.

Placés sur la route des peuples envahisseurs et sur le champ d'action de l'antagonisme de l'Orient et de l'Occident, en butte aux incursions des bandes pillardes du Caucase, les Arméniens étaient tenus de rester constamment sur la défensive. Ils étaient condamnés d'avance à une vie sans éclat sur ce plateau sans frontières et sans homogénéité géographique. De telles conditions contrecarraient l'essor qu'ils pouvaient prendre. Le mouvement qui porta les Arméniens vers les confins de la Médie, est néanmoins une des phases remarquables de leur histoire. L'Arménien tourna le dos à son pays d'origine, pour faire partie désormais du monde asiatique.

III

Les Arméniens au temps des Mèdes et de l'Empire perse. — La Satrapie d'Arménie (640-331 av. J.-C.).

L'Ararat touchait à l'est au Manna ou Minni des traditions bibliques que les tribus aryennes avaient envahi depuis la plus haute antiquité. Ces tribus qui appartenaient à la nation Madaï ou Mède, avaient fini par englober les anciennes populations, et le pays avait pris leur nom (1). Les Mèdes s'étaient arrêtés sur le plateau de l'Iran (2), tandis que les Perses avaient poussé vers le sud-est, vers l'Elam et s'étaient fixés dans un canton qui s'appela la Perse (3), de leur nom. Lorsque Tiglatphalassar III envahit la Médie, le pays était réparti entre un grand nombre de chefs indépendants qui exerçaient chacun l'autorité sur un canton. Sargon y revint en 713, s'empara

---

(1) Les Hébreux et les Assyriens appliquèrent le nom de Madaï jusqu'à la région qui confine l'Ararat. Madaï, dont les Syriens ont fait Madya est appelé Mark par les Arméniens auxquels se rattache la forme Mah ou Maha, que l'on trouve dans les légendes de la Perse musulmane, comme vestige du peuple Mède (F. Lenor, les Orig. de l'hist.).

(2) Cette appellation n'est autre que l'Aryan de Arya des Orientaux, l'Arik des Arméniens Les Perses s'intitulent encore l'Irany.

(3) Ainsi appelés par les Grecs du nom de la province de la Perside. le Pars des indigènes, où les Occidentaux connurent la première fois les dominateurs de l'Asie. C'est le Fars des Arabes. D'après l'opinion de plusieurs savants, les Aryens ou Iraniens vinrent d'Europe et descendirent de la Russie méridionale dans les plaines du Kour et de l'Araxe, par la voie du Caucase. Selon Spiegel l'Aryanem-Valdjo de l'Avesta est le canton d'Arrane, le Karabagh de nos jours.

de la plupart des villes et, fidèle à la politique assyrienne, il transporta des gens de la Médie dans les provinces occidentales de son empire, en semant le pays de colonies assyriennes. Une partie des Juifs de la Samarie fut exilée de la sorte au milieu des peuples aryens (1). Mais les expéditions des derniers conquérants n'empêchèrent pas l'organisation du peuple mède. Cyaxare (2), descendant d'un roitelet mède, forma une coalition de tous les chefs nationaux, il organisa une armée, se mit à la tête des autres princes, pour attaquer et se venger des Assyriens qui avaient jusque-là ravagé leur patrie. Ce chef fut le fondateur de l'empire mède. Cyaxare parvint à se débarrasser des Scythes qui avaient envahi la Médie, il conclut une alliance offensive et défensive avec Naboupalassour, le gouverneur assyrien de Babylone, qui s'était proclamé roi. L'Assyrie attaquée sur ses deux frontières, à l'est et au sud, résista quelque temps, mais elle finit par succomber avec Ashsheurakhiddin II, le Saracos de la tradition biblique. D'après les documents assyriens de l'époque, le roi mède avait grossi ses contingents de Cimmériens, de soldats de Mannaï, et bien d'autres qui se sont répandus en Assyrie, en nombre toujours croissant. « Me voici, c'est ton tour, a dit Jahveh-Sabaaoth des armées, je réduirai en cendre les chars de guerre. Je ferai cesser ces rapines dans le pays, — et l'on n'entendra plus les voix

---

(1) II. Rois XVII. Les Juifs que l'on trouve encore sur les confins du lac d'Ourmiah sont peut-être les descendants des colons transportés là au temps de ces guerres.

(2) Le Khvakhs hatra ou le Houvakh-Schatra des inscriptions d Darius, le Houvakh-Schatis de M. de Khorène, dont les classiqu grecs ont fait Cyaxare.

4

de tes émissaires (1). Ninive était détruite et au bout de quelques années, l'empire assyrien qui avait fait trembler le monde, était passé à l'état de légende. Diodore racontait d'après Clésias de Cnide, que le grand événement avait eu lieu deux siècles auparavant (887) au temps d'un roi mède du nom d'Arbakès. S'en référant à cette version, Moïse de Khorène plaça vers ces temps, en Arménie, un prince fabuleux du nom de Parouïr qui, en récompense de l'aide qu'il aurait fournie dans la prise de Ninive, aurait été élevé à la dignité royale par le roi mède (2). Nous ne possédons aucun document pour dire si les Armens s'étaient déjà constitués en corps de nation, et si ses chefs représentaient quelque autorité. Les destinées des principautés que les Arméniens avaient pu fonder vers le vii° siècle avant notre ère, paraissent avoir été des plus modestes ; elles se confondent avec celles des états à demi-civilisés que les Mèdes rencontrèrent sur la bordure occidentale du plateau iranien, et que les montagnards rançonnaient à outrance chaque fois que l'occasion s'en présentait. Ce que nous entrevoyons de ces temps lointains, c'est que la dynastie des Arma s'est scindée en deux (3) l'une dans la partie euphratienne, l'autre dans la région araxienne. Les princes des cantons occidentaux devaient avoir des noms comme Zareh, Vardane, Archam, ayant pour résidence

---

(1) Naghoum II, 14.

(2) M. de Kh. I. 20-21. L'historien arménien sait que ces événements sont racontés différemment, mais il ne veut pas ajouter foi aux autres versions. On sait qu'il a forgé une liste de rois sans chronologie, sans le moindre fait historique pour une période embrassant plusieurs siècles. Quelques noms peuvent bien être puisés dans les souvenirs nationaux, mais il est impossible de leur assigner une date.

(3) En tout cas, l'Arménie-Majeure comprenait au v° siècle avant notre ère, deux divisions, ayant chacune son satrape particulier.

Archamoussat sur l'Arzania ; ceux des cantons araxiens s'intitulaient le plus souvent Oronte ou Hrand, Schawarsh, Tigrane, résidant à Armavir, sur l'Araxe. Devant les peuplades hostiles qui les entouraient, ces princes étaient réduits le plus souvent à s'en tenir sur la défensive pour garder les cantons qu'ils venaient de conquérir. Ils avaient non seulement affaire aux débris de l'ancienne population, mais à des nouvelles peuplades, comme les Chalybes des monts Pontiques, les Mosques, les Tibareni du haut Euphrate que l'invasion cimmérienne avait poussés là, à la chute du royaume d'Ourartou. Les Chalybes, les Khaltik des auteurs arméniens, dont les descendants (1) existent encore et se livrent à l'exploitation des métaux comme leurs ancêtres, avaient des mœurs guerrières. Ils portaient au temps de Xénophon une veste descendant jusqu'à la hanche, des casques, et à la ceinture un sabre dont ils se servaient pour égorger leurs prisonniers. Jusque là les Arma n'avaient pu incorporer que les Haï, grâce à la similitude de leur langue, et aussi grâce à leurs mœurs paisibles, mais ils étaient trop faibles pour triompher facilement des autres peuplades belliqueuses. Il eût fallu, pour les assujettir, disposer d'un noyau plus puissant, mieux organisé que l'étaient les Arma. Ils ne purent ainsi se soustraire à la prépondérance des Iraniens qui allait bientôt s'établir.

---

(1) Les habitants chrétiens de Gumuschané, au-dessus de Trébizonde, sont vraisemblablement les descendants des anciens Chalybes. Ils se distinguent par leurs traits particuliers, et par une langue grecque singulièrement marquée d'un cachet spécial. Ils s'adonnent comme leurs ancêtres au travail des métaux et à l'exploitation des mines. Les Byzantins avaient institué le thème de Chaldœ avec la capitale Arghiropolis, le Gumuschané de nos jours.

L'Assyrie abattue, les Aryens, qui venaient de naître à l'histoire, s'assuraient la domination de l'Asie occidentale. Cyaxare tourna bientôt ses armes vers le nord et l'ouest, pour soumettre les débris des peuples qui s'agitaient encore. Au bout de quelques années, les gens d'Ourartou, les Arméniens, les Moushki, les Scythes, reconnaissaient son pouvoir. L'ancien royaume d'Ourartou, réduit à un petit domaine au nord de l'Araxe, disparaissait pour toujours (590?). Le roi mède gagna bientôt la Cappadoce (1), et avança jusqu'en Syrie, qu'il attaqua sans succès, et fini par conclure, au bout de cinq ans, un traité par leque l'Halys devint la limite des pays soumis à sa suzeraineté. L'empire mède, né d'hier, s'étendait des bords de l'Helmand à la rive de l'Halys (2). Mais cet empire n'était qu'une réunion de peuples divers, dont chacun avait gardé ses lois, sa langue, sa religion, son organisation féodale et même ses princes particuliers. Son successeur Astiage (3) n'était pas fait pour la vie des champs de bataille; il végéta dans son harem ; il n'entreprit aucune expédition contre les insubordinations qui éclataient un peu partout. Les Arméniens comme d'autres peuples cessèrent de payer tribut

---

(1) Katpatuka, selon les Iraniens. Les Arméniens ont conservé cette appellation sous la forme de Caputar. C'est probablement le Kada-Yachn des Egyptiens, qui d'après plusieurs savants, signifierait le pays des Khati.

(2) Masp. Hist. anc. des Peuples de l'Orient.

(3) Ce serait l'Isthouvegou des inscriptions dont les Grecs auraient fait Astiage. M. de Khorène connaît la forme d'Azi-Dahac, semblable à l'Azi-Dahak mythique des Wédas. Les faits rapportés par Hérodote et M. de Khorène, en ce qui concerne Astiage et Cyrus semblent être tirés du mythe religieux de Wéda. Il est probable qu'Azi-Dahak est un surnom du prince qui succéda à Cyaxare. M. de Khorène (I-23-29) lui attribue de longues guerres avec un monarque arménien du nom de Tigrane.

LES COMMENCEMENTS DU PEUPLE ARMÉNIEN 69

sans être inquiétés. L'allégeance des Iraniens n'avait sans doute pas empêché l'évolution du peuple arménien que nous signalent désormais les auteurs classiques. Xénophon rapporte l'existence d'un roi arménien ayant pris des allures d'indépendance au moment où un changement de dynastie faisait de Kyros(1) le maître du monde (549 ou 550). Le règne de Kyros, qui dura vingt-neuf ans, fut plein d'événements qui sont dans toutes les mémoires. Conquête de la Lydie, prise de Babylone, affranchissement des Juifs qui y étaient retenus captifs. Kyros, dans ses conquêtes, respecta habituellement les autorités locales. En Lydie et en Chaldée seulement il mit un gouverneur persan, partout ailleurs il se contenta d'une déclaration d'obéissance et confia le gouvernement aux mains des indigènes qui continuèrent à exercer l'autorité d'un vrai roi. Le prince régnant en Arménie, menacé par son attitude hostile, avait été contraint d'envoyer en otage son fils Tigrane(2), à la cour du grand roi, auquel il demandait protection contre les incursions des montagnards Kaldi, Carducques et autres qui ne cessaient de molester les Arméniens de la plaine. Tigrane était, à ce qu'il semble, un valeureux prince qui prit service dans l'armée et sut gagner l'amitié de Kyros. Il fit la campagne de Lydie (546) en amenant avec lui de nombreux archers et quatre mille cavaliers, sous le commandement de l'Arménien Empas. Il prit part à la prise de Babylone (538) avec ses auxiliaires, et sûr de la protec-

---

(1) Le Xor des Perses, qui semble signifier le soleil, de sorte que Kyros ou Kuros (Cyrus) est encore une épithète, comme la plupart des noms des rois perses.

(2) Relativement au règne de Tigrane, nous puisons dans Xénophon Cyropédie) et dans Moïse de Khorène les faits les plus probables.

tion du grand roi, il succéda à son père à son retour de Babylone. Jusque là plusieurs Tigranes (1) avaient succédé à plusieurs Orontes, et les Arméniens avaient évolué sans éclat. La plupart furent voués à l'oubli, à cause de leur existence obscure, et seul le nom du contemporain de Kyros parvint à la postérité, grâce au rôle que les circonstances lui permirent de jouer dans les affaires de l'empire. Pour rehausser l'éclat de son règne, on avait créé des légendes autour de son nom, des conquêtes en Asie-Mineure, une guerre dans laquelle Astiage aurait péri de ses mains. Son histoire est en réalité moins romanesque. La conquête de l'Égypte (525) sous Cambyse (2) avait réuni le vieux monde dans les mains des Perses, mais, peu après, la puissance de l'Empire se trouvait ébranlée à la suite de révolutions de palais qui avaient porté au pouvoir Darius (3), fils d'Hystaspe, un collatéral de la famille akéménide.

L'empire perse n'était, comme celui des Assyriens, qu'un assemblage de provinces administrées par des gouverneurs à demi-indépendants, de royaumes vassaux et de tribus mal soumises. Kyros et Cambyse ne s'étaient pas mêlés des affaires intérieures des peuples qui s'étaient soumis à eux ; ils s'étaient contentés d'imposer leur suzeraineté sur l'Asie-Mineure, jusqu'aux rives de la Méditerranée. A l'occident, le seul point d'appui des Perses était

---

(1) M. de Khorène (I. 30) ne veut admettre qu'un seul Tigrane de la dynastie Haïcazienne, quoiqu'il sache que les souvenirs nationaux rapportent l'existence de plusieurs Tigranes.

(2) Le Combuzhia des inscriptions, le Key-Kobat des légendes perses, qui périt, comme on le sait, de mort mystérieuse.

(3) Le Darayavaüs des inscriptions, le Dara des Orientaux, le Darch des Arméniens.

Sardes, l'ancienne capitale de la Lydie, où un gouverneur persan, personnage civil et militaire à la fois, exerçait une grande autorité sur tous les pays voisins.

Au moment où l'empire paraissait être au faîte de sa gloire, des insurrections éclatèrent un peu partout, et la révolte se déchaîna en Chaldée, dans les provinces orientales, en Médie, en Arménie. Les Arméniens avaient pris le parti d'un certain Phraortès, un rejeton authentique ou faux des anciens dynastes mèdes, et qui s'était insurgé contre la suzeraineté des Perses. Toutes les révoltes furent rapidement réprimées par l'énergie de Darius. La Lydie apaisée par les soins de Bagoas, Darius envoya en Arménie un certain Dadharsis, général d'origine arménienne, pour la rappeler à l'ordre. Celui-ci ne pouvant se faire écouter, dut attendre des renforts pour briser la résistance par les armes. Une nouvelle armée, commandée par Vaoumina, eut finalement raison de la révolte (518), et l'Arménie fut réduite en province, pour former une des satrapies de Darius, sous le nom d'Arménik ou Armina (1).

La satrapie d'Arménie comprenait, suivant sa subdivision antérieure, deux parties : l'une araxienne ou orientale, l'autre euphratienne ou occidentale. Les satrapes de l'Arménie, dont l'histoire n'a enregistré ni les noms ni les actes, étaient en général des grands seigneurs affiliés à la famille royale ; parfois c'étaient des princes indigènes qui avaient gagné la confiance de la cour. Le tribut royal que l'Arménie devait payer consistait en trente mille poulains et en quelques talents d'argent à l'état brut. Cette redevance n'avait rien d'exagéré, mais les satrapes ne recevant

---

(1) Inscriptions de Darius et de Xercès de Béhoustoun.

aucun traitement, prélevaient dans le pays, de larges contributions pour leur propre compte. Comme les autres peuples vassaux, les Arméniens devaient en outre équiper des contingents et les mettre à la disposition du grand roi en temps de guerre. En créant les satrapies, les gouvernements autonomes étaient supprimés et Darius inventait une nouvelle forme de gouvernement, qui devait servir plus tard de type aux Romains. Le satrape (1) était le maître absolu de son gouvernement, faisait payer l'impôt comme il l'entendait, rendait la justice, avait le droit de vie et de mort, mais il pouvait aussi à chaque instant être révoqué, ou même mis à mort sans procès. Tantôt il commandait l'armée d'occupation, tantôt ce commandement était confié à un général qui relevait aussi du grand roi. L'empire que Darius avait organisé, était le plus vaste qui eut existé. De la Méditerranée ses limites s'étendaient, à l'est, jusqu'au massif qui sépare la Chine. Désormais, l'empire perse ne pouvait s'agrandir que d'un seul côté, au nord-ouest, et de ce côté était la Grèce, dont l'indépendance irritait l'orgueil du grand roi. Kyros avait conquis l'Asie, Cambyse une partie de l'Afrique, Darius, pour ne pas rester au-dessous de ses prédécesseurs, attaqua l'Europe. Les Scythes avaient autrefois envahi l'Asie. Le souvenir de cette injure, et le désir de soumettre la Thrace et les Grecs, décidèrent Darius sur le choix du théâtre de son action. Il franchit le Bosphore, traînant à sa suite sept ou huit cent mille hommes, dit-on, et parmi eux, tous les peuples de l'empire, les Arméniens et les Grecs asiatiques. Les Armé-

---

(1) Schatrap ou le Schatrapavan des Perses, le Schahap des Arméniens, qui voudrait dire, à ce qu'il semble, le régent du pays.

niens figuraient de même dans les armées de Xercès durant les guerres médiques (480). Selon Hérodote, les Arméniens étaient armés comme les Phrygiens ; ils portaient des casques, des boucliers, des piques et des poignards ; les uns et les autres étaient commandés par un certain Artochme, qui avait épousé une fille de Darius. Mais les guerres médiques avaient fortement ébranlé l'empire, la force qui retenait les provinces dans le devoir, existait à peine. Sous le règne d'Artaxercès I (1) (464-425), les satrapies avaient changé de nombre et de limites Au temps où Hérodote visitait les provinces de l'empire, l'Arménie formait la treizième satrapie (2) ; les Matianœ, les Saspires et les Alarodiens, la dix-huitième ; les Mosques, les Tibarènes, les Maerins, habitant le Pont, emplissaient la dix-neuvième. La fidélité des Arméniens envers le pouvoir royal, ne s'était jamais démentie sous Darius II, ni sous Artaxercès Mnemon ; ils n'avaient pas bougé lors de la révolte de Cyrus le Jeune, au moment où la plupart des provinces occidentales avaient pris le parti de ce dernier. Comme les documents contemporains ne signalent aucun fait saillant en Arménie, nous devons penser que la paix n'y fut pas troublée, pendant que l'Égypte, l'Asie-Mineure et la Médie se révoltaient tour à tour sous les successeurs de Darius. Au dire de Xénophon, qui traversa l'Arménie vers 400, sous le règne d'Artaxercès Mnemon,

---

(1) L'Ardeschir-Diraz-Dest ou Longue main des légendes persanes. Artaxercès, qui est une altération d'Arta-Chschatra, semble vouloir dire le grand roi.

(2) Hérod, III, 93. Au début il y en avait 23. L'inscription de Persépolis en compte 24, celle de Nach-i-Roustan 28, Hérodote en énumère seulement 20.

le pays habité par les Arméniens, était borné au nord par les Chalybes et les Taoques ; au sud, par les Carducques ; et le cours du Centrite, affluent du Tigre, servait de limite de ce côté. Les montagnards Carducques étaient presque indépendants ; ils étaient en hostilité avec les Arméniens, et quand l'occasion s'en présentait, ils se livraient à des incursions, à des razzias dans les villages arméniens. Ces montagnards se plaisaient encore à servir de mercenaires, quand les satrapes s'adressaient à eux, tout en étant en révolte constante contre l'autorité royale. Les Carducques opposèrent une certaine résistance contre le passage des Dix-Mille, mais la tactique employée par les Grecs, permit de franchir les défilés sans trop de pertes.

On rencontrait en Arménie un grand nombre de bourgs et de villages dont quelques-uns possédaient des tours fortifiées et des résidences princières. Le satrape de la région traversée par les Dix-Mille, était un certain Tribaze, personnage de haut rang, affilié à la famille royale, qui a joué un rôle considérable dans les affaires de l'Empire et qui fut envoyé plus tard en Ionie, où il eut une fin tragique.

Le satrape de l'Arménie orientale était, semble-t-il, un indigène du nom d'Orontes. Tribaze convint de laisser le passage libre aux Grecs, à la condition de ménager le pays et de ne commettre aucune déprédation. Cela n'empêcha pas les mercenaires grecs de s'emparer de la tente de Tribaze, où ils trouvèrent des lits à pieds d'argent, des vases et des ustensiles de même métal. Plus au nord, les Dix-Mille traversèrent l'Euphrate, et rencontrèrent des villages et des habitations cachées sous la terre, dont l'ouverture était comme celle d'un puits, mais dont l'intérieur était très vaste, et servait en partie de logement au bétail.

On trouvait dans ces villages du froment, de l'orge, des légumes conservés et du vin d'orge, boisson très alcoolisée que l'on gardait dans de grandes jarres. L'hospitalité était large, dans ces villages arméniens. Partout abondaient les vivres, l'agneau, le chevreau, le porc, le veau et la volaille. On y élevait aussi des chevaux pour la redevance royale. Les récoltes du sol et l'élève du bétail ne formaient pas d'ailleurs toute la richesse de l'habitant. L'Arménie était la route des caravanes qui transportaient les riches produits de l'Indus sur les bords du Pont-Euxin. Les Arméniens allaient trafiquer jusqu'en Phénicie, où ils vendaient des chevaux et des mulets. « Ceux de la maison de Tog-Armah pourvoyaient les marchés de cavaliers et de mulets » (1). Ils construisaient des barques avec des outres en peau pour transporter des marchandises jusqu'à Babylone, par la voie de l'Euphrate.

Comme toutes les sociétés primitives, les Arméniens, pasteurs, cultivateurs ou guerriers, étaient groupés en communautés formées de familles obéissant à un chef. Toute la famille, y compris les fils, les petits-fils et leurs femmes, habitait le même logis, sous la tutelle du père. A l'autorité du père de famille étaient soumis tous les membres de celle-ci, surtout les enfants et les femmes. La femme était plutôt une esclave, elle n'apportait aucune dot ; elle était achetée si elle n'était pas prise de force. L'ameublement du logis se composait de quelques nattes, de tapis, d'ustensiles de ménage en terre ou en cuivre, de jarres et d'outres où l'on conservait les liquides. Un moulin à main

---

(1) Ezekiel, XXVII, 13-14.
(2) Hérod, X, 194,

servait à fabriquer la farine, et l'âtre du foyer suffisait pour préparer le pain sans levain. Mais ces mœurs étaient loin d'être aussi simples chez les seigneurs terriens et les chefs de clans. Ceux-ci étaient portés à la vie de luxe, avaient des concubines, des esclaves, des serviteurs, et la chasse était leur principale occupation quand ils n'étaient pas en état de guerre. Ils portaient des colliers, des bracelets, des boucles d'oreilles, des robes traînantes, et se coiffaient d'une tiare à la façon des Mèdes et des Perses (1). L'influence iranienne avait fait des Arméniens un peuple foncièrement oriental, jusqu'à les confondre dans la masse des Aryens. La dépendance avait été telle que l'Arménien avait perdu toute connaissance de sa propre existence. La langue officielle au temps des Akéménides était même le persan (2). On ne saurait dire si le mazdéisme proprement dit s'était aussi propagé chez les Arméniens, et si les appellations zoroastriennes, comme Aramazd, Anatit, Fericté et Derwa datent de cette époque. En tout cas, l'Arménien a emprunté un grand nombre de mots à la langue iranienne, mais sans changer de fond : la grammaire resta toujours calquée sur les langues Aryo-européennes, sur le grec et le latin.

En réalité, les deux siècles de soumission de l'empire perse, avaient été pour les Arméniens une période de développement et d'extension, en même temps qu'une ère de bien-être et de prospérité. Aucun fait saillant n'est signalé jusqu'à la chute de l'empire. L'attachement envers

---

(1)

(2) Les Grecs de Xénophon se faisaient comprendre par des interprétés parlant le persan.

le pouvoir royal fut tel que les Arméniens, archers et cavaliers, se portèrent en grand nombre dans les armées de Darius Codomane pour combattre Alexandre à Issus (1). Il semble que les dynastes arméniens qui avaient été dépossédés du pouvoir en 518 n'avaient pas disparu. Comme on retrouve leurs descendants à l'époque séleucide, il faut penser qu'ils jouissaient de quelques privilèges et d'une certaine considération, jusqu'à contracter des mariages avec la famille royale et exercer parfois l'autorité sous le titre de satrapes. Les Arméniens qui durant la domination perse s'étaient fortement établis dans la région d'Ararat, finirent par considérer ce pays comme leur véritable patrie. L'Ararat est devenu la tête et le centre de toute l'Arménie (2). Cette façon d'envisager les choses se comprend, quand on songe que c'est là que prit naissance la royauté et que de là se sont propagés le christianisme et les lettres arméniennes. Tout souvenir des temps passés était effacé, quand le christianisme ayant suscité l'idée de la nationalité, les docteurs arméniens tentèrent de reconstituer les origines de la nation. Emerveillés des récits de la Genèse, ces docteurs s'en tinrent aux traditions bibliques, pour tout ce qui concernait les origines, en rejetant toute légende, tout souvenir qui étaient à l'encontre de leurs idées. L'Ararat, primitivement inhabité, aurait été peuplé par les descendants d'Haïc, et le nom national d'Haï serait dû à l'ancêtre Haïc, descendant de Japheth. Haïc, originaire de Babylone, se serait enfui au pays d'Ararat, pour se soustraire aux persécutions de

---

(1) Arr. Quinte Curce.
(2) Laz. de Pharpi.

Belus (1). Aram, le sixième descendant de Haïc, serait contemporain de Ninos ; il aurait établi son autorité jusqu'en Cappadoce, et les étrangers auraient retenu l'appellation d'Armen ou Arméniens, à cause de ses exploits. Son fils Araï, d'une beauté remarquable, aurait été tué dans une bataille livrée contre Sémiramis. Vahagn, fils de Tigrane, Haïcazien dont les exploits égalent ceux d'Hercule, prend rang parmi les dieux. Enfin Vahé, le dernier des Haïcaziens, est tué en combattant Alexandre.

La critique a démontré le peu de cas que nous devons faire de ces récits qui ont longtemps défrayé l'imagination des historiens arméniens. Nous savons que Haï et Vahagn sont des êtres mythologiques le premier semblable à l'Orion, le second à l'Hercule des temps héroïques de la Grèce. Le récit relatif à Araï et à Sémiramis est d'ailleurs un emprunt fait aux mythes de la Perse et de l'Inde.

---

(1) D'après les légendes chaldéennes, il régnait au nord Nimirod ou Nemrod que la Genèse reconnaît comme un grand chasseur devant l'Eternel. Les interprètes chrétiens l'identifièrent avec Bel ou Belus, le dieu chaldéen.

IV

La domination des Séleucides.
Les dynastes nationaux.
(331-190 av. J.-C.)

L'Empire perse courait à sa ruine depuis un siècle. L'expédition des Grecs mercenaires, qui avaient combattu pour Cyrus Le Jeune avait révélé sa faiblesse. On avait reconnu l'étendue du colosse et constaté que des pays entiers étaient indépendants, alors qu'on les considérait comme des provinces royales. Sous Artaxercès II, l'Asie-Mineure, la Phénicie, l'Egypte faillirent se détacher. Son fils Ochus, qui montait sur le trône au milieu des assassinats et des conspirations domestiques, avait pu reconstituer l'empire un instant, en réprimant les révoltes, mais ce fut en vain. L'autorité était ébranlée par les meurtres et les intrigues, par les révoltes incessantes et les rivalités des satrapes. Vers le nord, entre le Pont-Euxin et la Caspienne, on ne rencontrait plus qu'une mêlée confuse de peuples, dont les uns, comme les Arméniens, reconnaissaient volontiers la suprématie des Perses, mais dont les autres, Carducques, Taoques, Ibères, Chalybes, Mosynèques et Tibarènes, ne relevaient que d'eux-mêmes. L'empire avait été donné en 334 à Darius Codomane, un petit-neveu d'Artaxercès Mnemon, qui avait eu pendant quelque temps la satrapie d'Arménie (1) en récompense des services rendus par lui pendant les guerres d'Ochus. C'était un

---

(1) Diodore.

prince vaillant et généreux, différent en cela de ses prédé
cesseurs; par ses qualités il sut mériter le respect des
grands. Il avait gouverné l'Arménie dans la paix et gagné
l'attachement des Arméniens qui se portèrent auprès de
lui pour prendre part dans la guerre contre Alexandre.
Battu au Granique en 334 et à Issus l'année suivante,
le roi de Perse s'était retiré au-delà du Tigre. Alexandre
poursuivant sa marche victorieuse avait renversé à
Arbelles (331) l'empire akéménide qui avait joué, pendant
deux siècles, le rôle prépondérant dans les affaires asiatiques. Les satrapes, comme les peuples relevant de l'empire avaient reconnu l'autorité d'Alexandre. Le gouvernement de l'Arménie orientale, qui était dans les mains
d'Orontes ou Hrant (1), prince national apparenté à la
famille akéménide, fut confié quelque temps à l'ibère
Mihran (331-323), satrape de Lydie (2). A la mort
d'Alexandre, Perdicas nomma au gouvernement de cette
partie de l'Arménie, en qualité de haut commissaire, un
certain Néoptlomée, général macédonien, homme dur et
hautain, qui par ses agissements, mécontenta le peuple et
les grands, et provoqua une prise d'armes de la part
d'Artavasde, le prince national (3). Eumène, qui avait le
gouvernement de la Cappadoce, alla en Arménie, pour rappeler à l'ordre le prince arménien. Néoptlomée, réintégré
dans ses fonctions, voulut profiter lui-même de l'état de
troubles, pour méconnaître l'autorité d'Eumène; il prit les
armes, mais il ne tarda pas à être tué dans une rencontre.

---

(1) Str. XI.
(2) Diodore.
(3) Diodore.

Artavasde, faisant acte de soumission, conservait seul le gouvernement de l'Arménie orientale. Arcarth II, le fils du roi de Cappadoce vint se sauver chez lui après le meurtre de son père. Artavasde lui conseilla d'accepter le joug et l'aida à rentrer dans son pays (1).

Au partage définitif des états d'Alexandre, décédé à la bataille d'Ipsus, en Phrygie (301), les satrapies d'Arménie échurent aux Séleucides (2). Ceux-ci qui avaient fixé leur résidence sur les bords de la Méditerranée, à l'extrémité occidentale de leur empire, ne pouvaient efficacement intervenir dans les contrées immenses qui s'étendaient à l'est. En Arménie, ils se contentèrent de laisser le gouvernement dans les mains des princes indigènes, qui jouirent dès lors d'une grande indépendance. Les rois séleucides usaient à leur égard de douceur ou d'intimidation, selon la force ou la faiblesse du prince régnant. La Médie Atropatène, l'Aderbeijan des Iraniens, pays limitrophe de l'Arménie, avait aussi formé un état plus ou moins indépendant, sous l'autorité de dynastes issus des anciens satrapes du pays. Ces rois qui portaient le plus souvent le nom d'Artavasde (3), avaient noué des liens de parenté avec les Arméniens, et plus tard avec les Parthes, mais cela ne les empêchait pas de leur faire la guerre à l'occasion. Les tribus guerrières, campées vers l'extrémité orientale de l'empire séleucide, dans la Bactriane, en Hyrcanie, dans la Parthiène, présentaient surtout le plus grand danger;

---

(1) Diodore.
(2) Appien.
(3) Le nom d'Artavasde étant porté habituellement par les dynastes arméniens, il peut se faire que les princes de l'Atropatène fussent de la lignée des dynastes arméniens.

les rois séleucides, malgré leur valeur personnelle, n'avaient rien fait pour les gagner à leur cause, ni même essayé de les maintenir dans le respect. Sous Antiochus Théos (260-247), le gouverneur de la Bactriane, Théodote se déclarait indépendant et érigeait un royaume grec à part (255) (1). De son côté, un descendant de Darius Codomane se mettait à la tête des guerriers parthes pour fonder une nouvelle puissance, le royaume des Arsacides (2), qui allait bientôt prendre la succession des Perses, et continuer la lutte entre l'Orient et l'Occident. Ses successeurs, Tiridate et Artaban, ne devaient pas tarder à s'emparer de la Médie et pousser leur conquête jusqu'au Tigre. Seleucus Callinicus (247-255) se portait bien contre les Parthes, mais il était battu et fait prisonnier. Les débuts du nouveau royaume parthe restaient indécis, mais le long règne de Mithridate le Grand (174-136) couronna l'œuvre et affermit la dynastie des Arsacides. La puissance parthe était si bien assise que dans les siècles suivants, les empereurs romains, malgré leurs succès et les grandes expéditions dans la vallée du Tigre, ne purent

---

(1) L'antique Bactriane, les pays des Raz-Kout, des Gouchan des auteurs arméniens, la région actuelle de Bokhara, avait pour capitale Bactre ou Zaroasha, la Bahl-Arauvadine de Moïse de Khorène. Elle se révolta en 255, sous Théodote et forma le royaume grec de Bactria qui fut détruit par les Parthes en 129 avant J.-C.

(2) Ainsi appelé du nom d'Arsace, titre donné au roi parthe. Arsace est une corruption du mot sanscrit Khajarscha (Xercès), qui signifie roi, ou plutôt roi des rois. Cette appellation a pris la forme du Schah dans le persan moderne, comme Païtikhajarscha est devenu le Padischah des Turcs, qui a aussi le sens de grand roi. Les Parthes, qui furent les premiers soldats de la révolte contre l'autorité des Séleucides s'appelaient Parthavas, Pahlavas, Pahlave, Pahlavi ou Pehlivé, c'est-à-dire les héros. L'appellation persane actuelle Pehlivan, qui veut dire un homme fort, un lutteur, dérive également de l'appellation Pehlevi.

l'entamer. Rome qui n'a cessé de réclamer la suite de l'héritage séleucide en Arménie, ne put rien faire de durable et dut souvent courber la tête devant le nouvel adversaire asiatique. Les Séleucides, menacés dès lors à l'est par les Parthes, au nord par les petits royaumes naissants de l'Asie-Mineure, au sud par les rois d'Egypte, n'avaient plus qu'un semblant d'autorité sur les contrées euphratiennes, sur l'Arménie où régnaient Orontes (257) et Arsam (1), l'un dans l'Arménie araxienne, l'autre dans l'Arménie euphratienne. Les princes de l'Arménie euphratienne, dont la plupart portaient le nom d'Archam, avaient fondé la ville d'Arsamosata, l'Aschmouschet des Arméniens, sur l'Arzania, qui existait encore au temps des Romains. Cette partie de l'Arménie qui comprenait l'Akilisène, la Sophène, le Hautzit, était aussi désignée sous le nom d'Arsamonitide (2). L'Arménie araxienne comprenait la plaine de l'Araxe, le canton de Schirac et la haute vallée de l'Arzania. La région de Van était probablement une dépendance de l'Atropatène, et se trouvait partagée entre des feudataires, dont quelques-uns descendaient des anciens rois d'Ourartou. Mais à part quelques noms, nous ne savons rien du règne de ces dynastes arméniens qui avaient reconnu l'autorité des Séleucides. C'est encore une période de cent ans, durant laquelle l'histoire ne mentionne aucun fait saillant en ce qui regarde les affaires des contrées arméniennes. Devons-nous considérer ces dynastes et satrapes comme les descendants de la lignée de Tigrane, contemporain de Cyrus ? Tout ce

---

(1) Polyen.
(2) Str. XI.

que l'on peut dire, c'est que l'on trouve dans les généalogies rapportées par Moïse de Khorène et par Sébéos quelques noms ayant la même consonnance, comme Hrant (Orontès), Zareh (Zariadès), Arscham qui, selon ces listes, serait de la descendance d'Arménac.

Le royaume des Séleucides semblait se relever sous Antiochus le Grand (222-186) qui sut reconquérir la suprématie sur les provinces orientales en révolte. Antiochus reprenait la Médie sur les Parthes et forçait ces derniers à abandonner leurs récentes conquêtes (205). Malgré ce succès, il dut renoncer à subjuguer la Bactriane et la Parthiène. En Arménie, Antiochus avait un moment confié le gouvernement à un certain Xercès (215) (1), mais l'administration de ce satrape avait fait naître des troubles et amené l'intervention d'Artavasde, roi de la Médie Atropatène, apparenté aux dynastes arméniens. Artavasde s'était retiré sur les menaces d'Antiochus qui, pour apaiser les choses, chargeait du gouvernement du pays les princes indigènes, cédant en cela à leur juste ambition.

Les nouveaux satrapes, Artaxias et Zariadès (2) qui étaient entrés en relation avec les royaumes de l'Asie-Mineure ne manquèrent pas de secouer le joug des Séleucides et se déclarer indépendants, quand Antiochus fut battu à Magnésie (190) par les Romains, et quand il fut obligé de céder toutes ses possessions au nord et à l'est du Taurus. Déjà les Romains dictaient la loi à tous les pays asiatiques, de la mer Egée jusqu'à l'Eu-

---

(1) Polybe.
(2) Polybe, Str.

phrate. Les successeurs d'Antiochus le Grand allaient tellement s'affaiblir par les guerres intestines, qu'un descendant d'Artaxias Tigrane put faire, au siècle suivant, la conquête de la Syrie, il est vrai, pour un instant. La faiblesse des Séleucides et la défaite d'Antiochus à Magnésie avaient permis aux Arméniens de secouer l'allégeance de l'étranger qui pesait sur eux depuis des siècles. Les Arméniens allaient entrer dans une nouvelle ère, et même jouer un certain rôle dans la politique asiatique, mais leur prépondérance devait être abaissée, sitôt née. La domination des Séleucides qui, en somme, n'avait rien changé à la destinée du peuple arménien, avait duré de 330 à 190, soit environ un siècle et demi. Cette allégeance, comme celle des Perses, n'avait eu rien d'insupportable, et les Arméniens avaient continué de gagner du terrain en payant tribut et en servant à l'occasion dans les armées de leurs maîtres.

L'hellénisme avait envahi l'Asie avec la conquête d'Alexandre sans pénétrer jusqu'en Arménie, où l'influence orientale avait jeté de profondes racines. Pendant que le mouvement occidental avait changé la face des choses en Syrie, en Egypte et dans l'Asie Mineure, que les arts et les sciences avaient pris un puissant essor sur les rives de la Méditerranée, les régions trans-euphratiennes étaient restées asiatiques Après le passage du fléau que les Persans d'aujourd'hui appellent encore *le maudit Iskander*, le monde aryen d'Asie était resté confiné dans sa vieille civilisation chaldéenne. Les Arsaces parthes avaient bien adopté des usages grecs ; ils avaient fait battre des monnaies et des médailles avec des inscriptions en grec, et se déclaraient à l'envi philhellènes. Mais tout se bornait à ces superficialités ; ils ne surent aucunement s'initier à la civilisation occidentale. Par contre la domination séleucide a exercé peut-être une certaine influence sur le paganisme arménien et sur la langue. C'est à cette époque qu'il faudrait rapporter l'introduction, dans le panthéon arménien, de divinités helléniques qui avaient déjà pactisé avec le monde sémitique. L'arménien littéraire, à considérer certaines particularités, semble aussi avoir subi l'influence grecque par l'intermédiaire du syriaque qui a pris naissance sous l'action séleucide. Toutefois ces emprunts à l'hellénisme n'influencèrent que légèrement la vie orientale à laquelle fut condamné le peuple arménien, pesant lourdement sur sa destinée dans les siècles suivants. Dénué d'art et de culture intellectuelle, l'Arménien ne cessa de subir la domination des puissances qui l'entouraient. Si le peuple arménien a pu se soustraire à la destruction et constituer dans les siècles suivants une monarchie à demi-indépendante, c'est qu'il convenait à la politique romaine de le conserver comme une barrière contre les Parthes et les Sassanides. Il aurait fatalement disparu de la scène, si le christianisme n'avait créé les lettres arméniennes et suscité en lui l'idée de la nationalité. Placés dans des conditions d'infériorité relativement à leurs nouveaux voisins les Parthes, les Arméniens devinrent, comme on l'a dit, une pomme de discorde entre les Parthes et les Romains.

Jusqu'ici on n'a rencontré en Arménie aucun vestige de monuments et d'art de l'époque de sa dépendance des Perses et des Séleucides. Les anciens monuments du pays, comme ceux de Van, les inscriptions que l'on y trouve, datent du temps de la puissance ourartienne. Les villes arméniennes proprement dites, comme Armavir,

Zarehavan, Bagavan, Arsamossata n'ont laissé que des ruines informes ou des noms. Les seuls vestiges de ces temps sont les quelques monnaies à l'effigie des dynastes ou satrapes Arsam et Xercès, qui portent la tiare arménienne. Il faut croire que les Arméniens n'élevaient aucune construction durable et se contentaient d'habitations passagères élevées à la hâte en des lieux fortifiés par la nature, le plus souvent sur le sommet d'un rocher. Le peu qu'ils ont pu laisser a été d'ailleurs détruit par les invasions et les tremblements de terre. L'art d'écrire était apparemment inconnu ; on se contentait de messagers pour les relations lointaines. Cette situation rappelle sensiblement ce qui se passe de nos jours chez les peuples à demi-civilisés de l'Asie et de l'Afrique dont on ne trouvera à coup sûr aucun monument durable dans les siècles futurs.

CHAPITRE II

La royauté Arménienne
jusqu'à l'avènement des Arsacides.
(190 av. J.-C. — 193 ap. J.-C.)

Fondation de la royauté. — Artaxias.
(190-95 av. J.-C.)

Depuis leur implantation dans les hautes vallées de l'Euphrate et de l'Araxe les dynastes arméniens s'étaient scindés en deux : les uns avaient fait valoir leur autorité dans la région nord-est, vers l'Araxe ou l'Arménie araxienne, les autres dans l'antique Supan et l'Enzidi des Assyriens ou l'Arménie euphratienne. Cette division avait été maintenue sous l'empire perse et Antiochus le Grand avait confié la satrapie de la première région à Artaxias, celle de la seconde à Zariadès ou Zareh, tous deux issus des dynastes nationaux (1). Le gouvernement d'Artaxias

---

(1) Polybe. Str. — Diodore donne le surnom d'iranien à ces princes. Strabon en fait des lieutenants d'Antiochus. A voir les noms d'Artaxias et d'Artavasde, ces princes peuvent bien être d'origine mède, mais il faut tenir compte de ce fait que les Arméniens se sont appropriés ces appellations durant la domination perse.

comprenait notamment l'Araxiane, la Phaian, la Bagreventa ; le gouvernement de Zareh s'étendait sur la Sophène, l'Enzite et les cantons avoisinants. La défaite d'Antiochus à Magnésie (187 av. J.-C.) avait décidé de la suprématie en faveur de Rome dans les affaires asiatiques. Cette suprématie fut le signal de l'indépendance des princes arméniens. Artaxias entrait, avec l'aide de Rome, dans l'alliance signée entre les royaumes de l'Asie-Mineure (1) ; il prenait, comme Zareh, avec le consentement du Sénat romain le titre de roi. L'aire des domaines d'Artaxias et de Zareh se réduisait à peu de chose, mais les nouveaux rois, concertant leurs efforts, agrandirent leurs possessions aux dépens des peuples voisins. Ils enlevèrent successivement aux Mèdes, la Caspienne et le Vaspuracan ou l'antique Biainæ ; aux Ibères, la Phaunitide, la Gogarène et tout ce qui est au pied du Paryadis ; aux Chalybes et aux Mosynèques, la Carénitide et la Derscène ; aux Cataons, l'Akilisène ; aux Syriens la Taronitide, tous pays dont les habitants, grâce à cette union, commencèrent à parler la même langue (2). Ces conquêtes ne pouvaient offrir ni difficultés, ni provoquer l'intervention des Séleucides dans ces pays lointains abandonnés à leur sort. Aucun écho ne nous est parvenu des luttes partielles que purent livrer les possesseurs de ces districts, si ce n'est les récits fabuleux et les chants des bardes que Moïse de Khorène rapporte d'ailleurs au règne d'un roi imaginaire du nom d'Artaschès, de la lignée des Arsacides. A les croire, Artaschès aurait enlevé à l'usurpateur Jérouande, après une

---

(1) Polybe.
(2) Str. XI, 14, 15.

lutte acharnée, la ville forte de l'Ierouandakert et le district de Schirac et la région à l'est du mont Ararat, appelée Arméno-Médie, serait conquise aux dépens d'un dynaste du nom d'Argame, de la puissante famille des Mouratzanes, dont la lignée remonterait à Astiage. C'est Artavasde, le fils d'Artaschès II, qui aurait joué le principal rôle dans ces expéditions, et la petite principauté mède aurait été supprimée par le massacre général de la famille. Artavasde aurait construit, dans l'Arméno-Médie, la ville de Marakert (1).

Les royaumes naissants d'Arménie étaient sans doute loin de former un tout homogène. Des princes terriens se partageaient le pays et contrebalançaient l'autorité royale dans les provinces. Mais les nouveaux rois avaient su gagner à leur cause les grands du pays conquis, en respectant leurs prérogatives, et en assurant à quelques-uns

(1) M. de Kh. II. 48, 49, 50. Plusieurs faits relatifs au règne d'Artaschès II, de M. de Khorène, tels que l'expédition de la Caspienne, la conquête de l'Arméno-Médie, l'organisation du royaume comme aussi le nom d'Artavasde attribué à son fils, trouveraient leur place, si on les rapportait au temps de notre Artaxias. C'est à tort que le savant mikhitariste Kalirdjian (Hist. Uni. Tome II), identifie Artaschès II avec Tiridate I de Tacite. Même la légende relative au rapt et au mariage de Sadinie, fille du roi des Alains, doit être rapportée au temps du fondateur du royaume d'Arménie. Les bardes s'emparant de cet épisode chantaient ainsi : « Le valeureux roi Artaschès, monté sur un beau cheval noir, tirant la lanière de cuir rouge garnie d'anneaux d'or et prompt comme un aigle qui fend l'air, passant le fleuve, lance cette lanière garnie d'or autour des flancs de la vierge des Alains Il étreint avec douleur la taille de la jeune princesse et l'entraîne brusquement dans son camp. » Et puis, cet autre chant : « Une pluie d'or tombait au mariage d'Artaschès : les perles pleuvaient aux noces de Sadinie. » Selon la légende, Artavasde, voué aux démons, avait été enlevé par les Izat et caché dans les ténèbres d'un antre du mont Massis. L'imagination populaire croyait Artavasde occupé à briser ses fers pour revenir au monde. C'est là une allégorie tirée des croyances religieuses des Armens qu'Eznic rapporte de son côté en la classant au rang des fables.

d'entre eux des charges à la cour. Il fallait une capitale au royaume naissant à la place d'Armavir, que l'Araxe ne baignait plus. La nouvelle capitale appelée Artaxata (1), du nom du fondateur, fut érigée également sur l'Araxe, dans une forte position, sur une éminence dont les trois côtés étaient baignés par le fleuve. Selon la tradition, Annibal, réfugié en Arménie après sa défaite, en aurait choisi le site et conçu le plan. La capitale se trouvait tout près du château de Babylone et d'Olane (2) qui servaient de trésor royal. Zareh possédait aussi nombre de châteaux forts, entre autres le château de Domissa, situé sur l'Euphrate et commandant le passage du fleuve, position à la fois stratégique et commerciale sur la route des caravanes qui vont de l'Halys à la vallée du Tigre.

Mais les Séleucides n'avaient pas perdu tout espoir de reconquérir la suprématie sur les princes qui régnaient en Arménie. Antiochus Epiphane, après ses succès en Syrie et en Egypte, porta ses armes vers l'Orient, il attaqua les princes qui ne voulaient plus reconnaître l'autorité séleucide et fit prisonnier Artaxias (3) (165). Celui-ci fut un instant à deux doigts de sa perte, mais le roi séleucide, rappelé en Syrie par de nouvelles difficultés, dut se contenter d'une simple assurance de soumission et s'éloigner de l'Arménie. Artaxias et Zareh n'eurent plus rien à redouter de leurs anciens maîtres ; ils maintinrent leur indépendance, mais nous ignorons leur vie comme tout ce qui concerne le règne de leurs successeurs immédiats.

---

(1) Artaschat, selon les Arméniens.
(2) Aujourd'hui le village d'Ochaean, près de Valarsapat.
(3) Diodore.

Artaxias mourut probablement vers 160 avant notre ère, en laissant le trône à Artavasde, son fils aîné, qui, selon la légende, était en proie à la démence et se tua au cours d'une chasse, après un règne de courte durée. Le frère cadet lui succéda et végéta d'une vie obscure dans l'Akilisène en abandonnant le gouvernement à un grand de sa cour.

La région qui s'étend à l'ouest de l'Akilisène, vers les sources de l'Halys et de Lycus avait été, de même, colonisée par les Arméniens qui s'étaient fixés là au milieu des Tibarènes, des Chalybes, des Cataons, débris des anciennes populations de la Cappadoce. C'était l'Arménie-Mineure (1), ayant aussi ses princes ou dynastes nationaux, lesquels s'alliaient souvent avec l'Arménie-Majeure, mais agissaient aussi souvent en dehors d'elle (2). L'Arménie-Mineure tomba cependant sous la domination de Pharnace (190-156), roi du Pont, devenu alors le prince le plus puissant de l'Asie-Mineure. Le même sort aurait atteint la Sophène, sans l'aide d'Ariarthe V, roi de Cappadoce qui garantit l'indépendance de l'Arménie

---

(1) L'Arménie-Mineure qui fut subjuguée par Mithridate, roi du Pont, devint, en même temps que le Pont, une sorte de province romaine avec la ville de Cabyra (Sébaste) comme chef-lieu. On y remarquait aussi Nicopolis, ville fondée par Pompée et Satale, ville frontière de la Grande Arménie, où campait une légion romaine. L'Arménie-Mineure fit partie un moment du Pont-Polémoniaque régi par Polémon et puis par sa fille la reine Pythodoris. L'ancienne Mélitène où l'élément arménien était aussi devenu prépondérant, reçut dans la suite le nom d'Arménie (II° au IV° siècle); les Romains firent une nouvelle division administrative et créèrent l'Arménie III°, en y ajoutant des parties détachées du Pont et de la Cappadoce, de sorte que l'Arménie-Mineure ou l'Arménie romaine comprenait au commencement du V° siècle l'Arménie I°, chef-lieu Sébaste; l'Arménie II°, chef-lieu Mélitène; l'Arménie III°, chef-lieu Césarée.

(2) Str. XI.

euphratienne au prix du château de Domissa. Le royaume du Pont, déjà aux prises avec les Romains, ne put porter atteinte à l'expansion de l'Arménie qui allait bientôt tenter la fortune sous Tigrane le Grand.

Mais une nouvelle puissance s'était formée du côté de l'Orient. Les Parthes, sortis de la Bactriane, avaient subjugué la Médie, la Perse, la Babylonie, la Mésopotamie jusqu'à l'Euphrate. Les nouveaux monarques avaient pris le titre d'Arsace, et l'un d'eux, Tiridate I, avait battu et fait prisonnier Seleucus II. La brillante campagne d'Antiochus le Grand n'avait pas arrêté leur essor et les Parthes avaient fini par dominer le monde oriental. Mithridate II, dit le Grand (114-86), le IXe Arsace, après avoir assuré ses frontières de l'est par une grande victoire sur les Scythes, tourna ses armes contre Artavasde II (1), le roi de l'Arménie araxienne. Celui-ci avait enlevé aux Mèdes et aux Ibères plusieurs districts dont Mithridate réclamait la restitution en s'arrogeant le droit de protection sur ces peuples. La résistance que le roi parthe rencontra en Arménie, le força de faire la paix en prenant pour otage le prince héritier, qui devint plus tard Tigrane le Grand. La tentative de Mithridate II, qui visait la reconstitution de l'ancien empire perse, échoua, et l'Arménie sortit de l'épreuve en gardant son indépendance. Sa puissance était désormais plus consistante et son amitié était recherchée par son entreprenant voisin du Pont. C'est à la suite de ce développement graduel que l'Arménie fut à même de tenter la fortune et de s'étendre du Caucase à la Mésopotamie et à la Syrie sans s'inquiéter

---

(1) Hist. d'après Dragus Pompee.

des Parthes qui se livraient à des dissensions intestines, ni des Romains que Mithridate du Pont tenait en échec.

Les royaumes d'Arménie confinaient au nord à l'Ibérie peuplée de tribus caucasiques qui s'étaient fixées dès la plus haute antiquité dans la vallée du Kour et des affluents qui descendent du Caucase. Les Ibères qui s'étaient cantonnés dans la plaine avaient adopté le costume et les mœurs des Arméniens et des Mèdes, ils cultivaient la terre ; ceux de la montagne, de nature belliqueuse s'étaient adonnés au métier des armes (1). Artaxias et ses successeurs leur avaient disputé la possession des cantons qui formaient la Gogarène, où l'élément arménien avait pris un certain ascendant. Mais depuis, les deux peuples s'étaient liés d'amitié et se trouvaient dans les mêmes conditions d'existence, en ce qui concernait leurs rapports avec les puissances voisines. Tous, Ibères, Arméniens, comme les Albani, leurs voisins, durent accepter la suprématie des puissances qui s'élevèrent à l'ouest et à l'est, mais ils gardèrent leur autonomie et leurs rois particuliers, et comme c'est le propre des peuples du Caucase, ils maintinrent leur nationalité à travers les siècles. L'Arménie était bornée à l'est par la Médie Atropatène, l'Aderbeijan ou la terre du feu des Iraniens, qui formait aussi un état indépendant, sous le gouvernement des princes issus des anciens satrapes du pays, lesquels avaient fini par confondre leurs intérêts avec les successeurs d'Artaxias à la suite d'unions contractées avec les princesses arméniennes (2). Les régions de la Mésopotamie qui touchaient à l'Arménie s'étaient

(1) Str.
(2) Str.

divisées en un certain nombre de principautés indépendantes, comme l'Adiabène, la Comagène et l'Osrhoène. Ce dernier royaume habité par des Syriens et des colons grecs transportés là au temps de la conquête d'Alexandre, avait pour capitale Ourhæ ou Edesse. L'existence de l'Osrhoène, datait du règne d'Antiochus VII (137 av. J.-C.) avec un semblant de gouvernement autocratique régi par des rois qui arrivaient au pouvoir par l'élection. Ces rois qui portaient tous le surnom d'Abgare étaient d'origines diverses : des Syriens, des Mèdes, des Perses et même des Arméniens. L'Osrhoène dut ainsi reconnaître la suprématie de Rome. Trajan et Caracalla en ont fait un moment une province romaine, mais de nouveaux Abgares continuèrent à y exercer l'autorité jusqu'à la fin du iiie siècle. Placés dans les mêmes conditions d'existence, les Abgares de l'Osrhoène ne pouvaient être que sur un pied d'amitié avec leurs voisins les rois d'Arménie.

L'expédition de l'Arsace Mithridate II n'avait donc pas changé la face des choses de cette partie de l'Asie qui s'étend du Caucase à la Mésopotamie et à la Syrie. L'imagination des Orientaux ne devait pas manquer, dès le début, d'attribuer aux Arsaces et à des princes issus de leur dynastie une extension rapide sur toute l'Asie antérieure, sur le Caucase, sur l'Arménie, imposant partout leur autorité. Telle était la croyance générale quand les Arméniens tentèrent d'expliquer l'origine de leur royauté et Moïse de Khorène s'empara de ce récit d'après lequel, soixante ans après la mort d'Alexandre, Archac le Brave régna sur les Parthes, au pays des Kouchans et son petit-fils Archac le Grand, s'emparant de tout l'Orient institua roi d'Arménie son frère Valarsace qui devint ainsi le fondateur de la dynastie des Arsacides arméniens. Le récit était vraisemblable. Un certain Valarse ou Valarsace a été effectivement le premier arsacide arménien, mais son avènement ne devait avoir lieu que plus tard, vers la fin du IIe siècle.

II

Tigrane le Grand. — Conquêtes éphémères. Lutte contre les Romains
(95-54 av. J.-C.).

Tigrane, fils cadet d'**Artavasde II**, réussit à monter sur le trône vers 95 en cédant aux Parthes les districts que ses pères avaient arrachés aux Mèdes et aux Ibères, et dont l'accaparement avait été le motif de l'expédition de Mithridate II. A la suite de difficultés qui surgirent dès le début de son règne entre lui et le roi Ardane ou Vardane de la Sophène, il attaqua ce dernier, le vainquit et le tua pour s'emparer de ses domaines (1). L'existence de l'Arménie euphratienne était supprimée, l'Akilisène et la Sophène ajoutées au royaume de Tigrane. Celui-ci s'étendait désormais de la vallée du Kour jusqu'à la Mélitène et la Cappadoce. Mithridate Eupator, qui visait l'annexion de la Cappadoce, crut prudent de gagner l'amitié du nouveau roi d'Arménie. Il dépêcha à Tigrane, Cordius, pour conclure une alliance qui fut sanctionnée par le mariage de Cléopâtre, une de ses filles, jeune princesse réputée, de courage viril et de brillante éducation. Les Arméniens envahirent la Cappadoce (93) sous la conduite de Cordius et forcèrent Ariobarzane d'aller se réfugier à Rome. Cependant Sylla ne tarda pas à réintégrer Ariobarzane et chasser Cordius en poursuivant les Arméniens jusqu'à l'Euphrate. Les alliés, de leur côté, profitant de la guerre

---

(1) Str. XI.

civile qui éclatait en Italie l'année suivante (90), reparaissaient en Cappadoce et mettaient de nouveau en fuite le malheureux Ariobarzane. Le roi d'Arménie s'enhardit après ce succès, et profitant de la mort de Mithridate II, le grand roi des Parthes (86), il se mit en tête de tirer vengeance de ses anciennes rancunes et de réaliser ses desseins de conquête. Il laissa son beau-père lutter seul contre les Romains; réunit une nombreuse armée pour pénétrer jusqu'à Ninive, semant la ruine partout et forçant les Parthes de renoncer à la suprématie sur la haute Mésopotamie, la Mygdonie et l'Osrhoène où il plaça un de ses frères. Cette brillante campagne forçait les Parthes de s'allier aux vainqueurs et de se désintéresser de la Médie. Par cet amoindrissement des Parthes, les rois d'Ibérie, d'Albanie, celui de la Médie Atropatène qui avait épousé la fille de Tigrane, ainsi que les princes de la Gordyène et de l'Adiabène devenaient les tributaires du nouveau roi des rois. Après avoir assuré sa suprématie sur les pays voisins, Tigrane, assoiffé de conquêtes, voulut mettre la main sur les pays de l'occident, comme jadis le roi Shardouris d'Ourartou. Les Syriens, las du gouvernement tyrannique des derniers Séleucides, s'offraient déjà à lui quand il pénétra dans la Syrie septentrionale avec une nombreuse armée et en devint maître (83). Antioche frappa des monnaies à son effigie et la Syrie put vivre en paix pendant quatorze ans (1). La conquête ne s'arrêta pas là. Tigrane se porta dans la Cilicie, déplaça les populations des cités; les habitants de Mazacca et de plusieurs villes grecques de l'Asie-Mineure allèrent peupler Tigranocerta,

---

Appien.

la nouvelle capitale du conquérant (1). Tigrane était dès lors un puissant monarque. Au modeste domaine que ses pères lui avaient légué, il venait d'ajouter une bonne partie de l'Asie occidentale. Mais comme la plupart des monarchies de l'Orient, le royaume de Tigrane n'était que la réunion de peuples sans cohésion. La Syrie et la Cilicie formaient une satrapie à part, ayant pour capitale Antioche. L'Osrhoène, la Gordyène, l'Adiabène conservaient leurs rois particuliers, comme la Médie Atropatène, l'Albanie et l'Ibérie ; l'Arménie proprement dite était elle-même partagée entre des princes feudataires. Les armées étaient aussi disparates que l'état lui-même. On y rencontrait des archers albaniens, des fantassins ibères, des cavaliers mèdes et arabes, des mercenaires grecs. Le nombre des guerriers était sans doute respectable et rappelait la multitude des armées des rois perses, mais leur valeur militaire laissait à désirer. Pour subvenir aux besoins de tant d'hommes, le trésor devait être largement pourvu, et Tigrane possédait comme son père des châteaux remplis de richesses de toutes espèces. La cour rehaussée de pompes et d'apparat, était façonnée à l'instar des monarchies orientales. Le roi, honoré à l'égal des dieux, ne se montrait que vêtu d'habits éclatants de pourpre, la tête couverte d'une tiare garnie de pierres précieuses. Quatre rois vassaux se tenaient debout à côté du trône, et quand le roi des rois montait à cheval, ils le précédaient à pied. Le palais de Tigrane était rempli d'une multitude de femmes, comme les harems des rois de Perse. Les traditions orientales étaient donc respectées avec cette différence

---

(1) Dion.

que l'influence de la reine Cléopâtre avait donné asile à la cour aux mœurs et à la civilisation grecques. Des hommes de lettres y avaient élu domicile et des maîtres célèbres étaient chargés de l'éducation des princes. Artavasde, le fils aîné de Tigrane cultivait les lettres grecques au point de devenir un écrivain distingué. (1) Le théâtre, la tragédie étaient en vogue et les auteurs grecs y accouraient de toutes parts. Le site de la nouvelle capitale était bien choisi. Tigranocerta (2) bâtie au nord-ouest de Nissibine, au pied des derniers contreforts du Taurus remplaçait avantageusement Artaxata reléguée dans un canton, loin du centre du nouvel état. La ville sortit de terre, on peut le dire, par enchantement. Tous les grands furent obligés de s'y transporter, sous peine de voir leurs biens confisqués. Les villes de l'Asie-Mineure, de la Cappadoce, de la Cilicie fournirent une partie des habitants auxquels s'étaient mêlés des Mèdes, des Syriens et des Assyriens (3). Avec ses murs en brique, sa citadelle intérieure, ses palais en dehors des murs, ses chasses réservées, Tigranocerta ressemblait beaucoup à une des anciennes villes de l'Assyrie et de la Babylonie. Œuvre grandiose, mais passagère, pareille au royaume de Tigrane lui-même

---

(1) Plutarque.

(2) Le site de Tigranocerta est encore un sujet de controverse. Les Arméniens le placent à Amid, confondant avec l'emplacement de la ville de Diarbekir. D'après les auteurs classiques dont la description est loin d'être claire et précise, Tigranocerta devrait être placée au nord-ouest de Nissibine, au pied des collines du Tour-Abdine, près de Mardine. Sachau a cru en trouver l'emplacement sur la colline dite Tel-Armen. Kiepert l'a placée au nord du Tigre, dans l'Arzanène. Enfin Be ck et Lehmann proposent la position de la ville de Meyafarkène (Martyropolis), près du Batman-Tchaï.

(3) Plutarque.

G.

qui allait s'effondrer aussitôt né. Possédé d'un orgueil démesuré, dédaigneux, porté à la cruauté, Tigrane ne pouvait s'attirer ni les alliés, ni les vaincus, ni même s'entendre avec ses propres enfants. L'amour de la gloire recherchée pour elle-même, une arrogance sans bornes, le rendaient intolérable même aux orientaux ; le moindre avis, le conseil le plus modéré le mettaient hors de lui. Aucun prince de son entourage n'avait osé lui parler avec franchise et lui dire la vérité. Quand Mithridate vint le trouver après sa défaite pour l'éclairer sur l'imminence du danger que le royaume d'Arménie courrait du jour où les Romains l'attaqueraient, Tigrane refusa de le recevoir. Rome était sur le point de demander compte au roi d'Arménie de ses intimités ouvertes ou cachées, de ses agissements en Cappadoce, en Syrie et en Cilicie. Au lieu de prendre les devants et de se préparer à une lutte avantageuse par une diversion, pendant que les places fortes du Pont n'étaient pas encore tombées entre les mains des Romains, Tigrane passait son temps à faire des conquêtes inutiles en Phénicie. A l'exemple des monarques assyriens il opérait des razzias ; il déplaçait les populations et envoyait des Juifs cantonner à Artaxata, à Zaréhavan, à Van et autres villes de l'Arménie (1). Il pillait les temples ; il s'emparait des trésors et des statues des dieux phéniciens.

Au lendemain de la prise de Cabyra, Lucullus envoyait Clodius, son beau-frère réclamer à Tigrane l'extradition de Mithridate. L'envoyé du général romain, après avoir parcouru toute l'Arménie rencontrait enfin le roi au

---

(1) F. de Byzance.

moment où Ptolémaïs capitulait avec la reine Sélène, la veuve d'Antiochus le Cyzique. La réponse de Tigrane, après un pareil succès, ne pouvait être douteuse ; il congédia l'envoyé romain d'autant plus vertement que la lettre de Lucullus ne lui décernait pas, à lui Tigrane, le titre de roi des rois. Satisfait d'avoir infligé une vaine humiliation au représentant de Rome, Tigrane célébrait l'anniversaire de la fondation de sa capitale et perdait encore une année sans faire de préparatifs, alors que sa réponse était une déclaration de guerre. Il se contenta de châtier ceux de ses vassaux qui s'étaient entendus avec Clodius, il fit tuer le prince de la Gordyène. Déjà Lucullus commençait la campagne contre le roi d'Arménie en prenant avec lui douze mille fantassins et trois mille chevaux (69). A l'approche de la lutte, Tigrane se décida enfin à voir Mithridate. L'entrevue dura deux jours et tous ceux qui avaient entretenu la mésintelligence entre le beau-père et et le gendre, payèrent de leur tête les intrigues ébauchées. Pendant que Mithridate obtenait un corps de dix mille cavaliers pour recouvrer son royaume et que Tigrane chargeait ses généraux d'envahir la Cilicie romaine, l'armée de Lucullus passait l'Euphrate et s'emparait du château de Domissa pour marcher sur Tigranocerta. La situation du roi d'Arménie devenait périlleuse. Mihrbarzane, à la tête d'une division d'infanterie et de trois mille cavaliers reçut ordre de se porter contre Lucullus, de le prendre mort ou vif, mais il se fit battre par Sextellus, commandant de l'avant-garde de l'armée romaine, ses troupes se dispersèrent, et lui-même se fit tuer pendant

---

(1) Plut,

l'action. A l'annonce de cette défaite, Tigrane dut se retirer précipitamment et se porter dans le nord de l'Arménie en laissant à Tigranocerta son trésor et ses femmes. Pendant que Murena le poursuivait et lui enlevait les bagages, Sextellius investissait la capitale et s'emparait sans lutte des faubourgs et des palais situés en dehors des murs. Tigrane avait encore d'énormes ressources et de grandes réserves à sa disposition. Campé sur le plateau de Van, il renforçait son armée et à son appel arrivaient les rois de l'Adiabène et de l'Atropatène, les Ibères, les Albani et les Arabes. Quand il eut réuni, cent mille guerriers et qu'il sut que Lucullus assiégeait sa capitale avec une armée peu nombreuse, il repoussa les conseils de Mithridate, et au lieu d'envelopper l'ennemi et de lui couper les vivres, il voulut avant tout sauver ses trésors. Un corps de six mille cavaliers parvint à s'ouvrir nuitamment un passage à travers les assiégeants et à sauver une partie du trésor et les femmes (1). Ce succès enhardit Tigrane et il accourut dans l'espoir de disperser les assiégeants. Dès que son armée couronna les hauteurs d'où l'on découvre Tigranocerta, Lucullus, laissant à Murena six mille cavaliers pour empêcher une sortie, marcha avec dix mille hommes et quelque cavalerie à la rencontre du roi : « S ils viennent comme ambassadeurs, dit Tigrane en voyant leur petit nombre, ils sont beaucoup, si c'est comme ennemis, ils sont bien peu ». Lucullus commença l'attaque en gravissant lui-même, à la tête de ses deux cohortes, une colline que Tigrane avait négligé d'occuper. De là, les Romains se précipitèrent sur les cavaliers bardés de fer,

---

(1) App.

qui, n'osant attendre le choc, se rejetèrent sur l'infanterie où ils portèrent le désordre. L'armée de Tigrane se débanda et le roi prit la fuite en perdant sa tiare et son diadème qui tombèrent aux mains du vainqueur. Les pertes des Romains étaient relativement faibles, tandis que celles de Tigrane étaient énormes (6 oct. 69). C'était une grave défaite que le roi aurait pu éviter s'il avait suivi les conseils de Mithridate qui vint le trouver après la bataille pour le consoler et l'encourager. La situation était critique : toutes les provinces au sud du Taurus étaient perdues, les soldats grecs et ciliciens, commis à la garde de Tigranocerta commençaient à se mutiner, et malgré les efforts de Mancius, commandant de la place, ces troupes mercenaires livraient aux Romains la partie de la place dont ils avaient la garde. Tigranocerta tombait à la condition d'épargner les femmes et les biens des étrangers qui furent rapatriés dans leur pays. La ville fut livrée au pillage. Le butin était immense. On trouvait dans le trésor huit mille talents d'or monnayé, sans compter les autres richesses qui y étaient entassées. Chaque soldat eut pour sa part huit cent drachmes. Dans le théâtre encore inachevé on célébra la victoire en l'honneur de Lucullus. Jamais succès plus facile n'avait été plus richement récompensé. Tigranocerta, ruinée de fond en comble n'était plus qu'une bourgade.

Lucullus hiverna (69-68) dans la Gordyène, recherchant l'alliance des princes du voisinage, prêts à secouer le joug de Tigrane, comme les rois de la Commagène, de l'Adiabène, de la Gordyène. Il s'agissait de gagner Phraate qui avait succédé au vieux Sanatrouc sur le trône des Parthes et qui avait à venger de longues humiliations. Phraate ne voulut prendre cependant aucun parti sur l'annonce de l'arrivée des messagers de Tigrane et de Mithridate qui venaient lui assurer que les Romains convoitaient aussi son empire. Lucullus avait effectivement pensé à attaquer les Parthes, il avait même ordonné en secret à ses lieutenants de lui amener des troupes du Pont. En réalité, l'armée romaine n'était pas en état de reprendre une nouvelle campagne, elle pouvait à peine achever la défaite du roi d'Arménie. Lucullus quittait son camp vers la fin du printemps pour passer les montagnes qui séparent la vallée du Tigre du plateau de Van; il arrivait en Arménie dans la bonne saison, au moment où le froment n'avait pas encore mûri. L'armée de Tigrane, renforcée par Mithridate, avait pris de fortes positions sur les hauteurs, pendant que la cavalerie, commandée en personne par le roi, cherchait à couper les vivres aux Romains. Afin d amener à une action Lucullus réunissait ses légions et marchait sur Artaxata, en remontant la vallée de l'Arzania. L'ancienne capitale de l'Arménie renfermait de grandes richesses et le reste du trésor du roi. Tigrane marchait de son côté sur les derrières de l'armée romaine, par la rive opposée du fleuve. La bataille s'engagea bientôt : la cavalerie mède et les lanciers ibères donnaient avec force, mais quand l'infanterie romaine eût passé de l'autre côté du fleuve, ils se mirent en fuite. Pendant que la cavalerie romaine poursuivait les fuyards, Tigrane s'attaquait aux légions et Mithridate, de son côté, les harcelait par derrière. Un instant les Romains coururent un réel danger, mais Lucullus parvint à la fin à enfoncer le corps de Tigrane, pendant que la cavalerie romaine culbutait Mithridate. Il y eut de grandes pertes de part et d'autre (sept. 68), mais comme précédemment, la bataille resta indécise et les alliés purent battre en retraite et occuper de nouvelles positions.

Artaxata était encore loin et l'été arménien tirait à sa fin. Après quelques étapes, un froid subit et une neige abondante arrêtèrent l'armée romaine dans sa marche sur la capitale. La guerre traînait, Lucullus lui-même se décourageait et abandonnait le projet de réduire Artaxata pour reculer vers le sud. dans la Mésopotamie où il se contenta d'enlever la ville de Nissibine (67) défendue par le frère de Tigrane. Depuis huit ans que durait déjà cette campagne, il n'y avait pas eu de victoire décisive, l'armée romaine semblait escorter les trésors que Lucullus enlevait aux villes et aux temples, pour son propre compte. Mithridate et Tigrane rentrèrent dans leurs états. Le roi du Pont battait même un lieutenant de Lucullus à qui il tuait sept mille hommes. Les alliés reprirent bientôt l'offensive, ils envahirent de nouveau la Cappadoce et chassèrent les Romains du Pont. Tigrane se rendit maître de toutes les provinces au nord du Tigre. Tout était perdu pour les Romains, les grandes victoires de Lucullus s'envolaient en songes. Au printemps de 66, après une guerre de sept ans, la situation des Romains restait difficile.

En avançant en âge, Tigrane avait eu le malheur de voir sa maison livrée à des dissensions intestines. Les enfants que lui avaient donnés Cléopâtre avaient hâte de régner. Zareh qui s'était insurgé le premier avec quelques mécontents, perdit la vie dans un combat. Le second voyant au cours d'une chasse son père à moitié mort après une chute de cheval, s'était empressé de mettre sur sa tête la couronne royale et avait payé de sa vie cette audace. Le cadet qui s'était porté au secours de son père, avait d'abord mérité la faveur du vieux roi, mais lui aussi, le sachant au fond de la Cappadoce, avait levé le masque dans sa hâte de régner. Le père accourut encore pour le châtier, et le jeune Tigrane dut s'enfuir avec les siens chez le roi des Parthes, dont il avait épousé la fille.

Rome ne pouvait conserver ses possessions asiatiques, qu'en poursuivant la guerre à outrance pour écraser Mithridate et Tigrane. Pompée, qui remplaçait Lucullus (67), se trouvait à la tête de forces considérables en Cilicie. Après avoir hiverné dans ce pays (67-68), il marcha contre Mithridate pendant que Tigrane était occupé en Arménie. Le roi du Pont s'évertuait à gagner les Parthes, mais les émissaires de Pompée parvinrent à conclure une alliance avec Phraate, en le décidant à prendre sa part des dépouilles de ses voisins. De son côté, le fils de Tigrane offrait à son beau-père les moyens de faire une puissante diversion en Arménie. Pendant que Pompée détruisait dès la première rencontre l'armée pontique et mettait Mithridate en fuite, Phraate et son beau-fils pénétraient en Arménie, en contraignant le vieux roi de se retirer dans les montagnes, mais ils perdaient leur temps et leur force devant Artaxata, qui opposait une vive résistance. Phraate se lassa le premier et regagna son royaume, de peur qu'une longue absence n'y excitât des troubles, et le jeune Tigrane vaincu par son père fut réduit à s'enfuir dans le camp romain. Mais Pompée s'acheminait vers Artaxata, il n'en était plus qu'à quinze milles quand parurent les envoyés de Tigrane et le roi lui-même. Tigrane venait demander la paix. Aux portes du camp un licteur le fit descendre de cheval ; dès qu'il aperçut Pompée, il détacha son diadème et voulut se prosterner à ses genoux. Le général romain le prévint, le fit asseoir à ses côtés, et consentit à lui offrir la paix à la condition de renoncer à ses acquisitions en Syrie et en Asie-Mineure, de payer six mille talents et de reconnaitre le jeune Tigrane roi de la Sophène. Tigrane avait craint un plus fâcheux traitement; dans sa joie il promit aux troupes romaines, une gratification de cinquante drachmes par soldat, de mille par centurion et d'un talent par tribun. Mais le fils qui avait espéré à la faveur des victoires romaines, occuper le trône d'Arménie ne put cacher son mécontentement. De secrètes menées avec les Parthes et les grands d'Arménie ayant été découvertes, Pompée le fit charger de chaînes. C'était une sorte de violation du droit des gens et une humiliation infligée au roi des Parthes, qui réclama en vain la liberté de son beau fils. Malgré ses protestations le jeune Tigrane, sa femme et ses enfants furent envoyés à Rome, pour figurer au triomphe de Pompée.

La paix consentie par Pompée réduisait à néant les conquêtes de Tigrane, et l'Arménie rentrait dans ses anciennes limites. Des causes multiples faisaient que la grandeur de l'Arménie devait être arrêtée dans son essor: Les Arméniens étaient entourés de tous côtés par des agglomérations dont l'assimilation ne pouvait se faire qu'aux dépens de l'influence des Romains et des Parthes sur ces peuples, et l'Arménie elle-même était entredéchirée de luttes intérieures, découlant de son régime féodal, qui amoindrissaient ses forces. C'est ce qui explique que la tentative de Tigrane ait été unique dans l'histoire de l'Arménie, et que le règne de Tigrane le Grand, en dépit des fautes commises et des défaites subies, représente la page brillante de l'histoire du peuple arménien

III

Artavasde. — Les derniers Tigranes.
(54 av. J.-C. — 10 ap. J.-C.)

La lutte contre les Romains avait été longue ; elle datait des premiers démêlés de Mithridate avec Rome, mais Pompée triomphait à la fin et assurait la domination romaine sur le continent asiatique. Mithridate et Tigrane abattus, il ne restait plus, du Pont-Euxin à l'Egypte et aux rives du Tigre, un seul prince pour tenir tête à la puissance romaine. L'Arménie était tombée et ne comptait plus que comme barrière contre les Parthes. Le Pont, la Silicie, la Syrie étaient réduits en provinces romaines et Antioche, la capitale des Séleucides, devenait la métropole des possessions asiatiques des Romains. La Cappadoce n'était pas rangée en province, mais ses rois étaient depuis longtemps les fidèles sujets de Rome. En Mésopotamie les Abgares avaient aussi reconnu l'allégeance romaine, comme le séleucide Antiochus qui était tombé à l'état de simple gouverneur de la Commagène. La face du monde oriental avait bien changé depuis l'arrivée de Pompée : les états que la conquête d'Alexandre avaient mis au jour, avaient disparu (64).

Les seuls adversaires des Romains étaient maintenant les Parthes, que chacun des chefs militaires briguait l'honneur de combattre, pour se faire un nom, comme César et Pompée. Le triumvir Crassus, qui venait remplacer Gabinius, arrivait en Syrie, avec le dessein de marcher sur les Parthes. Pour son malheur, l'Arménie allait être entraînée dans ces luttes, et servir le plus souvent de champ de bataille aux adversaires, pendant qu'à l'intérieur, les grands, partagés entre les Romains et les Parthes devaient fomenter la guerre civile en appelant sur le trône dix rois en moins de cinquante ans. Tigrane vivait encore, mais depuis 54, il avait associé au gouvernement son fils Artavasde. Prince de nature faible et indécise, malgré son esprit cultivé (1), Artavasde ne put éviter les malheurs qui allaient l'accabler et le conduire à une fin tragique. Craignant les Romains et les Parthes à la fois, le nouveau roi d'Arménie croyait éviter le danger en prenant le parti, tantôt des uns, tantôt des autres, sans se douter qu'il courait à sa perte. Crassus se hâta de passer l'Euphrate, prenant quelques villes, dispersant quelques troupes, pour se faire proclamer Imperator. Quand il reprit la campagne l'année suivante, Artavasde se porta au-devant de lui comme allié des Romains, pour mettre à sa disposition six mille cavaliers et lui proposer la route de l'Arménie, où l'armée romaine aurait trouvé des vivres, un terrain favorable et l'assistance de trente mille cavaliers. Crassus refusant ces propositions, prit de nouveau la route de la Mésopotamie (53). Il était bientôt enveloppé par la cavalerie parthe, commandée par le Suréna. C'était un désastre comme les Romains n'en avaient jamais essuyé. L'ennemi s'emparait des aigles romaines ; Crassus tombé dans un guet-apens était massacré : à peine quelques débris de l'armée romaine arrivaient à gagner l'Euphrate. Artavasde, qui s'était chargé de contenir Orodès, se vit

(1) Plut. Moïse de Khorène, qui a des données très vagues sur les événements de ces temps représente Artavasde comme un prince ignorant, adonné à la chasse et à la table.

perdu et crut prudent d'abandonner le parti romain. Il fit des ouvertures au roi parthe et offrit son alliance, qui fut consacrée par le mariage de sa sœur avec Pacorus, fils d'Orodés (1). L'armée romaine anéantie, il était facile aux Parthes d'envahir la Syrie. Pacorus vint mettre le siège devant Antioche et menacer la Syrie avec ses alliés (51). Rome, en proie à la guerre civile, ne pouvait songer à délivrer la Syrie, qui fut ainsi occupée pendant quinze ans par les Parthes et les Arméniens. Les Romains ne purent recouvrer la Syrie qu'après le diumvirat d'Octave et d'Antoine, quand le dernier eut pour sa part le gouvernement d'Orient. Ventedius, un des lieutenants d'Antoine, put repousser partout les alliés et Pacorus fut tué dans une bataille. La Syrie était évacuée quand Antoine vint en Asie en vue de régler définitivement les affaires. Artavasde, qui avait pris une grande part dans les derniers événements, crut devoir faire volte-face et gagner l'amitié du diumvir en se séparant des Parthes, en mettant encore à la disposition des Romains ses troupes auxiliaires. De telles offres ne pouvaient être refusées. Antoine suivit les conseils du roi d'Arménie et évitant les plaines arides de la Mésopotamie, si fatales à Crassus, il prit la route de l'Arménie et de la Médie pour marcher vers Ecbatane et Ctésiphon et attaquer le cœur même de l'empire parthe. Mais la retraite d'Antoine fut un nouveau désastre; il perdit vingt-quatre mille hommes avant de gagner les frontières de l'Arménie. La défaite fut attribuée à la défection d'Artavasde, et le diumvir se promit d'en tirer vengeance. Il fit, deux ans après, une courte apparition

---

(1) Plut.

en Arménie (34) où Dellius le précédait sous prétexte de demander pour un fils d'Antoine et de Cléopâtre, la main d'une fille du roi d'Arménie, en réalité, pour endormir la vigilance de celui-ci. Antoine pénétrait bientôt jusqu'à Nicopolis, dans l'Arménie Mineure, et invitait le roi à venir s'entendre avec lui sur une nouvelle expédition contre les Parthes. Malgré toutes les assurances, Artavasde craignait quelque trahison, mais quand il apprit que le diumvir marchait sur Artaxata, il espéra conjurer l'orage en se rendant à l'invitation. Il tomba dans le piège ; il fut saisi avec ses enfants, ses femmes et son trésor et chargé de chaînes d'or, en signe d'honneur pour sa qualité de roi ; conduit à Alexandrie, il fut offert à Cléopâtre, pour figurer en triomphe. Ce roi détrôné et prisonnier était une gêne, une menace pour Cléopâtre qui désirait donner le trône d'Arménie à son fils Alexandre. Elle se débarrassa d'Artavasde en le faisant décapiter après la bataille d'Actium (33). Ce fils de Tigrane, qui n'avait eu ni le courage ni la force de garder la neutralité, victime des conflits entre les Romains et les Parthes, payait les erreurs de sa vie d'une façon que les barbares mêmes auraient réprouvée.

A sa mort, les grands d'Arménie avaient élevé sur le trône Artaxias II (33), le fils aîné d'Artavasde qui s'était échappé chez les Parthes. Le jeune Alexandre, auquel Antoine avait destiné le trône d'Arménie, ne put prendre possession du royaume sous la tutelle du roi d'Atropatène. Artaxias, aidé par les Parthes, défit le roi d'Atropatène et mit en fuite Alexandre. Il pouvait agir sans crainte d'une nouvelle intervention d'Antoine, alors en lutte contre Auguste. Mais l'avènement d'Artaxias s'était fait contre le gré de Rome, qui ne pouvait tolérer la prépondérance des Parthes, sans compter que les Arméniens flottaient entre les deux puissances et que les partisans de Rome se remuaient de nouveau. Quand Auguste vint en Orient (29) ces derniers s'enhardirent et se débarrassèrent d'Artaxias en l'assassinant (21). L'Arménie tombait de nouveau sous l'influence romaine et Auguste qui aurait pu en faire une province, préféra lui laisser l'autonomie sous le gouvernement d'un roi national. Il envoya Tibère pour régler les affaires et placer sur le trône Tigrane III, le frère d'Artaxias qui avait été conduit avec ses frères d'Alexandrie à Rome. Tibère s'acquitta facilement de sa mission et Tigrane III fut reconnu par les grands du pays (1). L'expédition de Tibère fut regardée comme un triomphe, mais en réalité, l'avènement de Tigrane se fit sans difficulté, car avant son arrivée, Artaxias était déjà mort sous le fer des assassins (2). L'intervention de Tibère assura toutefois la prépondérance romaine, et les princes qui se succédèrent sur le trône d'Arménie ne cessèrent de rendre hommage à Rome, pendant un quart de siècle. Ces princes, issus de la famille de Tigrane le Grand, portaient encore le titre de roi des rois, tout en étant sous la protection de l'empire.

Le règne de Tigrane III ne fut pas de longue durée ainsi que celui de son fils, Tigrane IV et de sa fille Erato, mariés ensemble, selon l'usage des Orientaux (4), et

---

(1) Tacite, Suétone, Dion, Joséphe, Inscrip. d'Ancyre.

(2) Dion.

(3) Il existe des monnaies d'argent et de bronze datant de cette époque à l'effigie des rois d'Arménie portant le titre de roi des rois.

(4) Comme chez les Perses et les Mèdes, les princes et les grands d'Arménie avaient adopté ces coutumes étranges, que la religion zoroastrienne encourageait au lieu de réprimer.

possédant le royaume par indivis. Tigrane IV est dépossédé par Auguste, à cause de sa conduite suspecte et Tibère revient en Arménie, pour faire monter sur le trône Artavasde, un cousin ou un neveu de Tigrane. L'intronisation d'Artavasde ne satisfit pas les grands qui se livrèrent à la guerre civile et à l'anarchie sous l'instigation de Tigrane qu'appuyait Phraate en sous-main. Artavasde ne parvint pas à s'établir et sa chute nécessita une nouvelle intervention armée pour le règlement des affaires d'Arménie, en révolte contre l'autorité de Rome (1). Tibère empêché de remplir la mission, Auguste envoya C. César, mais avant l'arrivée du filleul de l'empereur, Tigrane IV est tué dans une émeute et Erato, sa sœur et son associée au trône, se met en fuite. Phraate renonce à ses agissements, redoutant de provoquer Rome et la révolte est vite réprimée par C. César. Après ces faciles succès, Rome impose pour roi Ariobarzane, prince d'origine mède, que la nation agrée à cause de sa bonne mine et de ses éminentes qualités (1 ap. J.-C.) (2). Quelques mécontents qui avaient pris les armes, rentraient dans l'obéissance l'année suivante, quand un certain Atton, qui commandait le fort d'Artakers, s'approcha de Caïus sous prétexte de lui faire un rapport, lui porta un coup et le blessa. Le meurtrier fut immédiatement massacré par les soldats, mais Caïus ne put survivre à ses blessures ; il expira à son retour en Syrie. A la mort d'Ariobarzane, survenue à la suite d'un accident, Auguste laissa son fils Artavasde lui succéder, et la dynastie mède semblait s'af-

---

(1) Tacite, Dion.
(2) Tacite, Dion.

fermir en Arménie, quand l'opposition nationale contre les princes étrangers se débarrassa de lui en l'assassinant. Auguste, renonçant à une politique qui tournait mal, envoya Tigrane V, un descendant de la dynastie nationale (1). Mais la tranquillité était loin de régner ; les grands dédaignaient tous ces princes qui se succédaient sur le trône, les uns plus faibles que les autres. Ils rappelèrent Erato, mais pour la détrôner aussitôt. La déchéance d'Erato marqua la fin de la dynastie d'Artaxias et de Tigrane. Les Arméniens, désunis et irrésolus ne purent choisir un roi jusqu'à l'année 16, et, livrés aux maux de l'anarchie, ils durent accepter dans la suite tout prince que leur imposèrent les Romains ou les Parthes (2). La dynastie d'Artaxias, qui datait de l'année 190 av. J.-C. se maintint ainsi sur le trône, environ deux siècles. Arrivée à l'apogée de sa fortune, sous Tigrane le Grand, elle disparaissait dans les troubles un demi-siècle après vers l'an 10 de notre ère. Bien que les documents historiques nous renseignent insuffisamment sur les affaires intérieures de l'Arménie pour nous rendre compte des causes qui amenèrent la chute de cette dynastie nationale,

---

(1) Inscrip. d'Ancyre.

(2) M. de Khorène s'appuyant sur ses traditions syriaques et sur Eusèbe, mais aidé le plus souvent par son imagination, fait succéder à Tigrane le Grand et à Artavasde un personnage du nom d'Arscham, dont il fait le neveu de Tigrane et le père d'Abgare de l'Osrhoène en se livrant à des récits fabuleux. D'après lui les premiers successeurs de Tigrane régnèrent à Edesse, à Nissibine, jusqu'à l'avènement de son Artasches. Les historiens nationaux, qui l'ont copié, ignorent aussi bien les événements qui se sont déroulés en Arménie jusqu'à la conversion au christianisme. Une étude de Carrière fait voir que le nom d'Arscham ou Arschama emprunté à Loukama de Lépoupnia est un sobriquet donné à Abgare, désignant le noir, le nègre, et non le père de ce prince.

nous devons l'attribuer à la lutte incessante que dût soutenir la royauté, mal organisée, contre les familles terriennes, jouissant de prérogatives, et qui disputaient âprement le pouvoir chaque fois qu'elles avaient affaire à des princes faibles. Les rois d'Arménie ne purent jamais écraser cette féodalité puissante, et c'est sous ses coups et de la même façon que la dynastie des Arsacides Arméniens sombra dans l'anarchie, au commencement du v⁰ siècle (1).

---

(1) Voici la liste chronologique des princes de la maison d'Artaxias autant qu'il est permis de l'établir.

		Les Parthes.	
Artaxias I............	190	Phraate ou Ferhad	182
Artavasde I.........	160?	Mithridate I...........	174
Tigrane I...........	158?	Phraate II............	138
Artaxias II.........	133?	Artaban II............	127
Artavasde II........	108?	Mithridate II (le Grand).	114
Tigrane II (le Grand)	95	Menakirès............	86
Artavasde III.......	54-36 ou 34	Sanatrouc............	76
Artaxias III.........	33-32	Phraate III...........	68
Tigrane III.........	20-5	Mithridate III.........	58
Tigrane IV et Erato	5-5	Orodès I.............	54
		Phraate IV...........	36-1
Artavasde IV.......	5-2	Orodès II............	1-2
Tigrane IV (2 fois)..	2-1	Vonone..............	4-14
Arobarzane (Mède)..	1 (ap. J. C.)		
Artavasde V (Mède).	?		
Tigrane V..........	?		
Erato (2 fois,.......	10		

IV

Les compétitions pour le trône d'Arménie. Les princes imposés par les Parthes et les Romains.
(10-193 après J.-C.).

Auguste avait préféré garder l'Arménie dans la vassalité de Rome plutôt que d'en faire une province, qui eût exigé la présence d'une armée d'occupation et la reddition des grands du pays, toujours turbulents et portés à s'insurger contre l'autorité. Il avait, de plus, maintenu la succession dans la famille royale de Tigrane, ce qui semblait être le désir de la noblesse. Mais après l'extinction de la dynastie nationale, les Romains et les Parthes allaient s'efforcer d'adjuger l'Arménie à des princes dévoués à leur cause, et les vacances du trône allaient devenir, entre les puissances rivales, le motif de conflits sans fin et d'interventions suivies de troubles et de dissensions intestines. Rome voudra imposer des princes dévoués à sa politique; les Parthes, de leur côté, chercheront à soutenir les membres de leur dynastie, chaque fois que la prépondérance penchera de leur côté. Mais aucun de ces princes ne pourra assurer sa succession à sa famille, et ce régime, qui va durer deux siècles, fera de la royauté arménienne un jouet entre les Romains et les Parthes. Ces compétitions dégradaient et affaiblissaient le pouvoir royal, mais cet état de choses n'affectait pas les intérêts de la noblesse, laquelle se rangeait du côté du plus fort, n'ayant en vue que le maintien de ses droits féodaux. L'histoire de l'Arménie, durant cette époque, se réduit en réalité aux conflits qui se renouvelaient sans cesse entre les puissances rivales pour imposer leur prépondérance en ce pays, dont la possession semblait à leurs yeux d'un intérêt capital. Les historiens qui relatent les expéditions militaires des empereurs, ne nous disent rien sur le règne de ces rois qui devaient leur fortune, tantôt aux Romains, tantôt aux Parthes. Ils n'enregistrèrent, à côté des événements militaires que quelques faits rares avec lesquels il n'est guère possible de nous rendre compte du rôle que purent jouer, en Arménie, ces rois d'origine étrangère. Quant à la chronique nationale, elle ignore même leur existence, et suppléa par des fables à la lacune Pendant que les grands d'Arménie se livraient à des luttes intestines, et ne pouvaient choisir un roi, Vonone, fils de Phraate IV, venait en Arménie et se portait candidat au trône. Vonone, gardé en otage à Rome, avait été demandé à Auguste par la noblesse parthe, après l'assassinat d'Orodés II, mais détesté à cause de ses mœurs occidentales, il était bientôt détrôné et chassé par Artaban III. Sa candidature ne devait pas déplaire à Rome, mais à peine monté sur le trône d'Arménie, Vonone était menacé par Artaban, qui s'était mis en tête d'y asseoir son propre frère. Vonone qui n'espérait pas grand secours des chefs, gagnés par Artaban, et qui n'en pouvait attendre aucun de Tibère, s'il ne s'engageait dans une guerre contre Artaban, se vit abandonné et se sauva en Syrie, auprès du gouverneur Criticus Silanus (1). C'est vers ce temps-là que Tibère qui cherchait à éloigner Germanicus de Rome décidait que celui-ci partirait pour

---

(1) Taotei, Josèphe.

l'Orient, afin d'y apaiser les mouvements et de régler les affaires d'Arménie, en la soustrayant aux empiètements des Parthes. Les Arméniens, indécis dans le choix d'un roi, et divisés en deux camps, s'agitaient violemment, comme toujours. Les suffrages décidaient en fin de compte en faveur de Zénon, candidat de Rome et fils de la reine Pitidoris du Pont, dont le mari Polémon était un fidèle vassal de l'empire. Dès son enfance, Zénon avait adopté les mœurs orientales ; son amour pour la chasse et pour les festins, lui assurait le cœur des grands et du peuple. Germanicus, arrivé à Artaxata, lui ceignit le bandeau royal, en présence de la multitude, et la nation rendit hommage au nouveau roi, en le saluant du nom d'Artaxias (18), en l'honneur du lieu de la cérémonie. C'était un choix habile, et quand la nouvelle en parvint à Rome, on décerna à Germanicus les insignes du triomphe. Artaban se tenait pour satisfait par l'éloignement de Vonone, son compétiteur, relégué en Cilicie, où il ne tarda pas d'ailleurs à périr dans une tentative d'évasion. La paix ne fut pas troublée durant les seize années de règne de Zénon, mais à sa mort (34), Artaban, enflé de ses succès, ne perdit pas de vue l'Arménie, qu'il guettait toujours, s'efforçant d'en rattacher la couronne à sa dynastie. Il y plaçait Arsace, l'aîné de ses fils, et de plus, il réclamait aux Romains les trésors que Vonone, disait-il, avait laissés en Syrie et en Cilicie. Artaban sommait de lui rendre ce que Rome détenait de l'empire perse, et jurait qu'il ferait valoir, à main armée, ses droits à la succession de Cyrus et d'Alexandre (1). Pour répondre

---

(1) Tacite.

à ces prétentions, Tibère fit concentrer de grandes forces en Orient et investit Vitellus du commandement supérieur des provinces de l'est. Une conspiration fut nouée à Ctésiphon même avec des seigneurs parthes mécontents, et son succès aboutit au détrônement d'Artaban. La couronne d'Arménie fut donnée à Mithridate, frère du roi d'Ibérie, pour tomber sur les derrières des Parthes pendant que Vitellus se préparait à les attaquer lui-même de front sur l'Euphrate (1). Les Ibères, renforcés des peuples du Caucase, se déchaînèrent alors sur l'Arménie qui devint, pendant un quart de siècle, le théâtre de luttes sanglantes et d'horribles ravages. Artaban, qui avait recouvré le trône, chassa d'abord Mithridate, mais ce dernier revint bientôt, accompagné de son frère, en inondant l'Arménie d'une multitude de barbares. Les Parthes étaient assaillis et forcés de reculer. Rome semblait réussir dans ses desseins, quand Artaban reparut au bout de deux ans (37), et mit de nouveau en fuite Mithridate. L'Arménie faisait retour à l'allégeance parthe, et Caligula, contrairement à la politique de Tibère, empêchait Mithridate de remuer. C'est à la mort d'Artaban, pendant que ses fils se disputaient la couronne, les dissenssions des Parthes rendant l'entreprise facile, que Mithridate, soutenu par Claude, put rentrer en Arménie. Les troupes romaines qui l'escortaient se rendaient maîtres des villes, pendant que les Ibères battaient la campagne. L'influence romaine domina de nouveau en Arménie, et Mithridate remonta sur le trône (44) sans rencontrer d'opposition de la part des grands. Mais cette fois encore,

---

(1) Suet.

Mithridate qui traita durement la nation, ne devait pas garder le trône plus de deux ans. Pharasman, roi d'Ibérie, s'apercevant que son fils Rhadamiste cherchait à s'emparer du trône, le lança contre son oncle Mithridate et lui conseilla de le supplanter en Arménie. Rhadamiste vint auprès de Mithridate à titre de parent et ami ; il gagna des partisans et tomba inopinément sur son oncle qui dut se réfugier au château de Karni où tenaient garnison les troupes romaines, sous le commandement de Polion et de Casberius. Rhadamiste acheta facilement Polion et fit mourir Mithridate avec ses femmes et ses enfants, en l'étouffant sous des matelas, pour ne pas violer, dit-il, le serment qu'il lui avait prêté de n'attenter à sa vie ni par le fer, ni par le feu. Ni Casberius, qui était contre cette trahison, ni le gouverneur de la Syrie ne purent chasser Rhadamiste, protégé par Pélienus, gouverneur de la Cappadoce. Mais Rhadamiste, qui avait gagné le trône par un moyen fréquemment employé en Orient, ne jouit pas longtemps (46-53) du fruit de cette trahison. Le trône des Parthes était occupé maintenant par Valarse I (1) (50-90) frère de Cotarze, descendant d'Artaban, de la dynastie Pahlavide. Valarse, reprenant la politique de son aïeul Artaban, donnait à son frère Pacorus la Médie Atropatène, et destinait l'Arménie à Tiridate ou Tirite, son frère cadet.

Tiridate envahit aussitôt l'Arménie pour en chasser les Ibères ; toutes les villes lui ouvraient les portes, quand l'hiver le força à se retirer avant d'achever la soumission du pays. Cette retraite enhardit Rhadamiste qui revint en

---

(1) La Vologése des Occidentaux.

Arménie pour étouffer dans le sang des innocents la prétendue rébellion qui l'avait dépossédé Mais son succès fut passager ; le peuple se souleva, son palais fut investi et il ne dut son salut qu'à la vitesse de son cheval. Sa femme Zénobie, grosse de plusieurs mois, le suivait, et pour ne point ralentir la fuite de son époux, elle se jetait dans l'Araxe pour échapper à l'ennemi. Elle fut sauvée par les bergers qui la portèrent à Artaxata où Tiridate la traita en reine (1). L'influence romaine était de nouveau contrebalancée et les affaires d'Arménie exigeaient de la part de Rome une nouvelle intervention. Pendant que Néron dépêchait en Orient le meilleur général de l'empire, Domitien Corbulon, pour prendre de promptes mesures et mener la guerre de concert avec le gouverneur de la Syrie, Tiridate, entrant en lutte ouverte, ravageait les frontières romaines. Tiridate harcelait l'armée romaine sans livrer bataille, essayant de lui couper les vivres, quand, Corbulon déjouant la ruse se mit à marcher sur Artaxata. Au lieu de passer l'Araxe sur le pont, devant les murs de la ville, les légions franchissaient le fleuve par un gué pour tourner l'armée de Tiridate. Mais au moment d'assiéger la ville où Corbulon espérait trouver le roi, des espions venaient lui apprendre que Tiridate l'avait abandonnée pour se porter dans la Médie. L'opération n'avait pas réussi, mais les

---

(1) Les faits qui se sont passés en Arménie pendant l'invasion des Ibères, sous Mithridate et son neveu Rhadamiste se trouvaient avec quelques variantes dans M de Khorène qui les rapporte au temps de ces rois imaginaires. Sanatrone et Erouand, descendants d'Abgare. L'historien arménien qui semble les tenir des chants populaires, les arrange à sa façon en donnant libre carrière à son imagination. Il sait également qu'un général romain nommé Domet (Domitien Corbulon) est venu d'Arménie pour s'opposer aux Parthes.

habitants ouvraient les portes, pour se livrer aux Romains et avoir la vie sauve, ce qui n'empêchait pas Corbulon de brûler Artaxata et de la détruire de fond en comble, sous prétexte qu'il eût fallu tout un corps pour la garder. Estimant qu'il devait continuer d'effrayer les populations, il se porta dans le sud, pour prendre Tigranocerta L'expédition de Corbulon n'était en somme signalée par aucune victoire décisive, quand on envoya de Rome à titre de roi un certain Tigrane (59) petit-fils d'un ancien dynaste de l'Arménie-Mineure. Tigrane voulant trancher du conquérant, alla provoquer les Parthes par une incursion dans l'Adiabène. A cette nouvelle, Valarse, poussé par les grands du royaume, abandonna la guerre de l'Hycarnie, pour entrer en lutte lui-même. Pendant que Corbulon se portait sur l'Euphrate pour soutenir le principal choc des Parthes et que Pœtus avançait avec deux légions dans le cœur de l'Arménie, Valarse abandonnant le siège de Nissibine, alla cerner Pœtus sur les bords de l'Arzania, lui dictant ses conditions. La situation était sérieuse : Corbulon se portait au secours de son lieutenant, mais il ne put qu'assister à la retraite de l'armée au-delà de l'Euphrate que Valarse considérait déjà comme la frontière de son empire. Rome qui avait escompté la victoire apprit, par les ambassadeurs de Valarse, l'évacuation de l'Arménie. Elle ordonnait bien de continuer la lutte, mais c'était une feinte, elle était décidée à céder et à consentir la paix. Corbulon traita avec le roi et oubliant Tigrane cerné dans un fort, promit de reconnaître Tiridate, à la condition d'aller à Rome et de recevoir des mains de Néron la couronne d'Arménie. Tiridate qui prenait cet engagement en l'honneur de l'empereur, déposait devant les légions son diadème, qu'il replaça d'ailleurs lui-même sur sa tête. Malgré l'échec militaire, Rome obtenait finalement l'avantage politique et l'Arménie se trouvait placée sous son protectorat, comme Auguste et Tibère l'avaient voulu quoique le prince régnant fût apparenté à la maison des rois parthes.

Muni des instructions de son frère, Tiridate (1) se mit en route pour Rome (64). Comme affilié à la religion de Zoroastre et comme mage, il évita de traverser la mer et choisit la route de terre, en se faisant escorter des grands du royaume et de trois mille cavaliers. Ce fut un voyage triomphal qui dura neuf mois aux frais de l'empire. Le roi, qui était de belle et de noble prestance, voyageait à cheval, ayant à ses côtés ses enfants et la reine, le diadème sur la tête, le visage couvert, selon l'usage des orientaux. Arrivé en Italie, Tiridate monta sur un char que lui avait envoyé Néron, et se rendit directement à Néopolis, pour saluer l'empereur. Après les fêtes qui furent données dans cette ville, les souverains gagnèrent Rome, où devait avoir lieu le couronnement. Et là, Néron, assis sur un trône recevait Tiridate agenouillé, et plaçait sur sa tête la couronne royale. La cérémonie était suivie de banquets ordonnés par le sénat (2).

Tiridate rentrait bientôt en Arménie avec de nombreux artisans, pour rebâtir Artaxata, brûlée dans la dernière

---

(1) Quelques auteurs modernes ont cru identifier le Tiridate de Tacite au Valarse ou Valarsace de M. de Khorène, quoique les faits relatifs à Tiridate s'appliquassent mieux à Artaschès II du même auteur.

(2) Tacite. Pline. Dion. Les récits fabuleux d'Acathange rapportent le voyage de notre Tiridate à Tiridate III converti au christianisme, qui serait allé à Rome avec Grégoire l'Illuminateur pour saluer Constantin.

guerre. Il donna à la capitale d'Arménie le nom de Néronia, en l'honneur de l'empereur qui lui avait fait une si magnifique réception ; il embellit la résidence royale de Garni par des colonnades et des monuments d'une richesse inconnue jusque-là en Arménie.

Rome comptait maintenant en Arménie un fidèle allié, même après la mort de Néron, pendant toute la durée du gouvernement de Vespasien en Orient. L'Arménie elle-même jouissait de la paix quand une nouvelle invasion vint l'accabler. Les Alains fondirent avec d'autres peuplades du Caucase, d'abord sur la Médie, où régnait Pacorus, et puis sur l'Arménie (72) (1). Tiridate se porta au-devant des barbares, et peu s'en fallut qu'il ne fut pris par le lacet de cuir dont les Alains se servaient pour s'emparer de l'ennemi. L'invasion fut repoussée et les Alains s'en allèrent en se contentant de leur butin. Tiridate avait à se venger des rois d'Ibérie, à cause des derniers événements. Il envoya les Arméniens ravager leur pays, mais l'un de ses fils se laissait saisir et le généralissime ne parvint à délivrer le prisonnier qu'en restituant les districts que les Arméniens avaient enlevé aux Ibères. La lutte avec l'Ibérie recommença quelque temps après, sans résultat, et la paix finit par se conclure entre les deux nations (2). Tiridate qui avait débarrassé l'Arménie de Rhadamiste et de ses bandes ibères et qui avait franchement accepté l'allégeance de Rome, devait finir son règne, sans assurer la succession du trône d'Arménie à sa descendance. Rome choisit, d'après ce que nous voyons, un prince étranger aux Arsacides,

---

(1) Joseph. Guerre des Juifs.
(2) V. Lang. Br. Hist. des Ibères,

sans attirer l'intervention des Parthes. Valarse régnait toujours, mais il n'était pas en état de s'immiscer dans les affaires d'Arménie. Vespasien, qui était à même de faire respecter la puissance romaine, adjugea l'Arménie à Aschkatar (1), un prince d'origine ibère à ce qu'il semble, qui monta sur le trône par l'appui de Rome. Ce prince qui régnait au temps de Domitien se maintint jusqu'au commencement du règne de Chosrau II (108-121), qui s'agitait aussitôt pour soustraire l'Arménie à l'influence romaine. Il intrigua, souleva des partisans, et à la faveur des troubles, il chassa Aschkatar, pour le remplacer par son neveu Barthamassir (609), fils de Pacorus. Chosrau semblait réussir dans ses desseins, mais sa tentative fut le signal de l'expédition que l'empereur Trajan avait décidé de conduire contre les Parthes, pour rehausser l'éclat de son règne. Trajan renvoya l'ambassade de Chosrau, qui demandait la reconnaissance de son neveu, et remontant la vallée de l'Euphrate, il vint camper devant la Carénitide (1). Barthamassir, qui demandait à traiter sans se présenter, se décida, après quelques hésitations à aller au camp, saluer l'empereur, et là, déposant la couronne qu'il avait sur la tête, il attendit debout et silencieux que Trajan lui permît de reprendre son diadème. A la vue de ce roi sans couronne, les soldats poussèrent un cri immense, comme s'ils proclamaient sa déchéance. Barthamassir, se croyant tombé dans un piège, chercha à s'enfuir, mais entouré de toutes parts, il revint exposer sa demande. « Cependant je n'ai pas été vaincu, s'écria-t-il, je n'ai pas été fait prisonnier. C'est volontairement que je suis venu, dans la pensée que

---

(1) **Dion.**

mon royaume me serait rendu par vous, comme il l'a été à Tiridate par Néron. » — « L'Arménie, répond Trajan appartient à Rome, et elle sera une province romaine » (115 ou 116) (1). Barthamassir chercha alors à s'échapper pour se défendre par les armes mais entouré par les soldats qui l'escortaient, il fut tué dans sa fuite. En occupant l'Arménie par les armes, Trajan crut trancher une question que Pompée, Antoine et Auguste n'avaient pu résoudre. Adrien en jugea d'ailleurs autrement, et s'en tint à la politique traditionnelle. Il rappela le gouverneur romain et laissa l'Arménie libre de choisir un roi avec le consentement des Parthes. L'Arménie entra dans la dépendance incertaine où elle avait été depuis Tigrane à l'égard des deux puissances rivales. Le choix des grands tomba sur Barthamaspat (118) (2), le prince arsacide que Trajan avait élevé un moment sur le trône des Parthes. La paix ne fut pas troublée sous le règne de Valarse II, qui avait succédé à Chosrau, et qui avait eu la prudence de maintenir les termes d'amitié avec Rome. Le gouverneur de la Cappadoce avait aidé Valarse II à repousser une nouvelle invasion des Alains dans la Médie et jusqu'aux frontières romaines (135). Barthamaspat avait perdu la vie dans la guerre contre les barbares et sa mort n'avait soulevé aucune difficulté pour le choix de son successeur. Celui-ci était un certain Akéménid (3), encore un Arsacide,

---

(1) Dion. Colonne de Trajan. Art. de Const. Duray. Histoire des Romains.

(2) On a cru, d'après un passage erroné de Malalas, que Barthamaspat était un fils d'Aschkatar. Marquardt voudrait que le roi choisi à l'avènement d'Adrien fût Aschkatar lui-même.

(3) On ne connaît pas bien la filiation de ce prince, mais son nom fait voir qu'il s'agit encore d'un Arsacide.

qu'Adrien, avec sa politique conciliante, avait reconnu sur la demande du roi des Parthes. Si les compétitions relatives à l'Arménie étaient moins vives, l'entente établie entre les deux puissances se relâchait un peu. Valarse II s'était plaint à Adrien en 136, au lendemain de l'avènement d'Akéménid, des menées du roi d'Ibérie, qui encourageait les Huns à faire des incursions dans la Médie. Rome, loin de tenir compte de ses réclamations, avait plutôt approuvé l'attitude du roi d'Ibérie (1).

La tranquillité régnait en Arménie, et le gouvernement habile d'Antonin Le Pieux (138-161), sa renommée, son honnêteté, étaient une garantie de paix entre les deux empires. Cependant les Parthes ne renonçaient pas à leur politique de déloger les Romains des frontières de leur empire, et Valarse III (149-161), le successeur de Valarse II, s'agitait visiblement, quand les menaces de l'envoyé d'Antonin l'arrêtèrent dans ses desseins belliqueux. A la mort d'Akéménid, l'empereur dédaignant l'orgueil des Parthes, donna à l'Arménie un roi sans leur consentement. Le nouveau roi était un Sohème ou Soyémus (2) (159), un descendant de cette famille royale d'Emesse, dont les membres jouissaient d'une grande renommée à

---

(1) Dion.

(2) Soyemus ou Soémis était originaire d'Emesse, issu de la même famille que la mère d'Héliogabale. C'est à tort qu'on a voulu en faire un fils d'Akemenid, dans la pensée qu'il y eut des rois d'Arménie se succédant de père en fils. Il existe des médailles frappées au temps d'Antonin Le Pieux où l'on voit l'empereur couronnant le roi d'Arménie (*Rex Armenius datus*). M. de Khorène parle d'un Tigrane, le dernier qu'il met contemporain à L. Vérus. Ce Tigrane aurait été fait prisonnier en Asie-Mineure et L Vérus l'aurait délivré et lui aurait donné pour femme une princesse de la maison Bophi (?).

Rome. Déjà en 54 un Soyémus de la même maison avait eu pendant quelque temps le gouvernement de la Sophène (1) L'intronisation du prince syrien fut la cause de la guerre et de nouveaux malheurs pour l'Arménie. Quand Antonin le Pieux vint à mourir, une armée parthe, sous le commandement de Chosrau, un des généraux de Valarse III, envahit l'Arménie. Sohème dut demander des secours à Sévérianus, gouverneur de la Cappadoce, mais l'armée romaine fut mise en déroute dans l'Akilisène (162) et Sévérianus tué dans un combat. Les Parthes avaient aussi essuyé de grandes pertes, leur général était même tombé prisonnier, mais ils étaient vainqueurs en Arménie et repoussaient déjà les légions du côté de la Syrie. Cette province était compromise, la Cappadoce menacée et l'Asie-Mineure restait sans défense. Sohème abandonna son royaume pour se réfugier à Rome, où il fut d'ailleurs honoré du laticlave sénatorial et du consulat avec la promesse de le secourir. Marc-Aurèle envoyait en Orient son collègue Licius Vérus avec des forces importantes pour mener la guerre contre les Parthes. Avidus Cassius, lieutenant de Vérus, remporta de notables succès ; Priscus pénétra en Arménie et s'empara d'Artaxata, pendant qu'une grande victoire remportée sur les bords de l'Euphrate ouvrait aux légions la route de Ctésiphon. Ce fut l'expédition de Trajan renouvelée : mêmes succès, mêmes conquêtes, prise de Ctésiphon, destruction de Séleucie et massacre de ses habitants. L'Arménie était évacuée par les Parthes, et Sohème replacé sur le trône (163 ou 164). L'influence de Rome était consolidée et les deux empereurs célébraient leur triomphe en prenant le

---

(1) Tacite.

titre de Parthique et Médique (1). Sohème régna désormais sans difficulté et mourut, à ce qu'il semble, dans la paix, vers 166. Nous ignorons les circonstances qui décidèrent du choix de son successeur. Celui-ci fut un certain Sanatrouc, fils du neveu d'un des Abgares d'Osrhoëne, qui monta probablement sur le trône d'Arménie par l'appui de Marc-Aurèle. L'ingérance des Parthes n'était pas à craindre, même sous le règne de Commode, dont les généraux faisaient toujours respecter la puissance romaine en Orient. Les premières années du règne du nouveau roi durent s'écouler dans la paix, ce qui lui a permis de construire la ville de Mzour (2) dans la Sophène, au confluent de l'Euphrate et de l'Arzania. C'est du reste tout ce que nous savons de son règne de vingt-sept ans, à côté des faits légendaires que nous rapporte la chronique nationale (3), d'après laquelle Sanatronc aurait embrassé le christianisme, pour renier peu après la foi et se livrer au massacre de tous les enfants d'Abgare, voulant supprimer des prétendants à sa couronne. Au demeurant, Sanatronc fut un fidèle allié de

---

(1) Il existe des médailles en or et en argent frappées en commémoration de la grande victoire.

(2) F. de Byzance. M. de Khorène confond Mzour avec Mzbine ou Nissibine, pour donner plus de valeur à sa conception du règne de Sanatronc en Mésopotamie. Il sait d'ailleurs que Sanatronc a fini ses jours sous le fer des Arsacides.

(3) Les chroniques de F. de Byzance et l'histoire de M. de Khorène connaissent le nom de Sanatronc et rapportent à son règne le martyre de l'apôtre Thaddée en Arménie. L'histoire arménienne en fait un neveu d'Abgare et le fait régner à Nissibine vers le milieu du 1er siècle. D'après une tradition qui avait cours en Arménie, Sanatronc fut un persécuteur du christianisme : il a fait périr sa fille Sandought qui avait embrassé la nouvelle foi : A part la confusion des dates, on doit admettre que sous le règne de Sanatronc le christianisme a pénétré en Arménie, et que ce prince a été effectivement un persécuteur de la nouvelle foi, suivant en cela la politique des empereurs.

Rome et s'efforça de garder la neutralité (1), pendant que le roi des Parthes, Artaban IV, prenait le parti de Niger contre Septime Sévère et que la puissance romaine semblait être ébranlée en Orient. Son attitude devait lui porter malheur. Artaban, profitant de la guerre civile soulevée par la possession de l'empire, intrigua contre Sanatrouc, qui périt dans un complot ourdi par les grands gagnés à la cause d'Artaban (2).

---

(1) Hérod.

(2) Voici la liste chronologique des rois d'Arménie avant l'avènement des Arsacides, telle qu'il est possible de la former avec les données actuelles :

		Les Parthes :	
Vonone	16 (ap. J.-C.)	Artaban III	14 (ap. J.-C.)
Zénon-Artasches	18	Vardane	44
Arsace (?)	34	Cotarze	47
Mithridate l'Ibère	35	Vonone II	50
Dom. Parthe	37	Valarse I	50
Mithridate 2 fois	34	Pacore	90
Rhadamiste	46	Chosran	104
Tiridate I	53-59	Valarse II	121
Tigrane (Dom rom.)	59-64	Valarse III	149
Tiridate I	64	Artaban ou Valarse IV	191
Aschkatar	?		
Barthamassir	109	Pacore	207
Dom. rom.	114-117	Valarse V	209
Barthamaspat	118	Artaban IV ou V	216-226
Akéménid	135		
Soyémus	159		
Dom. parthe	161-163		
Soyémus 2 fois	163		
Sanatrouc	166-193		

CHAPITRE III

Les Arsacides d'Arménie
(193-297 ap. J.-C.)

I

La dynastie des Arsacides arméniens. — Valarse. — L'invasion de Sapor et de Narseh.

Dès le milieu du 1ᵉʳ siècle, les Parthes avaient tenté de rattacher la couronne d'Arménie à leur dynastie, et l'avènement de Tiridate I avait été la consécration des efforts d'Artaban III et de Valarse I. Mais la politique romaine avait déjoué les tentatives parthes. En renouvelant l'essai par la déposition d'Aschkatar, Chosrau s'était attiré la grande expédition de Trajan, laquelle avait mis à deux doigts de sa perte l'existence même des Arsacides. La politique conciliante d'Adrien avait permis l'arrivée d'un nouvel arsacide, quand Antonin le Pieux, déjouant les visées des Parthes, nomma un prince syrien. Sur ces entrefaites, une nouvelle occasion se présentait de soustraire l'Arménie à l'influence romaine. Valarse ou Artaban IV (1) (192-207) pouvait entrer dans la voie de ses prédécesseurs en présence de la guerre civile à Rome, qu'avaient soulevée Pertinax, Didus Julianus, Septime Sévère, et Niger en Orient, pour s'emparer de l'Empire. Artaban se déclarait partisan de Niger et lui promettait son appui contre Sévère. A la faveur de cette alliance il dépêchait en Arménie Valarse (2), un de ses frères ou son neveu. Entre-temps ses partisans assassinèrent Sanatrouc, le protégé de Rome. Comme représentant de la maison royale des Arsacides le nouveau prince ne pouvait manquer d'obtenir l'assentiment de la nation. Valarse descendait d'ailleurs de la lignée des rois qui régnèrent à Bactres ou Bahl Zaraspa (3) après la chute du royaume grec de la Bactriane (126 av. J.-C.). Cette lignée, à laquelle on a donné le nom d'Ashgens, était montée sur le trône des Parthes avec Artaban III, tout en continuant de régner sur les peuples touraniens que les auteurs arméniens appellent Kouchans, Mazrouts ou Huns. On la connaissait sous le

---

(1) La liste des derniers rois parthes est incomplète. Le successeur de Valarse III semble être un certain Artaban IV qui règne jusqu'en 207. Valarse IV était probablement un de ses fils qui disputa le trône avec Artaban V, le dernier arsacide, qui périt vers 219 ou 220.

(2) On ne sait pas d'une façon sûre la date de l'avènement de Valarse, mais tout porte à croire que l'événement eut lieu en 193, alors que Niger était en guerre contre Sévère. M. de Khorène connaît l'existence d'un Valarse, roi d'Arménie, comme un contemporain de son homonyme parthe. D'après lui, le premier arsacida arménien est un autre Valarse, frère d'Arsace Le Brave. Quelques auteurs modernes estiment que l'origine des Arsacides arméniens date de Tiridate I, frère de Vologèse. Procope sait qu'un roi parthe a placé, sur le trône d'Arménie, son frère Arsace. Ce passage ne peut être rapporté qu'à l'avènement de notre Valarse, appelé Arsace par Procope, d'un nom générique.

(3) C'est le Bahl Aravadine de M. de Khorène, probablement la ville actuelle de Balkh.

nom particulier de Pahlavi (1). Le royaume des Pahlavi continua d'ailleurs son existence distincte à Bahl jusqu'au milieu du vi^e siècle, et ne fut renversé que par le Sassanide Chosrau I. Aux yeux des Orientaux, les Arsacides Pahlavi avaient la réputation d'avoir des mœurs et une croyance religieuse plus rigides que les premiers arsaces, lesquels étaient accusés de pactiser avec les mœurs et les coutumes de l'Occident.

Depuis la chute de la dynastie d'Artaxias, le trône d'Arménie avait été occupé par des princes dont aucun n'avait pu assurer la succession à ses descendants. Ces princes avaient été en quelque sorte des rois électifs. Rien ne pouvait donc présager qu'un arsacide arrivé au pouvoir dans des conditions équivalentes fonderait une dynastie durable. Si la descendance de Valarse se maintint en Arménie, jusqu'au premier quart du ve siècle, c'est qu'il convenait aux Romains de protéger désormais ces Arsacides considérés, après la chute de la branche aînée, comme les ennemis politiques des Sassanides, les nouveaux adversaires de Rome en Orient. De plus, les descendants de Valarse allaient se convertir au christianisme et se rapprocher de l'Occident par des liens religieux. Mais la destinée était loin de leur sourire et ce fut une vie malheureuse que le règne de ces princes en butte aux attaques continuelles des Sassanides, ne montant sur le trône que pour finir leurs jours dans l'exil ou la prison, ou sous le fer des assassins. Comme les rois Parthes, ils s'intitulèrent

---

(1) Pahlavi, Pahlave ou Pehlevi signifie Parthe. Pahlave et Parthe ne font qu'un (M. de Kh.). Aux yeux des auteurs arméniens la lignée de la Bactriane était le Palhavi par excellence, le Palhavi le plus pur.

Arsace (1), c'est-à-dire rois, et leur dynastie prit la désignation générique d'Arsacide.

Les rares renseignements que nous possédons sur le règne de Valarse font voir qu'il fut un prince renommé et clairvoyant (1). Il suivit la politique qui convenait à l'Arménie : il préféra l'amitié de Rome et accepta son allégeance. Valarse avait été entraîné d'abord par son frère à s'unir aux Parthes pour combattre les Romains (2). Mais les Parthes avaient inutilement assiégé Nissibine, et leur tentative avait provoqué une nouvelle expédition romaine que Sévère, arrivé à l'Empire, allait conduire en personne. L'empereur débarquait en Syrie à la tête d'une formidable armée pour marcher sur Ctésiphon (197). Le nouveau roi d'Arménie, pressentant le danger, s'empresse d'aller au devant de l'empereur avec sa femme, ses enfants et ses présents, pour faire acte de soumission par un traité en vertu duquel il s'engage à donner des otages et des auxiliaires pour servir dans la guerre contre les Parthes. Sévère pouvait bien avoir des ressentiments contre Valarse, mais il préféra lui pardonner et le reconnaître (3) pour avancer, sans avoir besoin de regarder en arrière. Il rétablit même dans son gouvernement de la Sophène un des

---

(1) L'Archac des Arméniens, d'où la désignation d'Archacouni que F. de Byzance, Acathange et M. de Khorène étendent aux rois d'Arménie antérieurs à Valarse comme à Sanatrouc et à Tigrane le Grand. Archac ou Arsace est une abréviation du mot sanscrit ou zend Kehajargha (Xercès). C'est le titre générique des rois parthes, comme le Pharaon d'Egypte, le Schah de Perse On sait d'ailleurs que la terminaison Uni ou Ouni est empruntée à l'idiome des inscriptions ourartiennes (B. Kalatriantz) et s'emploie dans le même sens que la terminaison actuelle ian.

(2) M. de Khorène.

(3) Dion, Herodien-Sozo.

fils du roi qui était tombé prisonnier. C'était la troisième fois dans l'espace d'un siècle que les Romains entraient dans Ctésiphon et qu'ils livraient au pillage la cité royale des Parthes. La chute de Ctésiphon retentissait dans tout l'empire et l'on célébrait partout le vainqueur des Parthes, (Particum Maximum). Après Sévère, son fils Caracalla voulut égaler ses prédécesseurs par des victoires. Il renouvela la campagne de Ctésiphon au moment où les Parthes épuisaient en dissenssions intestines leurs derniers restes de vie. Il s'en prit d'abord au roi d'Osrhoène (215) qui gouvernait son pays pour le compte de Rome. Edesse, sa capitale, était encore un point stratégique important, le centre de la défense de la haute Mésopotamie. Pour annoncer une victoire, Caracalla résolut de supprimer cet état tributaire ; il persuada à Abgare, son roi, de venir le trouver, le jeta en prison et fit de sa capitale une colonie romaine (1). L'Arménie gardait depuis 197 une attitude correcte et n'avait rien à se reprocher, mais Caracalla, à la recherche de victoires, usa du même procédé à l'égard de Valarse, alors en contestations avec ses fils. Ils les invita à le choisir comme arbitre, et quand ils se rendirent à son appel, il les traita comme le roi d'Osrhoène. Cette odieuse machination révolta les Arméniens, qui se tournèrent du côté des Parthes menacés également par Caracalla. L'Arménie qu'on avait laissée en paix depuis une vingtaine d'années, était de nouveau troublée par les agressions insensées du fils de Sévère. Cette fois les Arméniens battirent et repoussèrent les légions romaines commandées par Théocridis (2) qui

---

(1) Cette suppression ne fut pas la chute définitive de l'Osrhoène, il y eut de nouveaux Abgares à Edesse.
(2) Dion.

avait voulu réprimer la rebellion. Valarse, jadis allié sincère de Rome malgré ses liens de parenté avec les Parthes, mourut en prison (216), victime de la trahison, comme l'avait été le malheureux Artavasde. Durant la paix Valarse avait créé des institutions utiles, notamment en encourageant l'agriculture, principale richesse du pays. La charge de Hazarapet, ou la surintendance des campagnes et des revenus du sol, fut une de ses créations; il introduisit aussi l'usage de l'année solaire des Perses avec la fête du Navasard ou du nouvel an, qui devint une des solennités du paganisme, et qu'on célébrait en grande pompe à Bagavan. Il avait attribué aux grands d'Arménie des charges à la cour pour les attacher à la royauté. Il avait élevé de nombreuses constructions, entre autres le château de Valarsekert (1) dans le haut bassin de l'Arzania, la résidence royale de Valarsapat, qui devint la capitale des Arsacides. La postérité ne devait pas oublier le nom du prince dont le règne avait été un bienfait pour le pays. Valarse prit place au premier rang des rois d'Arménie (2).

Macrin, le successeur de Caracalla, avait fait la paix avec les Parthes en payant une forte indemnité. Usant de douceur avec les Arméniens qui s'étaient rangés du côté des Parthes pendant la guerre, il s'empressa de reconnaître Tiridate II, le fils de Valarse, en lui rendant sa mère que Caracalla avait retenue captive. Il lui restituait, en outre, les terres que les rois d'Arménie possédaient dans la Cappadoce et le gratifiait d'une pension et d'une couronne d'or,

---

(1) M de Kh.

qu'il lui envoya en signe de suzeraineté(1). La politique de Macrin avait ramené le calme en Arménie en attachant à l'amitié de Rome son nouveau prince. Tiridate était momentanément à l'abri des difficultés. C'est à son règne que nous devons rapporter l'émigration de plusieurs familles illustres de la Bactriane, le berceau de sa dynastie, qui vinrent en Arménie, pour échapper à des poursuites qui menaçaient leur vie. On remarquait parmi ces familles les Camsaracans et les Mamiconiens, les premiers apparentés à la famille royale, les seconds de fiers guerriers, qui se mirent à la solde des Arsacides et devinrent l'appui du pouvoir royal. Tiridate leur avait donné l'hospitalité et des fiefs pour leur descendance, et semblait se fortifier sur le trône, quand un changement de dynastie au sein de l'Empire oriental vint mettre en péril l'existence même du royaume d'Arménie.

L'empire parthe était arrivé à ses derniers jours. Les Arsacides n'avaient su établir ni une administration homogène ni une armée permanente. Ils avaient laissé autour d'eux une féodalité puissante, et, dans les provinces, des populations à demi-indépendantes. Ils n'eurent pas en outre une loi d'hérédité régulière. Après la mort du monarque, la noblesse décidait entre les prétendants au trône, mais elle n'avait pas le droit de choisir en dehors de la famille Arsacide. Cette noblesse possédait aussi le droit de déposer le prince ; il lui était donc constamment loisible

---

1. Dion. (Les sources nationales.) Acathange et M de Khorène ignorent l'existence de Tiridate II et reportent les événements de son règne à son frère Chosrau, qu'ils font régner quarante-huit ans, pour combler la lacune. On verra plus loin que Chosrau n'a pu régner qu'environ dix ans à dater de 260.

de revenir sur son premier choix. Le grand roi ne pouvait rien faire sans la réunion ou l'assentiment des grands vassaux. C'est ces sortes d'assemblées des grands que les Romains appelaient par analogie le Sénat des Parthes. Outre la noblesse très puissante, il y avait à côté du roi un officier héréditaire qui commandait l'armée, et sans lequel rien ne se faisait. Avec une pareille organisation, Artaban V fut incapable de venir à bout de la grande insurrection suscitée par Artaschir le Sassanide, un des grands feudataires de la Perside. Son père Pabak avait déjà étendu sa domination sur la province d'Istachr ou de Persépolis en s'appuyant sur la religion de Zoroastre. Artaschir s'affirmait Mazdejan, c'est à dire zoroastrien orthodoxe, tandis que les Arsaces parthes, subissant l'influence de la civilisation occidentale, aimaient les usages de la Grèce, adoraient quelques-uns de ses dieux. Artaban tomba au cours d'une bataille (1), les Pahlavides parthes succombèrent pour toujours, et Artaschir prit le titre de *Roi des rois*. Il s'empara de toute la Perse, de la Médie, d'une partie du plateau de l'Iran, mais il dut renoncer à l'Arménie, qui se défendit et donna même asile aux parents d'Artaban. Artaschir remit les mages en honneur. Ce clergé redevenu puissant fit de l'intolérance la loi politique des Sassanides et déchaîna la persécution contre les Chrétiens. Les conséquences en furent désastreuses en maintes circonstances, mais le zèle religieux de ces princes donna à la nouvelle dynastie un éclat que la précédente n'avait pas eu. L'avènement des Sassanides est un fait capital non seulement pour l'histoire de la Perse, mais aussi pour le

---

1. En 224, d'après Nöldecke.

royaume d'Arménie. L'amitié qui existait entre les Parthes et les Arméniens, cimentée par la parenté des familles régnantes et par la similitude des mœurs et des idées religieuses, se changea en une persistante inimitié. Les Arméniens s'éloignèrent dès lors des Sassanides, qui cherchaient non seulement à renverser la dynastie des Pahlavides arméniens, mais à imposer leur religion. Les rapports avec la Perse prirent un caractère difficile au commencement du quatrième siècle, quand l'Arménie se convertissant au christianisme, rompit définitivement avec les idées religieuses de ses voisins orientaux.

Artaschir qui poursuivait l'anéantissement de toute la lignée des Arsacides, attaquait en 229, l'Arménie où s'étaient réfugiés les enfants d'Artaban. Tiridate tint tête, et aidé des fils d'Artaban, ses parents, des Mèdes et de quelques peuplades du Caucase, il repoussa cette première attaque (1). Mais cet échec n'ébranla pas les espérances d'Artaschir, et, en 231, il entra dans les territoires qui relevaient directement de l'empire romain. Nissibine assiégée, ses vedettes pénétrèrent jusque dans la Cappadoce. Artaschir réclamait toutes les provinces qu'avait autrefois possédées Darius. Rome dut reprendre la guerre contre la nouvelle puissance asiatique et s'engager dans une lutte qui devait durer quatre siècles. De grands renforts furent dirigés sur la Syrie. Alexandre Sévère, agissant comme ses prédécesseurs, se mit à la tête de l'armée pour combattre les Perses (232). Il divisa ses forces en trois corps : le premier se dirigea sur la Médie par la route

---

1. Dion-Acath.

de l'Arménie (1) ; les deux autres prirent le chemin de la Mésopotamie et de l'Euphrate. L'armée du nord, grossie par les auxiliaires que lui portèrent Tiridate et les parents d'Artaban, comprenait des Albaniens, des Alains, des Huns qui étaient hostiles à Artaschir. Cette armée du nord ramassa beaucoup de butin, mais elle subit aussi des pertes considérables et ne put obtenir des résultats sérieux.

Les armées du sud purent à peine soutenir le choc. Cependant pas une parcelle de territoire romain ne fut conquise et les Perses ne purent atteindre leur but. L'expédition d'Alexandre Sévère avait en somme écarté le danger qui menaçait l'Arménie, et celle-ci, en échange de cette protection, envoyait des auxiliaires à Maximin, pour servir dans la guerre contre les Germains (236)(2). Mais Artaschir, qui avait associé au trône son fils Sapor I(3) entra de nouveau en lutte (238) et s'empara de Nissibine et de Carrae, les deux grandes forteresses de la Mésopotamie. La guerre continua sous Sapor I (242-272) durant un quart de siècle; les Perses avancèrent jusqu'à Antioche et forcèrent l'empereur Gordien III à débarquer en Asie en vue d'une nouvelle expédition. Timisthée, le beau-père de l'empereur, repoussait Sapor, reprenait les forteresses, et les Romains étaient en marche sur Séleucie, quand Philippe vint à assassiner Gordien et se fit acclamer empereur. L'assassin se hâta de conclure la paix avec Sapor en abandonnant l'Arménie et une partie de la Méso-

---

1. Hérod. Le livre d'Acathange qui semble connaître tous ces événements, ne mentionne pas l'expédition d'Alexandre Sévère, qui sauva en réalité l'Arménie.
2. Hérod. Lamb.
3. Schapouh, selon les Arméniens.

potamie (1). La guerre cessa par ce fait pendant quelques années, mais en 251 ou 252, les hostilités furent reprises et les Perses pénétrèrent de nouveau dans le territoire romain et ravagèrent la Mésopotamie, la Syrie jusqu'à Antioche. Jusque-là Tiridate avait pu garder le trône bien qu'il fût en butte aux attaques déguisées ou ouvertes des Perses. A l'intérieur, il avait eu à combattre plusieurs de ses vassaux, entre autres un seigneur de la Taronitide, du nom de Slcoune, gagné à la cause de Sapor. C'est seulement en 253 que l'Arménie fut occupée par les Perses, qui prirent Artavasta et réduisirent Tiridate à se réfugier sur le territoire romain, en s'emparant de ses femmes et de ses enfants (2).

Tiridate II, qui avait vaillamment combattu ses ennemis, tantôt dans les rangs de l'armée romaine, tantôt avec ses propres forces, finissait son règne d'une façon aussi malheureuse que ses prédécesseurs ; il abandonnait le trône sans espoir de le regagner un jour. Sapor, maître de l'Arménie, en confiait le gouvernement à un certain Artavasde, avec le titre de roi (3). Il ordonnait d'introduire partout le culte du feu sacré et les persécutions contre ceux qui ne voulaient pas adhérer à la religion de la Perse. En rangeant l'Arménie sous sa domination, le roi de Perse

---

1. Evagrius-Zon.
2. Zonare.
3. Treb.-Pol. A en juger du nom d'Artavasde, le prince placé sur le trône d'Arménie par Sapor peut bien être un descendant des anciens rois de l'Atropatène, un allié des Sassanides. M. de Khorène cite pour ces temps un Artavasde Maudacouni, dont il fait un précepteur de Tiridate, fils de Chosrau. Gutschmidt en fait un parent de Chosrau, sans tenir compte de ce fait que les Sassanides qui visaient l'anéantissement de toute la lignée des Arsacides, n'auraient jamais voulu d'un prince issu de cette famille.

menaçait la Mésopotamie et la Syrie ; il faisait prisonnier Valérien (260) ; il attaquait et ruinait Antioche, et ses soldats pénétraient dans l'Asie-Mineure, jusqu'à Césarée. La situation semblait désespérée pour les Romains, quand Balista, préfet du prétoire, parvint à arrêter les Perses et à leur infliger de grosses pertes sur les confins de la Cilicie. Sapor essuya d'ailleurs une défaite complète d'Odenath, le prince puissant de Palmyre, de qui le roi de Perse exigeait aussi la soumission absolue. Se rangeant du côté des Romains, le roi de Palmyre pénétra jusque sous les murs de Ctésiphon (264) en enlevant à Sapor ses trésors et ses femmes, sans toutefois obtenir que Valérien fût relâché. Sapor était désormais réduit à l'impuissance et ses premiers succès n'étaient suivis d'aucune conquête territoriale. Il ne pouvait plus soutenir son protégé en Arménie, où les partisans de Rome se remuaient déjà pour secouer le joug perse. Artavasde, qui pour s'attacher les Romains conseillait à Sapor de laisser en liberté le vieux Valérien (1), abandonna, à ce que nous voyons, le trône, et laissa les Romains choisir son successeur.

Les candidats de Rome étaient les Arsacides représentés par Chosrau, le frère cadet de Tiridate II, qui était gardé en territoire romain. Son avènement eut lieu vraisemblablement vers 261 et son règne passa sans trop de difficultés, Sapor n'étant plus en état d'intervenir militairement, et la Perse étant elle-même troublée par les sectaires de Manes. Néanmoins il était difficile à Chosrau, — les sources nationales en font un contemporain d'Artaschir, le confondant avec son frère Tiridate — de s'affermir

---

(1) Vopiscus.

sur le trône à une époque de troubles qui agitaient tout l'Orient. Sapor, ne perdant pas de vue le nouvel arsacide, ntrigua avec les parents, peut-être les propres frères du roi qu'il avait menés en Perse depuis l'aventure de Tiridate ; ils furent soudoyés pour assassiner Chosrau, imposé par les Romains. Le roi de Perse contrecarrait ainsi la politique romaine en se débarrassant de Chosrau, comme il avait fait de son frère Tiridate en 253. Chosrau tombé dans un guet-apens, on put à peine sauver des mains des assassins son fils, un enfant du nom de Tiridate, qui, selon la tradition nationale, fut porté en territoire romain et mis en sûreté.

Sapor venait de mourir (272), son fils Harmizd, un pacifique, régnait à peine quatorze mois, pour laisser le trône à Bahram (274-277), auquel succédait Bahram II (277-293). Rome ne pouvait s'occuper des affaires d'Arménie avec ses désordres intérieurs et l'invasion des barbares, et les Arméniens tombaient encore une fois sous la dépendance de la Perse. La situation était incertaine, quand Aurélien marcha sur Palmyre pour réduire Zénobie. La reine eut beau déclarer que les Perses et les Arméniens étaient au nombre de ses alliés, la Perse ne bougeait pas, troublée qu'elle était par le Manichéisme, et les Arméniens préférant l'amitié de Rome, combattaient plutôt dans l'armée romaine, sauf quelques partisans accourus isolément au secours de Palmyre (1) (273). La victoire d'Aurélien rehaussait de nouveau la renommée romaine en Orient. Bahram II envoyait une ambassade à Rohus, en Syrie (279) pour demander l'amitié du nouvel empereur qui menaçait

---

(1) Vospicus.

la Perse. Peu après, Carus, reprenant le projet que Robus avait formé de frapper un grand coup sur la Perse, arrivait en Orient, suivi d'une armée redoutable. Il entrait dans Séleucie et s'emparait de Ctésiphon (283). Les Perses bénéficiaient de sa mort subite, mais ils devaient se désister des affaires d'Arménie et cesser toute agression contre les Romains, durant une dizaine d'années. Le jeune Tiridate, héritier des Arsacides, qui avait grandi à Rome et qui avait gagné, par son courage et son adresse dans tous les exercices, l'estime des soldats, attirait bientôt l'attention de Dioclétien. Il recevait l'ordre de partir pour l'Arménie (287) (1) et de prendre possession, sous la protection de Rome, du trône de ses pères. A son arrivée sur la frontière, Tiridate, alors âgé de vingt ans, se fit reconnaître sans difficulté : les défections commencèrent de toutes parts et l'héritier de la dynastie des Pahlavides put recouvrer le trône d'Arménie, au moment où rien ne présageait qu'un Arsacide eût pu régner en Arménie. La tranquillité semblait être rétablie dans le pays, lorsque Narseh entra de nouveau dans les voies de Sapor. Dès la seconde année de son avènement (294), il se jeta sur l'Arménie (2), pour en chasser Tiridate, qui dut se réfugier sur le territoire romain, comme son oncle en 253. L'Arménie retombait sous le joug de la Perse, et Narseh, franchissait le Tigre avec une nombreuse armée pour envahir les frontières romaines. Dioclétien, qui avait médité de longues années sur le plan de campagne à

---

(1) M. de Kh. La date donnée par la tradition arménienne peut être considérée comme exacte, car elle satisfait toutes les conditions.
(2) Amm. Mar.

suivre pour asséner un grand coup à la Perse fit avancer l'armée de la Syrie, sous le commandement de Galère. Celui-ci commit encore une fois l'imprudence de mener ses légions à travers les plaines de la Mésopotamie, où l'infanterie romaine ne tarda pas à éprouver le même sort que lors de l'expédition de Crassus. Le roi d'Arménie qui combattait avec ses archers et ses *cataphracti* dans les rangs de l'armée romaine, n'échappa à la poursuite qu'en traversant l'Euphrate à la nage, tout chargé de son armure. Mais sous la savante direction de Dioclétien, Galère ne tarda pas à rétablir l'honneur militaire des Romains. Il se mit à la tête d'une nouvelle armée pour prendre la route de l'Arménie qu'éclairait Tiridate, pendant que Dioclétien lui-même gardait le passage de l'Euphrate (1). L'armée perse qui s'était portée en Arménie, fut complètement défaite et par une attaque de nuit, Galère parvint à jeter la terreur parmi les Perses et en faire un grand carnage. Narseh blessé, échappa à grand'peine, mais ses femmes et ses enfants furent pris avec les tentes royales. Le traité de paix qui fut signé, obligeait Narseh de céder dans la haute vallée du Tigre, cinq provinces dépendant de l'Arménie que Sapor avait conquises : l'Arzanène, la Moxuène, la Zabdienne, la Rihimène et la Gordyène (2). Tiridate était réintégré dans son royaume accru d'une partie de la Médie Atropatène. La victoire de Galère et la politique de Dioclétien allaient valoir à l'Orient une période de paix, qui devait durer jusqu'à la fin du règne de Constantin.

---

(1) Duruy. — Hist. rom.
(2) Amm. Mar.

II

**L'Organisation de la royauté arménienne.
Les divisions territoriales.
Les grandes familles. — L'état social du peuple.**

Le royaume d'Arménie, taillé à l'image des antiques monarchies orientales, était formé de contrées et de pays sans homogénéité que se partageaient des familles terriennes dont quelques-unes étaient même de race étrangère. Les chefs de ces familles que les chroniqueurs arméniens appellent Nakharar, Ischkhan, Bdeïchk, Chahap ou Satrape possédaient le pays d'une manière héréditaire. Ils étaient très puissants et les vrais maîtres du pays. Il n'y avait pas de pouvoir central, ni d'armée régulière, ni justice générale : le seigneur terrien était à la fois le maître absolu, le juge suprême, le commandant des bandes armées dans son domaine. En un mot, c'était l'image de la féodalité, telle qu'elle a existé en Europe au moyen âge. Avec ces rois constamment attaqués, des prétendants toujours en grand nombre, des seigneurs indépendants, des bandes d'Alains, des Scythes la traversant dans tous les sens, tantôt au service d'un parti, tantôt d'un autre, l'Arménie représentait l'idéal de fractionnement de l'autorité et du désordre. Comme les rois parthes, les souverains d'Arménie ne purent jamais écraser cette féodalité puissante, cause de troubles continuels et de faiblesse intérieure. Formée de tels éléments la royauté arménienne ne pouvait prendre aucun essor. Le roi était néanmoins reconnu par les seigneurs, comme le chef suprême du pays (1), sa suprématie était tacitement acceptée par ceux-ci, même aux époques où l'Arménie était tout entière un état feudataire des empires voisins, ou dans la vassalité de l'un ou de l'autre de ces empires. Tous les grands, tous les seigneurs étaient les vassaux du roi (2). Cela n'empêchait pas les grands de s'insurger et de faire la guerre contre lui, de se débarrasser à l'occasion d'un prince qui ne leur convenait plus. La déchéance du prince ne modifiait en rien leurs droits seigneuriaux et les bénéfices de leur apanage : ceux-ci subsistaient toujours, lors même que l'Arménie tout entière était réduite en province romaine ou persane. Quand le prince régnant était puissant, sa volonté ne connaissait aucune loi, ses ordres étaient exécutés sans conteste, et la vie des grands comme des serfs dépendait de son caprice. Le seigneur insurgé ou simplement suspect était sévèrement châtié, la famille massacrée et le domaine attribué à un autre, s'il n'était pas accaparé au profit du roi. Les chroniqueurs arméniens citent le massacre de plusieurs familles, comme les Manavaziens, les Bjnounides, les Camsaracans, sous le régime des derniers arsacides qui s'étaient plutôt signalés par leur faiblesse.

Un certain nombre de dignités relevaient directement du roi et de la cour, comme la charge de Hazarapet (3) ou surintendant des campagnes, à l'instar de ce qui existait

---

(1) F. de Byzance.
(2) Acath. Allusion au temps de la dynastie Pahlavide.
(3) Désignation persane équivalente au mot Tehcan, de même origine.

en Perse, le commandement des armées dites royales qui était une fonction héréditaire dans la même famille, le gardien du harem ou le Mardpet (1) qui était également un très haut personnage, comme chez les Perses et les Byzantins, et qui était, en outre, chargé de l'administration des domaines royaux. Il y avait aussi le chevalier de couronnement qui était, à ce qu'il semble, le chef de la famille des Bagratides (2). En outre de ces hauts dignitaires, il y avait aussi les huissiers, les échansons, les chasseurs, dont le nombre était considérable. Tous ces dignitaires et leurs subalternes entouraient constamment le roi ; ils étaient admis dans son intimité, et prenaient place à la table royale (3). C'était en somme une vraie cour orientale. Les vêtements à la mode mède ou persane étaient très riches, de même la vaisselle était d'or ou d'argent. Le roi était vêtu d'une robe de pourpre brodée d'or, doublée d'un manteau de zibeline, coiffé d'une tiare enrichie de pierres précieuses, chaussé de bottes en cuir. Les grands portaient aussi la robe traînante en tissus brodés d'or et d'argent, des chaussures de cuir rouge (4) et des boucles d'oreilles en or. Le costume des femmes du roi et de la noblesse n'était pas moins luxueux ; des robes garnies de pierres précieuses, la tête ornée de diadèmes enrichis de perles fines. La princesse Bagratide avait toujours un diadème garni de trois rangs de perles.

---

(1) Les gardiens du harem portaient aussi le nom générique de Haïr.
(2) La cérémonie du couronnement qui se pratiquait aussi chez les Parthes, semble être une institution fort ancienne, qui est tombée en désuétude, depuis la conversion au christianisme.
(3) F. de Byzance.
(4) Les bottes en cuir rouge sont encore très recherchées chez les Beys kurdes.

Les rois résidaient à Artaxata, et en dernier lieu à Valarsapat (1) ; la sépulture royale était au château d'Ani, localité religieuse dans la vallée de l'Euphrate. En outre des districts de l'Araxène qui formaient le domaine royal proprement dit, les rois possédaient la Médie-Mineure ou l'Artaz, la Carénitide, l'Akilisène, qu'Artaxas avait enlevées aux Cataons et aux Mosynèques. Le domaine d'Angl, situé dans la Sophène appartenait également à la maison royale, ainsi que le district d'Astiané, affecté au séjour des membres de la famille régnante. Le roi avait comme les grands des revenus particuliers, qu'il tirait de ses domaines, auxquels s'ajoutaient les redevances que lui payaient ses vassaux.

L'Arménie ne possédait pas d'armée régulière ni permanente, mais les forces du pays avaient une certaine organisation militaire. Les rois pouvaient recruter leurs contingents qu'on appelait les troupes royales ; les vassaux, de leur côté, pouvaient réunir des combattants qu'ils mettaient au service du roi en cas de guerre ; l'ensemble formait alors l'armée qui était placée sous le commandement du généralissime. L'armée était surtout représentée par des cavaliers armés de lances, de sabres, d'arcs et de boucliers, couverts d'armures et coiffés de casques. Les seigneurs formaient les officiers qui n'étaient soumis à aucune hiérarchie. L'armée combattait cependant avec une certaine tactique. L'ordre de bataille comprenait les deux ailes et le centre, souvent avec un corps de réserve.

---

(1) L'Artaschat des Arméniens. Les terminaisons schat, kert, abat, empruntées à la langue perse, impliquent le sens de lieu, construction, habitation.

Chaque corps avait son drapeau distinct et les commandements se faisaient au son de la trompette (1). Outre l'armée, qui était la principale force du pays, les rois possédaient quelques lieux fortifiés, placés sous l'autorité du Mardpet. Ces châteaux ne formaient pas à proprement parler des places fortes ; ils servaient pour la garde du trésor royal. Ils étaient situés en des lieux naturellement fortifiés et les hommes de garde suffisaient pour les mettre à l'abri d'une surprise. Les principaux châteaux-forts royaux étaient Bnabel et Angl dans la Sophène ; Ani dans l'Akilisène ; Artakeretz, Ochacan et Garni dans l'Araxiane ; Olacane dans la Taronitide, dont la garde était confiée aux Mamiconiens. Les véritables points d'appui en cas de défense étaient les montagnes inaccessibles, le dédale des vallons couverts d'épaisses forêts et coupés de gorges profondes, où l'armée pouvait longtemps tenir tête contre l'invasion. Le pays des Taoques, les montagnes qui enveloppent l'Araxe à sa sortie de la plaine, les gorges du Taurus constituaient des régions à l'abri de l'ennemi. Le roi s'y réfugiait aussi pour échapper aux poursuites qui menaçaient sa vie.

Rien nous dit s'il existait une loi d'hérédité pour le trône, si les princes de la dynastie d'Artaxias se succédaient de père en fils. Sous la dynastie arsacide, la succession semble avoir lieu de père en fils, sauf dans les cas où les empereurs de Byzance ou les rois de Perse se plaisaient à choisir un autre prince de la famille, au détriment de l'héritier direct. Les successeurs d'Artaxias, Tigrane et les rois de sa maison, faisaient frapper des

---

(1) Elisée. F. de Byzance.

monnaies (1), mais à partir de l'avènement des rois imposés par les Romains et les Parthes, les rois d'Arménie n'eurent plus de pièces frappées à leur effigie. Il en fut de même à l'époque des Arsacides d'Arménie, ce qui laisserait supposer qu'il était interdit à ces princes feudataires de frapper monnaie. Les monnaies en cours étaient les darigues et les pièces romaines, et plus tard les monnaies sassanides.

Défendue au Midi par le Taurus qui la sépare de la Mésopotamie, l'Arménie touchait à l'est à la Grande-Médie et à l'Atropatène. Au nord elle avait pour bornes l'Albanie et l'Ibérie et à l'ouest le mont Paryadis et la vallée de l'Euphrate (2). Vers le commencement du IVe siècle de notre ère, le royaume d'Arménie comptait un certain nombre de provinces devenues arméniennes par les conquêtes d'Artaxias et de Zareh et des principautés vassales dont les habitants différaient généralement des Arméniens proprement dits. La plupart des provinces arméniennes étaient elles-mêmes partagées entre des familles feudataires qui possédaient le pays bien avant la fondation de la royauté. Les provinces où l'élément arménien avait englobé l'ancienne population comprenaient le pays d'Ararat, une portion de Siçacan, l'Ardaz ou la Médie-Mineure, la Carénitide, l'Akilisène avec les districts environnants, la Sophène, la Taronitide, le pays de Van ou Vaspouracan. Les principautés qui avaient reconnu la suprématie des rois d'Arménie étaient au nord la Gogarène peuplée en général d'Ibériens. L'Arane ou le Siçacan proprement dit,

---

(1) Plusieurs spécimens sont parvenus jusqu'à nous.
2) Str. XI. 14.

habité par des Albaniens ; à l'est de la principauté de Her, peuplée surtout de Mèdes ; au sud-est la Gordyéne ; au sud l'Arzanène ou l'Arzène où dominaient les Syriens. L'autorité des Arsacides sur ces principautés était fort précaire et chaque fois que les rois d'Arménie étaient en présence de difficultés, elles ne manquaient pas de soulever l'étendard de la révolte.

Le pays d'Ararat (1) proprement dit était partagé en un certain nombre de districts formant chacun le patrimoine d'une famille. Le plus important était l'Araxiane, plaine arrosée par l'Araxe, appartenant à la famille royale. Le district de Schirac, pays de plaines, entrecoupé de collines et riche en froment, était situé à l'ouest de l'Araxiane. Les Bagratides qui s'en sont emparés en dernier lieu, y ont bâti Ani, leur capitale dans le moyen âge, à la place du bourg de Schiracavan, une localité très ancienne, mais qui est restée toujours riche et populeuse. Le district de Phaunène ou la Phaunitide, le Vanand des Arméniens, situé à l'ouest de Schirac, appartenait à une branche des Bagratides qui y possédaient le château-fort de Kars. La Phasiane, le Bacène des Arméniens, arrosée par les sources de l'Araxe, fut aussi possédée en grande partie par les Bagratides. On y remarquait le château de Manazkert qui rappelle la domination des antiques rois d'Ourartou. Le district de Bagravan ou Bagrevand appelé aussi Valarskert, l'Alaschkert de nos jours, forme une

---

(1) L'Ararat ou l'Ourartou comprenait au temps des Kaldi une étendue plus grande. C'est vers la chute du royaume d'Ourartou que cette appellation fut restreinte à une portion de la vallée de l'Araxe. Cette désignation s'appliquait désormais à une des provinces de l'Arménie.

grande plaine vers les sources de l'Arzania. C'était d'abord une terre des Arsacides qui passa plus tard dans les mains des Bagratides. Il y avait là la localité de Bagavan, fameuse par ses temples et le bourg populeux de Zaréhavan.

La province de la Sacasène, le Siçacan des Arméniens et des Perses s'étendait à l'est du pays d'Ararat et comprenait un massif montagneux et une grande plaine bordée par le Kour. C'était le patrimoine de la puissante famille des Sunides. Elle renfermait les cantons d'Aparan, de Haband, de Balk, de l'Arane (1), de l'Otène (2). Les trois premiers qui appartenaient en propre aux Sunides arméniens étaient hérissés d'une foule de châteaux-forts, comme Curun, Balagha et Cabane, qui étaient les résidences des princes sunides. L'Arane et l'Otène qui s'étendaient le long du Kour étaient en grande partie habitées par les Albaniens, les Oudiens et autres tribus étrangères aux Arméniens. Ces cantons se détachèrent au v° siècle du royaume d'Arménie, pour faire partie de l'Albanie.

La Gogarène, le Gougark des Arméniens, située au nord-ouest de la province d'Ararat, dans le versant du Kour, était habitée en grande partie par les Ibères. Elle était placée sous l'autorité d'un prince qui s'appelait le Bdeichk ou le seigneur de la Gogarène. On y remarquait le château-fort d'Ardahan. La Gogarène se rendit indépendante, vers la fin du IV° siècle, passa aux Ibères et fut

---

(1) De l'avis de plusieurs savants les peuples qui vinrent du continent européen, pour envahir le plateau de l'Iran furent appelés Aryens ou Irans, du nom de cette contrée qui fut une de leurs étapes. Les auteurs arméniens la désignent sous le nom d'Artzakh.

(2) L'Oudi ou le Gardman des Arméniens. Cette contrée était placée sous l'autorité d'un dynaste appelé Ischkan ou maître de Gardman.

comprise au xᵉ siècle, comme le pays voisin des Taoques, dans les domaines du Curopalate David.

Le pays des Taoques, le Taïk des Arméniens, contrée montagneuse à l'ouest de l'Araxène appartenait à des princes à peine soumis aux rois d'Arménie. Les principales localités étaient le château d'Olthi, le bourg de Taoskert, le fort de Nariman, Phénec, bourg populeux au temps des rois d'Ibérie, qui s'en sont emparés au vᵉ siècle.

La Carénitide et l'Akilisène qu'Artaxias et Zareh avaient réunies à leurs royaumes, occupaient les hautes vallées de l'Euphrate et comprenaient en outre la Sispirite, la Derxène, le Mizour, le Daranaghi. Cette région qui appartenait en grande partie à la royauté passa aux Byzantins vers la fin du vıᵉ siècle. On l'appela la haute Arménie par rapport aux districts limitrophes formant l'Arménie-Mineure. C'est là que s'élevait le château-fort de Carine, dont Théodose II fit une grande forteresse contre la Perse. Tout près du château était le bourg populeux d'Arzen (1), saccagé et ruiné sous l'invasion seldjoukide. Le bourg d'Erez (2) dans l'Akilisène, était fameux par son temple d'Anaïkis.

Une partie de l'Akilisène avait été donnée en apanage à la famille de Grégoire l'Illuminateur qui y possédait le bourg de Thorthane.

La Sophène et l'Enzite (3) formaient avec les districts environnants et l'Akilisène, l'Arménie euphratienne qu'un satrape distinct gouvernait au temps des Akéménides. Cette

---

(1) D'où l'appellation actuelle d'Erzéroum.
(2) L'Erzindjian de nos jours.
(3) Le Supan et l'Enzidi des Assyriens, l'Anthisène de Strabon.

contrée qui fut réunie à l'Arménie araxienne par Tigrane, appartenait à des princes feudataires appelés les Chahap de la Sophène. Elle échut aux Byzantins après le partage du royaume d'Arménie, et forma sous Justinien la IVe Arménie. Les Arsacides y possédaient le domaine d'Angl, appelé par les chroniqueurs la maison royale ou le Vostan. La Sophène et l'Enzite étaient hérissées d'un grand nombre de châteaux-forts, comme Tagosta et Domissa sur l'Euphrate, Carcatiakerta sur une éminence dominant une belle plaine, Bala ou Balou dans une gorge de l'Euphrate, et non loin de là Arsamoussata, la capitale de l'Arménie euphratienne.

L'Arzanène appelée Arzen ou Arznik par les Arméniens, s'étendait à l'est de l'Enzite, dans la vallée du Tigre. Elle était habitée en partie par des Syriens. Conquise par Tigrane elle a toujours gardé son prince particulier qui s'appelait Bdeïchk. Elle passa aux Parthes, aux Sassanides, elle revint à Tiridate après la victoire de Galère, mais elle se détacha complètement vers la chute de la royauté pour entrer sous la dépendance des Sassanides.

La Taronitide, située à l'ouest du lac de Van, formait la grande plaine de Tarone ou de Mouche, arrosée par l'Arzania. Peuplée primitivement de Syriens, la Taronitide fut réunie au royaume d'Arménie par Artaxias et devint une province où l'élément arménien finit par dominer. Elle était divisée en un certain nombre de districts, formant chacun le patrimoine d'une famille. Les rois d'Arménie y possédaient le canton d'Aschtischat, fameux par son grand temple que Tiridate céda à l'Illuminateur pour y fonder une église. Un autre canton avait été donné aux Mamiconiens qui y possédaient le château d'Olacane (1). Les districts bordant le lac de Van à l'ouest appartenaient aux Bjnounides, aux Apahounides, aux Khorkhorounides qui descendaient des anciennes familles princières d'Ourartou. On remarquait dans la Taronitide nombre de villes et de bourgs dont quelques uns subsistent encore. Mouche, au pied du Taurus, Bit-Liz (2) à l'origine d'une vallée, dans le bassin du Tigre ; Khlath, Arzghé, sur le bord du lac de Van ; Manavazahert et Liz, non loin de l'Arzania.

L'antique pays de Biaïnœ, de Van ou de Thouspas, débris du royaume d'Ourartou, subjugué par les Mèdes, avait reconnu la suprématie des rois d'Arménie sous Artaxias. Devenu province arménienne, il continuait à appartenir à la famille des Arzerounis, dont les chefs, en raison de la grande considération dont ils jouissaient à la cour des Perses, avaient reçu le titre de Vaspouracan (3), et ce titre avait fini par désigner le pays de Van. Le domaine des Arzérounis, comprenait au temps de la royauté les districts de Thoushas, d'Ardjis, d'Alhagh, de Cavache ou Vostan. La ville de Van, tombée au rang de ville secondaire,

---

(1) Le château d'Olacane peut être assimilé à la localité actuelle d'Oghnout, au nord-ouest de Mouche.

(2) Bit-Liz est le nom antique de cette ville de l'époque assyrienne. Bit ou Beit qu'accompagnent une foule de noms de localités d'origine assyrienne, signifie vraisemblablement maison. Les Arméniens l'appelaient Baghesche qui semble être aussi une désignation arménienne.

(3) Vaspouracan, qui veut dire grand dans la langue iranienne est un titre que les rois de Perse donnaient aux princes des grandes familles féodales venant immédiatement après les grands de l'état. Th. Arzerouni, auteur du XI° siècle appelle les Arzérounis les princes Vaspouracan. La désignation de Bassoropéda de Strabon attribuée au pays de Van est une mauvaise transcription du Vaspouracan des Arméniens.

avait été complètement ruinée au ive siècle, et ne gardait plus que son château. Un peu au sud s'élevait sur le bord du lac Atramet (1), localité mentionnée par les inscriptions indigènes. La Moxuène, le district actuel des Moks, pays montagneux au sud du lac de Van, avait aussi reconnu la suprématie des rois d'Arménie, tout en gardant ses princes indigènes. Il y avait des Mèdes, des Carducques, des Syriens qui se soumettaient parfois aux Arzérounis, mais le plus souvent aux Sassanides.

La Gordyène s'étendait au sud et au sud-est de la Moxuène. Pays montagneux, arrosé par les sources du Tigre oriental et du Zab, il était habité par des Carducques qui avaient maintes fois reconnu la puissance des monarques assyriens, comme celle des rois d'Ourartou, et plus tard celle des Perses et de Tigrane, tout en gardant une certaine indépendance. Outre les Bdeichk de la Gordyène ou de Norchiracan, il y avait ceux de Mahghir, de la Zabdiène. Les rois d'Assyrie y avaient transporté des colonies d'Assyriens et de Juifs, dont les débris subsistent encore de nos jours. Les Assyriens, devenus chrétiens sous le nom de Nestoriens, y sont même assez nombreux; par contre, le domaine des descendants des Carducques s'est étendu jusque sur le golfe d'Issus.

La Médie-Mineure ou la Médie Arménienne, enlevée par Artaxias à la famille Mouratzan, comprenait la ville de Naxuana sur l'Araxe et le district de Colthène, célèbre par ses vignobles, séjour des bardes arméniens (2). La Médie-

---

(1) Cette localité, aujourd'hui un simple village, s'est maintenue jusqu'ici sans changer de nom.

(2 M. de Khorène.

Mineure, qui avait appartenu aux Arsacides, a passé, au moyen âge, dans les mains des Arzérounis et fit partie du pays de Vaspouracan. Les districts de Her et de Zarevand, situés au sud-est de la Médie-Mineure, étaient aussi peuplés de Mèdes et appartenaient à des familles qui avaient le titre de Chahap et qui reconnaissaient la suprématie des Arsacides. Le bourg de Her, aujourd'hui Khoi, était une résidence princière.

Le nombre des familles feudataires, qui se partageaient les territoires du royaume d'Arménie, était fort grand (1); leur origine remontait à une haute antiquité. Quelques-uns étaient aussi riches que la maison royale; leurs chefs avaient le pas à la cour et observaient avec rigueur les questions de préséance, même quand ils se rendaient à la porte des rois de Perse. D'autres ne possédaient que de petits districts, le plus souvent un vallon dans un pays perdu, comme les chefs Kourdes de nos jours. Parmi ces grandes familles, les Bagratides (2) tiennent le premier rang. Leur origine remonte au moins au temps de la conquête mède, puisqu'on trouve dans leur nom la racine bag, qui a la signification de divinité dans la langue aryenne. Ils étaient probablement originaires des confins du Caucase et formaient une famille sacerdotale, quand ils

---

(1) Her semble être l'Intérine d'Ammien Marcellin.

(2) Au dire de M. de Khorène, les Bagratides descendaient d'une colonie juive qui serait venue en Arménie sous le règne de son Aratchéa. C'était, paraît-il, une croyance chez le peuple, mais les Bagratides réfutaient cette légende et soutenaient qu'ils étaient originaires du pays et non de source juive. Le nom de Sembat, assez fréquent dans la famille, serait, suivant M. de Khorène, une altération du Sabat. On sait, au contraire, que Sembat dérive de l'aryen par sa racine Sim, qui veut dire argent.

s'incorporèrent dans le sein des Arméniens. C'est ainsi que les Bagratides jouèrent, dès l'origine, un grand rôle politique en Arménie. Ils avaient le titre d'Aspet et détenaient, avant les Mamiconiens, le commandement des armées royales. Ils avaient toujours soutenu la royauté, la dynastie des Arsacides, à laquelle ils étaient d'ailleurs liés par des liens de parenté, et par cela même ils vouèrent une inimitié plus ou moins déclarée contre les Sassanides. Ils acquirent une grande importance à partir du VIe siècle et se trouvèrent mêlés à toutes les insurrections contre la Perse. Tantôt en lutte contre la domination arabe, tantôt en accommodement avec les califes, pour gagner de nouvelles faveurs, les Bagratides finirent par acquérir, vers la fin du IXe siècle la plus haute situation en Arménie : Achot Bagratide fut reconnu par le calife comme roi d'une partie de l'Arménie. Cette famille jouissait d'une renommée aussi grande chez les empereurs de Byzance. Les Bagratides qui avaient pris service dans les armées byzantines, étaient parvenus aux plus hautes situations.

Une famille de grande noblesse, dont le rôle politique fut à peu près nul, était celle des Camsaracans. Ceux-ci étaient d'origine parthe ou pahlave et jouissaient d'une grande considération à cause de leur parenté avec les Arsacides. Le district de Schirac leur avait été donné comme apanage. Accusés de trahison, ils furent massacrés et dépossédés de leur patrimoine vers le milieu du IVe siècle, mais ils rentrèrent bientôt dans leur pays et servirent les Arsacides contre les Sassanides, leurs ennemis politiques. Les Camsaracans, qui étaient considérés comme les héritiers des Arsacides, disparurent de la scène peu après la chute de la royauté.

La célèbre famille des Mamiconiens, également de source étrangère, de la Sogdiane ou des confins de la Chine, paraît avoir émigré en Arménie au temps de Tiridate II pour échapper à des poursuites. Les Mamiconiens étaient des hommes de guerre de grande valeur, aussi étaient-ils parvenus peu après à la dignité de sparapet ou commandant des troupes royales, devenue héréditaire dans leur famille jusqu'à la chute de la royauté. Les Mamiconiens s'allièrent bientôt avec les Camsaracans, avec les Sunides, avec la famille de Grégoire et produisirent des hommes célèbres, comme Vasché, Vassac, Manuel, qui étaient les derniers généraux des Arsacides. Et plus tard, Vardane, surnommé le Grand, et son neveu Vahane, qui combattirent pour l'indépendance nationale, comme leurs descendants qui ont toujours joué un grand rôle dans toutes les insurrections contre les Perses et contre les Arabes. C'étaient des hommes de mœurs austères, d'une amitié et d'une fidélité inébranlables, d'une droiture à toute épreuve. Ils se rendirent fameux dans les armées byzantines par leur valeur guerrière et la part qu'ils ont prise dans les victoires remportées sur les Arabes. Les Mamiconiens possédaient un district de la Taronitide et quelques terres dans les Taoques que leur avaient données les premiers Arsacides.

La puissante famille des Arzérounis (1), dont l'origine

---

(1) D'après M. de Khorène et les chroniqueurs qui l'ont copié, les Arzérounis descendaient d'Adramelek et de Senassar réfugiés en Arménie après l'assassinat de leur père Sanakerib. Ils seraient mis au rang des familles princières par le roi Valarsace, avec la prérogative de porter les aigles royales devant le roi. C'est une histoire inventée par l'historien arménien, qui s'appuie, selon son habitude, sur l'étymologie du mot Arzérouni où il trouve la racine arzir, aigle.

remonte au temps des rois d'Ourartou, possédaient primitivement le district d'Arzen, mais elle ne tarda pas à acquérir le pays de Van. Les princes de cette famille agrandirent peu à peu leur domaine et devinrent très puissants vers le milieu du ive siècle. Appuyés par les Sassanides, dont ils jouissaient des faveurs, ils se révoltèrent plus d'une fois contre l'autorité des Arsacides et s'agrandirent encore aux dépens de leurs voisins. La politique des Arzérounis avait consisté à vivre en bonne intelligence avec les Sassanides et les califes, sans intervention dans les insurrections qui éclataient en Arménie contre l'autorité étrangère, le plus souvent sous l'instigation des Mamiconiens. La famille avait aussi fourni aux Byzantins des hommes de guerre et des généraux, dont l'un parvint au trône de Byzance, sous le nom de Léon V. Comme les Bagratides, les Arzérounis, eux aussi, prirent la dignité de roi sous les Arabes. Vers le xe siècle, le domaine de cette famille s'était étendu de la Moxuène jusqu'à la Médie et la vallée de l'Araxe, et les princes avaient élu domicile à Vostan, sur le bord méridional du lac de Van.

Les Manavaziens, les Bjnounis, les Reschtounis, dont les domaines s'étendaient au nord-ouest du lac de Van, tiraient aussi leur origine des rois d'Ourartou. Les deux premiers disparurent de la scène par le massacre, à la suite d'une révolte contre les Arsacides. Les Reschtounis, décimés une première fois vers le milieu du ive siècle, furent dépossédés définitivement par les Arzérounis pendant les expéditions de Sapor II. Mais la famille n'avait pas disparu et plusieurs Reschtounis avaient pris une part active dans les affaires d'Arménie, sous les Byzantin comme sous les Arabes. La vieille famille des Khorkhorounis, dont le chef remplissait à l'origine les fonctions de Malkhas (1) ou aide de camp, remontait également aux temps ourartiens. Elle possédait un canton de la Taronitide sur le bord du lac de Van, qu'elle perdit peu après la chute de la royauté. Les Sunides (2) avec des puissantes familles d'Arménie, tiraient leur origine des Saces qui étaient venus s'établir sur les bords du Kour, vers le VIIe siècle avant notre ère. Ils étaient apparentés aux Bagratides et même aux Sassanides et reconnaissaient à peine l'autorité royale. Dépossédés un moment par Sapor I, ils rentrèrent bientôt en faveur pour reprendre leur patrimoine. Quoique partisans de la Perse, les Sunides furent toujours très attachés au christianisme après les persécutions religieuses soulevées dans le règne de Yezdeguert.

Le peuple arménien n'était pas partagé en castes, comme certaines nations du Caucase : les Ibères et les Albani. Au noyau formé par la fusion des tribus Armen et Haï étaient venues s'incorporer en bonne partie des anciennes populations du plateau d'Ararat, par le fait des conquêtes ou de l'intérêt politique, et ces nouveaux éléments s'étaient si bien entremêlés qu'on ne distinguait, en Arménie, que deux classes d'hommes : les propriétaires du sol ou la

---

(1) Malkhes dérive du mot sémitique Malaka, Meleki ou Melek, qui signifie royal. M. de Khorène, qui crée toujours un ancêtre par l'étymologie de ces noms de famille, fait descendre les Khorkhorounis d'un certain Khor de la descendance de Haïc : Khorkor, qui correspond à l'arménien Karkar, à l'allemand Kerker, désigne un lieu fortifié sur une hauteur. Le château de Van est appelé souvent Khorkhor.

(2) Scéni est sûrement une altération ou diminutif du mot Siçacan, donné aussi à cette famille, notamment par les Perses. Ici encore, M. de Khorène invente le personnage Siçac pour expliquer l'origine de la famille.

noblesse, et les prolétaires. Les familles qui se partageaient la terre étaient désignées sous le nom d'Azat (1), ses membres s'appelaient sepouh ou seigneur. Les serfs ou chinacans étaient les sujets du seigneur et même sa propriété ; ils travaillaient la terre et comprenaient en outre les artisans. Ils étaient tenus de donner au seigneur une bonne partie de leur travail et de combattre sous sa bannière, en temps de guerre. Les seigneurs, de leur côté, étaient les vassaux du roi et obéissaient à ses ordres quand il y allait de leur intérêt. La terre appartenait donc aux grands d'une manière héréditaire, y compris le roi et le droit d'hérédité dans la possession de la terre était la chose sacrée de l'organisation sociale. Comme dans les anciennes sociétés de l'Orient, le peuple ne comptait pour rien ; l'Etat, si on peut employer ce mot, était représenté par le roi, ses officiers et les grands du pays. Avec une pareille organisation, les idées d'Etat, de patrie, de nation, devaient faire nécessairement défaut. Comme ses voisins du nord et de l'est, l'Arménie n'a connu, en fait d'indépendance politique que l'idée de la liberté individuelle. Tacite a appelé les Arméniens ignorants de la liberté, tout en leur reprochant l'inconstance dans leur amitié avec les Romains. En fait, le royaume d'Arménie fut toujours suspect aux yeux de Rome, qui voyait les Arméniens enclins à se rapprocher des Parthes, à cause de la similitude de leurs mœurs.

---

(1) C'est l'Izat des Aryens.

(2) Cet état de choses existe encore dans les pays arméniens dominés par les Kourdes. Les chefs Kourdes possèdent par voie d'hérédité *des villages entiers* où ils prélèvent, en outre des redevances du fisc, des impôts sur le produit du travail des habitants, auxquels ils accordent d'ailleurs leur protection.

Les mœurs des Arméniens ne différaient pas beaucoup de celles des Mèdes (1). Le chef de famille était tout : le fils, les petits-fils et leurs femmes lui obéissaient sans conteste. Le père ne se désaisissait de la fille qu'en échange d'un présent, d'un prix débattu et proportionné aux biens du prétendant. Dans le peuple, où la médiocrité des ressources restreignait nécessairement le nombre des épouses, la vie domestique était calme et affectueuse, sous la suprématie du chef de famille. La femme ne pouvait échapper que par la mort ou par le divorce à la puissance de l'homme, qui pouvait la répudier sans cérémonial gênant. Dans la noblesse, la polygamie était pratiquée largement (2) et les vices monstrueux, préconisés par les mages, avaient pénétré dans quelques familles, au moins dans la famille royale, pour laquelle l'histoire cite Tigrane et Erato, frère et sœur, mariés ensemble. Il ne pouvait y avoir de justice organisée au milieu d'une pareille société : les crimes étaient punis au gré de la volonté du roi et du seigneur. La torture appliquée à tous les délits, constituait la base de la pénalité. On jetait les criminels dans des souterrains en guise de prison (3). Les condamnés étaient décapités par des bourreaux attitrés, quand ils n'étaient pas écorchés vifs ou assommés à coups de pierre, comme chez les Perses. On crevait les yeux aux condamnés politiques, comme chez les Byzantins (4). Ces mœurs barbares

---

(1) Str.

(2) E. de Byzance. M. de Khorène.

(3) Le souterrain d'Artaxata était une de ces prisons d'État où fut jeté Grégoire l'Illuminateur.

(4) En Orient, quand un prince avait subi cette torture, il était déclaré incapable de régner.

semblent s'être adoucies après la conversion, quand le clergé eut en main l'administration de la justice. Avec la nouvelle religion, les patriarches et les évêques étaient devenus les grands juges et le droit canon formait le code de la justice, comme au temps de la féodalité en Europe.

Le peuple aussi bien que les seigneurs vivaient dans l'ignorance. L'Arménien, n'ayant pas su écrire dans sa langue jusqu'au milieu du ve siècle, est resté étranger à toute culture intellectuelle (1), il s'est contenté pendant longtemps des chants de ses bardes. Même après la création des lettres, le peuple est resté trop à l'écart du mouvement intellectuel pour se dégager de l'étreinte de cette ignorance, qui contrecarrait toute évolution dans son organisation sociale et dans sa conception de l'idée politique.

Il y avait peu de villes considérables en Arménie, mais beaucoup de bourgs populeux et de châteaux-forts entourés de villages. Les demeures étaient, à cause de la rigueur du climat, des habitations à moitié enfouies dans le sol. C'étaient des intérieurs vastes, chauds en hiver, où le père de famille logeait à son aise, entouré de ses fils, ses petits-fils, et de leurs femmes. L'habitant ne manquait pas de bien-être : on moissonnait de bonnes récoltes ; on élevait du bétail et des chevaux renommés ; on tissait des étoffes ou des tapis en poil de chèvre ou en laine. La fabrication des métaux était une industrie prospère ; on produisait l'argent, le cuivre et le fer ; on fabriquait des armes, des armures, surtout des armes blanches. L'industrie des transports n'était pas moins active. Les caravanes des Indes et de la

---

(1) M. de Khorène.

Babylonie traversaient l'Arménie pour aller au Pont-Euxin. En un mot, l'Arménie était un pays riche et plein de ressources. « La richesse et la puissance de l'Arménie sont attestées au reste, d'une façon éclatante, par ce fait que Pompée ayant imposé une contribution de guerre de 6.000 talents à Tigrane, père d'Artavasde, ce prince distribua incontinent la somme aux troupes romaines : à chaque soldat 50 drachmes, à chaque centurion 1.000 drachmes, à chaque préfet de cavalerie et à chaque tribun militaire, un talent. » (1)

---

(1) Str.

III

Les Croyances religieuses. — Le paganisme arménien.

Les Arméniens croyaient en général aux esprits invisibles et à l'influence qu'ils exerçaient sur la vie de l'homme. Les esprits étaient bons ou mauvais ; les uns faisaient le bien, les autres le mal. Ils désignaient les mauvais esprits sous le nom d'Aïss ; les bons s'appelaient Kalchk. Comme la plupart des peuples aryo-européens, ils reconnaissaient des êtres supérieurs aux hommes et à tous les corps visibles existant sur la terre ou dans le ciel. Ces êtres puissants se manifestaient dans les phénomènes naturels qui devenaient à leurs yeux les actions ou les exploits de ces êtres surnaturels bons ou mauvais. On ajoutait foi aux êtres fantastiques, à la magie et à la sorcellerie (1). On s'imaginait que les esprits se manifestent parfois sous la forme de monstres hideux et fantastiques, comme les dragons d'Arlez ou les hommes à tête de chien, qui ressuscitaient les morts tombés sur les champs de bataille en léchant les plaies, les taureaux effrayants qui habitaient le fond des lacs et des rivières. On croyait qu'un énorme dragon à plusieurs têtes était toujours couché au fond du lac de Van. Quand un homme tombait malade, on admettait,

---

(1) D'après Eznic et J. Mantacouni, même les prêtres chrétiens vendaient au peuple des amulettes et des talismans.

comme chez les Assyriens, qu'un Aïss ou démon s'était introduit dans son corps ; on s'expliquait de la même façon les accès de folie et d'épilepsie. Pour guérir le malade, on cherchait à chasser par des pratiques d'exorcisme le démon, l'esprit malfaisant. Ces idées religieuses n'impliquaient aucune conception eschatologique, et n'apportaient aucune consolation dans la mort : l'homme mourait pour disparaître à jamais. Son entourage s'adonnait à une douleur qui se manifestait parfois par des lamentations et par des actes d'une sauvagerie inouïe, quand elle ne se terminait pas par la mort volontaire ou forcée de ses proches. Au moment des cérémonies funèbres, on s'arrachait les cheveux, on se fendait le visage, on exécutait des danses sauvages et l'on suivait les morts au son d'une musique barbare (1). Tout ne s'arrêtait pas là ; l'enterrement des rois et des grands était accompagné par des sacrifices humains comme dans certaines pratiques du culte de Mihr. Si le christianisme a pu supplanter l'ancien culte, les pères de l'église ont eu les plus grandes peines à faire renoncer le peuple aux pratiques superstitieuses et aux coutumes barbares. La croyance aux esprits invisibles resta toujours enracinée chez le peuple, longtemps après la conversion.

Qu'était-il le culte pratiqué par les Arméniens, au temps où les Arma vinrent faire valoir leur prépondérance sur le plateau d'Ararat ? D'après un passage de Moïse

---

(1) F. de Byzance.

(2) M. de Khorène rapporte que des sacrifices sanglants eurent lieu à l'enterrement du roi Artaschés II.

de Khorène (1), il existait à Armavir un culte d'oracles semblable à celui des Pelages à Dodone. L'oracle était rendu par le murmure des feuilles d'un platane sacré appelé Soss, dont la renommée était même parvenue aux Romains, sous le nom de Platanum Armeniacum. Anouchavan, dit Soss, que Moïse de Khorène range parmi ses premiers patriarches, était apparemment un des grands prêtres de ce culte. Mais nous ignorons les dieux que l'on évoquait, les détails du rituel, le rôle joué par les prêtres, comme l'ascendant que ce culte a pu prendre en Arménie. Ce que nous entrevoyons, c'est que les Armens dont les ancêtres étaient originaires de Thrace, d'Epire ou de Thessalie, l'avaient transporté jusqu'au plateau d'Ararat. L'oracle d'Armavir comme les oracles de la Grèce devait être une des pratiques de la croyance aux esprits puissants et anthropomorphes qui faisaient le bien ou le mal et qui s'annonçaient en général par des vents dans des endroits sacrés, comme Jehovah chez les Hébreux. C'était vraisemblablement le culte du dieu du Ciel et du

---

(1) M. de Kh. l. 19. Les origines du paganisme en Arménie sont aussi mal connues que l'évolution du peuple arménien dans les temps primitifs. Les faits isolés que rapportent quelques rares écrivains, les renseignements que nous fournissent les sources nationales, comme Acathange et M. de Khorène, ne permettent guère de se faire une idée précise de la religion primitive des Arméniens, ni de ses transformations à travers les siècles. Le livre d'Acathange fait surtout le récit de la destruction des temples et des idoles, sans préciser leur origine. M. de Khorène croit que les idoles vénérées en Arménie ont été apportées du côté de la Grèce, au temps de ses premiers arsacides. Il se plaît d'ailleurs à désigner les divinités du panthéon arménien par des appellations grecques. Pour lui Aramazd est Zeus, Anahit est Artémise, Vahagn est Hercule, Astghik est Aphrodite, Tir est Apollon, Mirh est Hephestus. Strabon parle de la déesse Anaïta, comme d'une grande divinité adorée par les Mèdes et les Arméniens à la fois.

Jour, qu'évoquèrent à l'origine tous les peuples de la famille aryo-européenne, comme le Zeus grec, le Dyupiter (Jupiter) latin, le Tiw anglo-saxon, le Tyr scandinave, le Tiw arménien évoque le Jour et le Soleil et a aussi le sens du dieu suprême.

Il semble que l'oracle d'Armavir, fut supplanté de bonne heure par le paganisme fondé sur la prééminence des astres, qui s'était déjà propagé dans les hautes vallées de l'Euphrate et de l'Araxe, notamment par le culte de la grande déesse asiatique que les Mèdes et les Arméniens appelèrent Anaïtes ou Anahit, du nom d'une des manifestations du monde des Yazetas du texte zoroastrien. C'était la déesse de l'amour, le principe féminin de la nature, la matière humide et féconde, la personnification de la lune, en même temps la déesse des batailles. Elle avait les mêmes attributions que l'Ana, la Bélit, la Mylitta, l'Istar des Babyloniens, des Assyriens, des Syriens, des Lydiens. Son culte était répandu partout dans l'Asie-Mineure, à Comana, à Zéla, dans le Pont et la Cappadoce, comme aussi à Evez dans l'Akilisène, à Aschtischat dans la Taronitide, où on lui avait élevé des sanctuaires célèbres. Les Grecs et les Romains assimilaient la déesse à Aphrodite et à Diane. Les Perses ne manquèrent pas de l'honorer également, et chez ces derniers le culte d'Anaïtis devait remonter au moins au temps de Cyrus, car, dès cette époque on lui avait élevé des temples à Babylone, à Elemaïs, à Suse, à Ecbatane. Bérose sait que chez les Perses le peuple adorait des idoles

---

(1) L'Arménien désigne l'esprit par le même mot que l'air ou le vent, de la même manière qu'une foule d'autres langues.

sous forme humaine, et qu'Artaxerxès Mnémon avait importé de l'Asie-Mineure ou de Babylone, la statue de Mà, de la Mylitta qui fut vénérée sous le nom d'Anaïtis. Les temples d'Erez et d'Aschtischat en Arménie existaient probablement avant l'arrivée des Armens et formaient des centres d'un culte auquel ces derniers ne tardèrent pas à adhérer. Le culte d'Anaïtis prit un caractère national, et les Arméniens finirent par appeler la déesse la Reine Anahit, la grande déesse, la gloire, la providence de la nation (1). La statue de la déesse à Erez provenait, d'après Strabon, de la presqu'île Tauride (2). Celle d'Aschtischat était également en or massif et brillait au milieu de vases, d'armes et d'armures en argent, orné de pierres précieuses, qu'on lui offrait comme à la mère protectrice (3). Ces temples étaient fort riches ; non seulement les Arméniens, mais les étrangers ne cessaient d'y déposer des offrandes. Ils possédaient aussi en outre un grand nombre d'hierodules ou esclaves sacrés des deux sexes, sans compter des troupeaux de bétail que nul n'osait toucher. La fête de la déesse se célébrait tous les six mois ; les prêtres promenaient en grande pompe sa statue, en exécutant autour d'elle des danses et des contorsions de furieux. La grande fête se célébrait dans le mois des roses

---

(1) Acath.

(2) Ce temple fut pillé par les Romains pendant la campagne d'Antoine en Médie. La statue en or fut brisée et servit de butin aux soldats. Un soldat panonien, enrichi par l'or provenant de la statue, avait pu offrir un festin à l'empereur Auguste (Pline).

(3) La coutume d'offrir des armes aux lieux saints subsiste encore chez les Persans musulmans, qui dans leur pèlerinage au sanctuaire de Kerbéla, font offrande, au trésor de la mosquée, d'armes enrichies 'or et de pierres précieuses.

10.

et s'appelait Vardavar, c'est-à-dire porte-roses. C'est cette fête d'Anahit que Grégoire l'Illuminateur maintint et l'église arménienne la célèbre encore en l'honneur de la fête de la transfiguration de Jésus-Christ. La vénération de la déesse, était néanmoins entachée de pratiques et de mœurs étranges. Les jeunes filles, même de la noblesse, vouées à la déesse, faisaient trafic de leurs charmes avec les étrangers, sans que ce commerce portât atteinte à leur réputation (1).

Le temple d'Aschtischat renfermait en outre les statues de Vahagn et d'Astghik, formant avec Anahit une sorte de trinité. Vahagn semble être le dieu masculin par excellence du panthéon primitif arménien. Il était considéré comme le destructeur des dragons, des monstres : rien n'égalait sa force et son courage. On lui égorgeait des taureaux et son culte était répandu jusqu'en Ibérie (2). Les anciens l'ont comparé à Hercule, pendant que les critiques modernes voient en lui le Vérétraghna (3) de

---

(1) Comme nulle mention n'est faite de ces pratiques chez Acathange, on peut en inférer qu'elles ont cessé vers la chute du paganisme.

(2) M. de Kh. L'historien arménien, qui est partisan d'exhemerisme, considère Vahagn comme un fils de Tigrane Haïcazien que les générations postérieures auraient divinisé et nommé Héraclès ou Hercule. Il rapporte relativement à lui le poème suivant, où la fiction nous représente plutôt l'image de Mithra « Le ciel et la terre étaient dans l'enfantement ; la mer aux reflets de pourpre donnait aussi naissance. Dans la mer naquit un roseau vermeil, de ce roseau sortait une flamme. De cette flamme jaillissait un enfant L'enfant avait une chevelure d'or ; il avait une barbe de flamme et ses yeux étaient des soleils. « Selon les récits d'Acathange, Vahagn distribuait la force Aramazd répandait la prospérité et Anahit était la mère protectrice de la nation

(3) Le Vérétraghna de l'Avesta auquel se rattachent les appellations Bahram, Vahram, Vram, est le Yazeta représentant l'Ange de la Victoire.

l'Avesta ou de l'Aghni des Védas (1). L'appellation Vahagn peut bien être emprunté à l'Avesta, mais son culte n'a rien à faire avec la théogonie mazdéenne. La présence de la racine vah, empruntée au zend, qui, dans la langue arménienne, donne l'idée du haut, du divin, fait voir que Vahagn veut dire la divinité suprême, le dieu par excellence, comme le Baal des Phéniciens que les anciens assimilaient parfois à Hercule. Vahagn trônait à part dans la Taronitide, dans ce pays peuplé primitivement d'Araméens.

C'est donc apparemment le Baal du monde sémitique venant de la Syrie, que les Arméniens adoptèrent et appelèrent Vahagn d'après un mot emprunté au zend. Plus tard, quand les Arméniens furent initiés à la mythologie grecque, on apprit que Vahagn était comparable à l'Hercule hellénique.

Astghik (2), qui était la troisième divinité adorée dans ce sanctuaire d'Aschtischat de Tarone, paraît être la personnification de la planète Vénus, l'astre qui accompagne tantôt le soleil, tantôt la lune. C'est l'Istar des Babyloniens, l'Astarté des Phéniciens, la déesse du printemps et de l'amour. Aux yeux du peuple et des prêtres Astghik passait pour la maîtresse de Vahagn, considéré dans ce cas comme l'Adonis, la personnification de la divinité

---

(1) Ch. De Lagarde. — Emine, les origines du paganisme. — Gelzer, la myth. arm. P. Sarkissian, Acath.-Alithan, la vieille religion des Arms.

(2) Astghik est le diminutif de l'Astgh-astre. C'est ainsi qu'il désigne l'Astarté des Syriens, par rapport à la planète de Vénus, considérée comme le représentant de la déesse dans le ciel. D'autres y voient l'altération du mot Tahster, par lequel les Parthes désignaient l'Astarté-sémite (Cf. P. Sarkissian, Acath.).

masculine. C'est ainsi que l'Astghik, représentée par une belle femme, était comparable à l'Aphrodite des Grecs. Ces dieux du temple d'Aschtischat qui président le panthéon arménien à l'origine de sa formation, représentent les trois divinités (1) les plus célèbres du monde sémitique. Les Arméniens qui les trouvèrent dans leur nouvelle patrie, ne tardèrent pas à leur rendre hommage, et les générations postérieures ne virent plus en elles que des divinités nationales. Le temple d'Aschtischat où étaient réunies les trois divinités, s'appelait aussi Vahévanian, et ses desservants formaient une famille à part sous le nom de Vahounik (2).

Une divinité dont le culte était tombé en désuétude, au moins vers les commencements de la royauté, avait aussi élu domicile dans la Sophène, province voisine de la Mésopotamie. C'était Nergal, le dieu des batailles des Chaldéens, représenté au ciel par la planète Mars. Les

---

(1) L'Histoire dite de Tarone, de Zénob, mentionne deux divinités : Démètre et Ghiçané, originaires de l'Inde, qui auraient aussi élu domicile dans cette localité d'Aschtischat et seraient considérées comme des dieux nationaux ? L'appellation Démède est vraisemblablement tirée de la mythologie grecque et correspond à la déesse Demeter, la mère protectrice que les anciens comparent parfois à l'Istar babylonien. Elle désigne donc l'Anahit arménien, malgré le mystère dont s'entoure l'auteur de l'histoire de Tarone. Ghiçané est également une appellation d'origine grecque, probablement le Titanès, qui donne aussi l'idée d'un Hercule. Ces désignations étaient probablement en usage chez les auteurs syriaques, et le livre de Zénob, qui est une composition d'après les sources syriaques, s'en est servi sans recourir à leurs équivalents arméniens.

(2) On trouve également dans ce nom le préfixe Vah ou Veh qui équivaut à la racine bag du zend. Vah signifie comme bag, dieu, divin, d'où il résulterait que Vahounik veut dire : les hommes dédiés aux dieux (Cf. Karacachian, Hist. d'Arm.).

Arméniens l'appelèrent Angl (1), sans nous dire le rapport qu'il y avait entre cette divinité et le district de la Sophène qui avait le même nom.

Il n'est pas à croire que le culte d'Anahit, de Vahagn et d'Astghik fut partout répandu sur le plateau d'Ararat. A considérer le groupement des temples, le paganisme, tel que nous le révèlent les sources, était relégué dans l'Akilisène et dans la Taronitide, dans les contrées les plus rapprochées de la Cappadoce et de la Mésopotamie, à l'exclusion des parties confinant à la Médie, comme le pays de Van, où les Khaldis avaient dominé jadis. Les documents cunéiformes nous révèlent l'existence d'un dieu national, du nom de Khaldi ou Haldi, comme la divinité suprême de la population ourartienne, le protecteur de ses rois. Tout ce que nous savons de Khaldi, c'est qu'il a disparu dans la tourmente des invasions, comme le royaume qu'il protégeait. Les générations postérieures se rappelaient un personnage mythique du nom de Haïc, un héros des temps antiques, comparable à l'Hercule ou à l'Orion des Grecs. C'était vraisemblablement le dieu Khaldi de l'Ourartou, dont le culte a peut-être subsisté quelque temps au pays de Van, sans que lui-même ait fait partie du panthéon arménien. Celui-ci prit un nouvel essor vers les commencements de la royauté et puis sous le règne de Tigrane, quand il s'est enrichi de nouvelles divinités importées de l'Asie-Mineure et de la Syrie.

---

(1) Le livre d'Acathange l'ignore. Les traducteurs arméniens de la Bible (Rois) l'emploient comme équivalent au dieu Nergal des sémites. D'après M. de Khorène, Angl était un personnage historique, un colosse de laideur repoussante. A ce trait, on voit qu'il s'agit du dieu sémite, symbole de la guerre et de la destruction.

C'étaient Zeus, Athenæ, Apollon, Mithra, Baal-Samin, que les Arméniens ont adoptés d'autant plus facilement qu'ils étaient initiés à leur culte, depuis l'époque séleucide. Elles furent encore affublées de noms empruntés à l'Avesta en raison des exigences de la langue arménienne qui puisait dans le zend toutes les expressions relatives aux idées religieuses. On érigea en l'honneur de Zeus un temple au bourg d'Ani sur l'Euphrate, à côté du sépulcre royal. On appela Zeus le grand, le valeureux Aramazd (Ahura-Mazda), le créateur du ciel et de la terre, le père des dieux. On lui sacrifia des taureaux, des chevaux, des mulets et autres animaux domestiques. La statue d'Athenæ (Nané) fut placée au bourg de Til, dans l'Akilisène, non loin d'Erez. C'était la fille d'Aramazd, la sagesse divine, en même temps la protectrice des arts, comme dans la mythologie grecque (1). Apollon, qui fut appelé Tir (2) ou Tur, s'installa tout près d'Artaxata, à l'endroit dit Erazamouin, c'est-à-dire le lieu d'interprétation des songes. Tir était le fils d'Aramazd, la source des arts, le courrier du père des dieux qui allait pénétrer tous les secrets. C'est sous cette dernière personnification

---

(1) Nané peut aussi bien provenir de Babylone, car les Assyriens et les Babyloniens rendaient culte à une déesse Nana, qui était aussi la personnification de la Sagesse.

(2) On n'est pas d'accord sur l'origine du mot Tir. Il est peut-être emprunté au zend, signifiant la flèche ou le seigneur au sens figuré. C'est peut-être aussi une forme de Thisthyra, un des Yazétas de l'Avesta, dont les attributions sont pourtant tout autres que la personnification d'Apollon. Tir avait aussi le sens de dieu par excellence chez les anciens Germains, mais il est toujours difficile d'expliquer le rapprochement que firent les Arméniens avec Apollon, le dieu principal des Doriens. La forme dans l'arménien qui donne l'idée de maître, de seigneur, est la racine d'une foule de mots propres, comme Tiridate, Tripaze, Tirane, Tirite.

qu'on allait à son temple entendre les oracles, les prophéties, l'interprétation des songes où excellaient ses prêtres. Barchamin ou Barchamina, ou plutôt Balchamin, avait un temple au village de Thorthane, également dans l'Akilisène. C'était évidemment le Baal, le dieu commun aux Chaldéens, aux Phéniciens, aux Syriens, aux Carthaginois. Balchamin, qui n'est qu'une mauvaise transcription de Baal-Samin, le maître des cieux, la personnification du soleil, est le Zeus de l'Orient. La statue faite d'ivoire et d'argent fut enlevée par Tigrane, lors de la conquête de la Syrie. On l'appelait la Blancheur éclatante. Dans l'esprit des fervents, le dieu phénicien répandait la joie, le bonheur, et dissipait les complots. Ses prêtres tiraient des oracles de ses yeux et guérissaient les maladies.

De toutes ces divinités, le Mihr arménien, que les sources nationales comparent à Ephestus, au dieu du feu des Grecs, est à coup sûr d'origine mazdéenne. C'est le Mithra du texte de l'Avesta, mais un Yazeta hors pair placé presque au même rang qu'Ahura-Mazda lui-même, honoré d'un culte particulier. Le Mithriacisme qui prit une grande extension avec la dynastie parthe, pénétra partout en Asie et même jusqu'à Rome. Plusieurs rois parthes se sont emparés de son nom et, au IIᵉ siècle avant notre ère, les rois du Pont se transmettaient de père en fils le nom de Mithridate. Ce Mazdéisme transformé, adapté à l'esprit grec avec des formules liturgiques où le grec était substitué au zend, fut en grande faveur dans tout l'Occident, surtout sous le règne de Claude et de Néron. Le culte était tenu secret, on n'y était admis qu'après des épreuves rigoureuses. Aux yeux des initiés Mithra était le feu perpétuel, le dieu soleil, l'intercesseur auprès de Zesu ou Ahura-Mazda immanent. On célébrait en son honneur des fêtes nommées Mithriaques, dans lesquelles on immolait des victimes humaines. La divinité était représentée sous la forme d'un jeune homme avec un bonnet phrygien, une tunique verte et un manteau flottant sur l'épaule, armé d'un glaive qu'il plonge dans le cou d'un taureau. Son temple en Arménie était situé dans la Derxène, en un bourg qui fut appelé Bagaridj, le séjour des dieux. Les dragons et les serpents qui entouraient la statue personnifiaient les mauvais esprits que Mihr avait projetés du ciel. Les fervents qui allaient au temple pour chasser les mauvais esprits, entachaient leur culte de pratiques sanglantes; ils y immolaient des enfants (1).

Pris dans son ensemble, le paganisme pratiqué en Arménie, tel qu'il ressort du moins de l'examen des documents connus, ne procède d'aucune théogonie originale. C'est un paganisme bizarre, fait d'éléments disparates et d'un assemblage de dieux dont la plupart sont affublés de noms zoroastriens, mais qui présentent l'empreinte des divinités du monde sémitique et du monde hellénique. Ces noms zoroastriens, comme les autres emprunts faits à la théologie mazdéenne (2) laisseraient croire que les Arméniens pratiquèrent la religion zoroastrienne, au moins au temps des Akéménides, d'autant plus que les inscriptions de Darius et de Xercès les rangent parmi les croyants. Il y a eu peut-être quelques familles, quelques princes isolés

---

1. Acath. M. de Khorène.

2. En outre des appellations d'Ahura-Mazda, de Mithra, d'Anaïta, de Spenta-Armaita, de l'Avesta, qui se retrouvent dans la langue arménienne sans altération notable, celle-ci assez pauvre en elle-même prit au zend des mots pour enrichir son vocabulaire théologique.

attachés à la doctrine mazdéenne ; en tout cas, les dieux du Panthéon arménien personnifient d'autres idées religieuses et ne procèdent pas du zoroastrisme. Nulle mention n'est faite des pratiques de la doctrine d'Ahura-Mazda, de l'entretien du feu sacré, comme de la présence de ces mages, qui menaient une existence austère, qui affectaient les plus grandes vertus et qui cachaient aussi des vices monstrueux sous leur rigidité apparente. Du reste, dans le sein même de la société iranienne le mazdéisme ne fut que la religion d'une certaine classe et non du gros peuple. Le culte religieux de l'ancienne Perse, dont parlent les auteurs classiques, n'est certes pas celui des mages et des rigoristes du dogme subtil inconnu à la masse des dévots. C'est le culte des Yazetas, des demi-dieux (1).

---

1. Masp. Hist. anc. des peuples de l'Orient.

CHAPITRE IV

Les Arsacides chrétiens. — Chute de la royauté.

I

Tiridate III. — Le Christianisme en Arménie. Grégoire l'Illuminateur.

La victoire de Galère sur Narseh (297) et le traité de paix intervenu avec la Perse, avaient rendu l'Arménie à l'allégeance de Rome, et Dioclétien, d'accord en cela avec la politique d'Auguste, avait laissé subsister le gouvernement autonome dans ce pays lointain soumis aux armes romaines. Tiridate III [1] dont le règne avait été si tourmenté jusqu'à l'année 297, était maintenant sous le protectorat romain, à l'abri des menées des Sassanides. La Perse ne devait plus troubler la paix et s'ingérer dans les affaires d'Arménie pendant une quarantaine d'années, soit jusqu'à la fin du règne de Constantin. Le nouvel arsacide, élevé en pays romain, était un esprit éclairé, ouvert à la civilisation de l'Occident, en même temps qu'un fidèle allié de l'Empire. Les incursions des peuples du Caucase n'étaient pas à craindre; les rapports amicaux avec l'Ibérie et l'Albanie

---

[1] Tiridate n'est cité que par Sozomène, mais les récits d'Agathange et de F. de Byzance font voir qu'il s'agit de Tiridate, fils de Chosrau.

avaient été resserrés grâce au mariage que le prince avait contracté avec Aschken (1), une princesse issue d'une famille noble de ces contrées. Tiridate, qui avait maintes fois donné les preuves de sa vaillance et de son ardeur guerrière, était, au physique, d'une belle prestance ; son aspect seul imposait le respect aux grands. Au dire de la légende Tiridate était d'une force herculéenne : « Son souffle rompait les digues des fleuves et arrêtait le tourbillon des eaux (2). »

Ce que nous savons de son long règne de trente ans se réduit aux faits légendaires dont les chroniqueurs ont entouré le triomphe du Christianisme en Arménie. Le règne de Tiridate est marqué en effet par un fait immense dans les destinées du peuple arménien : la conversion de la cour, des grands et du peuple en général, opérée par la volonté du roi. Les chroniqueurs et l'Eglise nationale ne tardèrent pas à décerner au Clovis d'Arménie le titre de Grand et le rangèrent parmi les saints pour la part prépondérante qu'il avait prise dans l'œuvre merveilleuse de la conversion. Le sort ne l'a pas épargné pourtant ; son règne finit d'une façon aussi tragique que celui de ses prédécesseurs.

Le Christianisme avait déjà jeté de profondes racines en Arménie ; il y comptait de nombreux adhérents ; mais les légendes qui entourent ses origines, ne permettent guère de nous rendre compte des circonstances qui décidèrent du succès de la nouvelle foi dans ce pays où le terrain semblait à première vue impropre à la propagation d'un tel concept religieux. Le Christianisme a

---

(1) M. de Kh. A en croire l'historien arménien, le père d'Aschken, s'appelait Aschkatar, comme le roi détrôné par les Parthes.
(2) Acath. — Gutschmidt y voit une allusion à des héros légendaires

sans doute gagné l'Arménie par la Cappadoce et l'Osrhoène, mais on ne sait rien de ses débuts, ni de ce qui advint de sa propagation jusqu'au commencement du IV⁰ siècle. La chronique arménienne connaît l'existence des chrétiens bien avant le IV⁰ siècle, et rapporte la conversion d'Abgare (1) et la légende de l'apostolat de Thaddée (2)

---

(1) Lépoupnia. — La légende d'Abgare semble avoir pris naissance vers la fin du III⁰ siècle, puisqu'elle est connue d'Eusèbe dès 313. Une étude de Weber fait voir que c'est Abgare IX (179-217) qui s'est converti le premier au Christianisme et que les écrivains syriaques identifièrent à Abgare V, dit l'Ouchama, le contemporain de J.-C., pour rehausser les origines de l'Église d'Edesse. La légende prenant corps, Eusèbe s'empressa de la considérer comme un fait historique. Cette légende, si chère aux chrétiens, circula en Arménie et s'y amplifia. Comme les écrivains syriaques donnaient à Abgare une origine parthe, et comme les Arméniens étaient confondus avec les Iraniens, on n'eut pas de peine à considérer le roi d'Osrhoène comme un souverain d'Arménie, d'autant plus qu'un certain Sanatronc, fils ou neveu d'un des Abgares, avait été roi d'Arménie (166). C'est ainsi que le rédacteur de l'histoire de M. de Khorène s'empara de la version qui courait dans les milieux chrétiens et la considéra comme un fait véridique. A. Carrière, la légende d'Abgare. — Tixerand, les origines de l'Église d'Edesse.)

(2) D'après une tradition d'origine syriaque qui avait cours en Arménie vers le milieu du IV⁰ siècle et que rapporte aussi Eusèbe, Thaddée, l'un des Douze selon les uns, l'un des Septante selon les autres, se rendit en Mésopotamie, à Edesse, y guérit Abgare et le baptisa. De là il passa en Arménie au district d'Artaz, où il fonda une église et donna l'investiture à Zacharie. Il opéra la conversion de Chriscus, des Aurélianus (les Oskiank), des Soukiassiens, de Sandugkh, la fille du roi d'Arménie, qui périrent tous pour la foi. D'après une autre tradition l'apôtre Bartholémi prêcha l'Évangile dans l'Elam, la Perse, les Indes et de là il revint en Arménie la 29⁰ année du règne de Sanatronc, et souffrit le martyre dans le pays de Van. Se fondant sur l'évangélisation de l'Arménie par Thaddée et Bartholémi, les pères de l'Église arménienne ne manquèrent pas de considérer le Patriarcat comme la succession des premiers évêques sacrés par les deux apôtres. Il s'agit probablement d'un certain Addée, évêque d'Edesse, dont parlent Eusèbe et les chroniqueurs syriaques (Lépoupnia). Il peut bien se faire qu'Addée ait été martyrisé en Arménie et que son nom ait pris, quelque temps après, la forme de Thaddée. Quant au roi d'Arménie que la légende considère comme le meurtrier de l'apôtre, c'est sans doute Sanatronc, qui monta sur le trône vers 166.

et de Bartholémi, pour remonter jusqu'à l'époque apostolique, l'existence d'une et même de deux églises en Arménie; la première dans le district d'Artaz, la seconde dans le pays des Sunides. La présence de nombreux chrétiens est attestée, d'ailleurs, par Tertullien, et Eusèbe sait que l'Arménie était en partie un pays chrétien dès le commencement du IV° siècle. Eusèbe cite, d'après Denis d'Alexandrie, un certain Méroujan ou Mérhoujan comme évêque d'Arménie vers le milieu du III° siècle. La grande persécution ordonnée en 302 sous Dioclétien sévissait sur toute l'Asie romaine et se propageait même en Arménie, où Tiridate soutenait encore le paganisme, suivant en cela la politique des Césars. Le fait est du moins rapporté par la légende qui fait de Tiridate païen un persécuteur de la nouvelle foi. (1) Mais le christianisme comptait déjà en Arménie de trop nombreux adeptes pour avoir raison de lui sans provoquer des luttes sanglantes dont l'issue aurait mis en péril la couronne toujours chancelante d'un roi d'Arménie. Tiridate, jugeant en bon politique des nécessités de la situation, eut la clairvoyance de prendre son point d'appui dans le parti chrétien et suivit, à ce qu'il semble, les conseils de Grégoire, le secrétaire royal, qui avait déjà embrassé la nouvelle foi. Il l'imposa alors à la cour, aux grands et à tous ceux qui pratiquaient encore le paganisme.

Tiridate et Grégoire, en favorisant le christianisme, tombèrent, il est vrai, dans l'excès opposé et le rendirent persécuteur. Ils détruisirent les temples et proscrivirent partout l'ancien culte par les armes; les prêtres de ces

---

(1) Sozo—Acath. — M. de Kh.

cultes et les hiérodules furent massacrés ou contraints d'embrasser la nouvelle religion. L'intolérance déchaîna des haines irréconciliables dont eurent à souffrir les deux partis. La conversion officielle eut lieu vraisemblablement vers 305 (1), à l'abdication de Dioclétien. Cette révolution d'ordre religieux attira sur l'Arménie la colère des Césars qui protégeaient encore le paganisme en Orient ; elle fut la cause d'une expédition (310 ou 313) de Maximin Daïa, alors gouverneur de la Syrie. Mais les Arméniens, fortement attachés à la nouvelle foi, résistèrent par les armes (2). Les principaux auteurs de la conversion de l'Arménie sont, selon la tradition nationale, Grégoire l'Illuminateur et la vierge Hribsime (3).

---

(1) On ne saurait exactement fixer l'année, mais tout porte à croire que la conversion eut lieu vers 305 et non en 301, ainsi que le veulent les auteurs arméniens. Il est peu probable que l'événement ait eu lieu en 301 et que Grégoire ait pu aller à Césarée en 302, au moment de la grande persécution. D'un autre côté il eût été difficile pour Grégoire d'apporter de Sébaste, ainsi que le veut la tradition, les reliques d'Athanaeines, évêque de Sébaste, qui subit le martyre après 302. En adoptant l'année 305, on traduit mieux la pensée de Sozomène qui sait que la conversion eut lieu peu de temps avant celle de Constantin.

(2) Eusèbe — Hest. Exel.

(3) C'est à cette époque que se rapporte une autre légende dont les héroïnes, Hribsime et Gaïané, ont été sanctifiées par l'Eglise arménienne. Hribsime, Gaïané, et leurs compagnes, élevées dans la religion chrétienne à Rome, auraient échappé aux poursuites pour venir se fixer près de Valarsapat. La beauté merveilleuse de Hribsime éveille la passion de Tiridate qui veut en faire son épouse. Hribsime lutte contre le roi dans la chambre nuptiale, et s'enfuit. Le roi ordonne alors sa mort, et avec elle périssent ses 36 compagnes. Le ciel punit Tiridate de sa cruauté et une maladie singulière s'empare de lui On est dans la désolation, quand la sœur du roi a un songe inspiré de Dieu, qui recommande de retirer Grégoire du cachot pour guérir le roi. Les miracles décident le roi à embrasser la foi chrétienne avec toute sa cour (Acat).

A en croire les récits fabuleux d'Acathange, Grégoire était le fils d'un noble parthe du nom d'Anac qui vint en Arménie à l'instigation d'Artaschir pour assassiner le roi Chosrau. Echappé au massacre des siens, l'enfant d'Anac est mené à Césarée où il grandit dans la religion chrétienne. Conscient de sa mission divine, il revient en Arménie pour entrer à la cour de Tiridate, et là, il se déclare chrétien et refuse de sacrifier aux idoles dans le temple d'Anaïtis à Erez. Tiridate lui fait longtemps souffrir la torture, et, quand il apprend qu'il est fils d'Anac, il le fait jeter dans un cachot tout rempli de serpents où il reste quinze ans. Retiré de sa prison pour guérir le roi, il le convertit à la foi chrétienne avec la cour et la nation entière. C'est ainsi que le christianisme s'implante en Arménie miraculeusement, comme dans tant d'autres contrées. D'après une autre version, Grégoire, originaire de la Cappadoce, ainsi que le veut son nom, serait un missionnaire de l'Eglise de Césarée, ayant le rang d'évêque d'Arménie (1). Si l'histoire est obscurcie par la légende, si sa naissance et sa vie préoccupent les critiques, nous savons au moins par les noms aryens de ses fils et de ses descendants auxquels on ajoute le surnom de Parthe ou Pathave, que sa famille était originaire de la Bactriane. Celle-ci avait apparemment émigré en Arménie à l'avè-

---

(1) Vie de Grégoire, par l'évêque syrien Georges (+ 740) publiée par de Lagarde. D'après cet auteur du VIII° siècle, Grégoire serait d'origine cappadocienne. Réfugié en Arménie au temps des persécutions de Dioclétien, il serait entré au service du roi Tiridate. A en croire le récit de Zénob, la famille de Grégoire serait apparentée aux Sourènes de la Bactriane. Le nom d'Anac que la légende arménienne donne à son père est plutôt une épithète qui dérive du grec et veut dire meurtrier. (Karacachian. Hist. d'Arm.).

nement des Sassanides, pour se rapprocher de ses parents les Arsacides, et fuir les poursuites des Sassanides (1). Rien ne s'oppose d'ailleurs à ce que les parents de Grégoire aient trempé dans le meurtre du père de Tiridate, qui fut assassiné, victime d'un complot pour asseoir sur le trône un autre membre de la famille que favorisait Sapor I en sous main, dans le but de contrecarrer la politique romaine. Ce qui est sûr, c'est que Grégoire fut envoyé tout jeune à Césarée pour apprendre le grec et remplir à son tour la charge de secrétaire royal, qui était, à ce qu'il semble, dévolue à sa famille (2). C'est au cours de ses études qu'il embrassa le christianisme et s'appela Grégoire. Il sut l'imposer à Tiridate, à la cour et aux grands, et devint l'apôtre par excellence de l'Arménie. Ses fils Vardane et Aristace, connus habituellement sous les appellations grécisées de Vardanes et d'Aristacès, ont été également à Césarée pour y puiser leur instruction et suivre la même carrière. La dignité de grand prêtre du nouveau culte ne pouvait mieux convenir qu'à celui qui avait su opérer la conversion. Tiridate la lui attribua et l'envoya en grandes pompes à Césarée pour recevoir l'investiture par le métropolite de cette ville.

Césarée était tout indiquée ; métropole des plus célèbres de l'Eglise de ces temps, son évêque avait la juridiction ecclésiastique sur une bonne partie de l'Asie-Mineure,

---

(1) On ne saurait admettre que la famille de Grégoire descende de Sourène comme le voudraient nous faire croire les récits vagues de M. de Khorène et de Zénob. Les Sourène, ayant pactisé avec les Sassanides, n'avaient pas besoin d'émigrer en Arménie.

(2) Nous savons en tout cas que Vardanès et son arrière-petit-fils Narsès remplissaient cette charge avant de monter sur le siège atriarcal.

depuis les frontières de la Galatie jusqu'aux confins de l'Arménie, et même sur les chrétiens de ce pays. Il fut convenu entre lui et Grégoire que les primats d'Arménie iraient chaque fois à Césarée pour le sacre, et qu'à leur tour ceux-ci auraient le droit d'investiture sur les évêques suffragants. Grégoire devint dès lors le métropolite, le grand évêque d'Arménie (1). Grégoire retournait bientôt en Arménie par la route de Taronitide, où il renversait le grand temple d'Aschtischat; de là il se rendit à Bagavan où vint au-devant de lui la cour entourée des grands du royaume. C'est là, d'après la légende, que le roi, la reine et le peuple amassé reçurent le baptême. Pour achever sa mission Grégoire s'entoura d'un nombreux clergé recruté en Syrie et en Cappadoce, et parvint ainsi à propager l'enseignement de la foi à travers l'Arménie, depuis les frontières romaines jusqu'aux confins de la Médie (2). C'est son fils cadet Aristacès, sacré évêque, qui devint son

---

(1) On sait que l'Eglise grecque s'est prévalue de ce simple acte d'ordination donnée à Grégoire et à ses trois ou quatre successeurs, pour prétendre à l'autorité ecclésiastique sur le patriarcat d'Arménie. D'une part le siège de Byzance s'arrogeant un droit de suprématie sur le diocèse métropolitain de Césarée, de l'autre le siège d'Antioche réclamant une sorte de prééminence sur toutes les églises de l'Asie depuis la Méditerranée jusqu'aux Indes, ne cessèrent de réfuter l'indépendance de l'Eglise Arménienne. Mais si l'on prend en considération qu'au commencement du iv° siècle, Byzance n'était qu'un simple évêché, que le patriarcat d'Antioche n'avait aucune autorité en dehors des limites de l'Empire romain, comme sur les évêques de la Perse, la thèse soutenue par l'Eglise orthodoxe tombe d'elle-même. Non seulement l'Eglise grecque, mais l'Église romaine prétend aussi à la suprématie sur le patriarcat arménien, se fondant sur un prétendu voyage de Tiridate et de Grégoire à Rome pour saluer Constantin, et sur un document (le pacte de saint Grégoire) dont l'authenticité est d'ailleurs rejetée par tout le monde, d'après lequel Grégoire aurait fait acte de soumission au pape Sylvestre,

(2) Acath,

collaborateur et poursuivit l'œuvre pendant que le père, en proie à la haine des ennemis qu'il avait suscités, se vouait à la vie ascétique dans les montagnes de l'Akilisêne. Il n'est pas à croire que la nouvelle religion se soit propagée aussi rapidement dans toutes les couches de la société, au sein d'un peuple auquel la lecture et la méditation des livres saints n'étaient guère accessibles. Seuls les lettrés connaissant le grec ou le syriaque, pouvaient comprendre les préceptes sublimes qu'on leur enseignait. Les chroniques de F. de Byzance ne dissimulent pas que tout le reste du peuple, les nobles comme les prolétaires, continuaient à vivre en vrais païens, s'adonnant aux pratiques de l'ancien culte, ignorant l'amour de Dieu et des hommes, la justice, la charité et l'espérance d'une vie à venir que prêchaient les prêtres. Ils n'avaient de chrétien que le nom.

Grégoire vivait encore (1) quand les évêques d'Arménie furent invités à siéger au concile de Nicée que Constantin convoquait en 325, pour mettre fin aux querelles religieuses. C'est Aristacès qui fut délégué et rapporta en Arménie les Canons de Nicée (2). C'est encore Aristacès

---

(1) On ne saurait fixer de façon certaine l'année de la mort de Grégoire. C'est l'année 326 qui répond le mieux à la chronologie des pontificats de ses successeurs et à la tradition de l'Eglise arménienne, qui veut que Grégoire fût vivant jusqu'à l'année du Concile de Nicée. Jusqu'ici on n'a pu dresser sûrement la liste des pontificats des premiers patriarches d'Arménie.

(2) Aristacès est cité dans les listes des évêques présents au concile de Nicée sous des formes plus ou moins altérées, comme Aristanès, Aristacius, Acrités. Ces listes comprennent d'ailleurs d'autres évêques de l'Arménie-Mineure et même de l'Arménie-Majeure. Il faut croire que tous les délégués des églises d'Arménie, y compris Aristacès, étaient placés sous l'autorité de Léonce, métropolite de Césarée, qui a signé au nom des Eglises de la Galatie, de la Cappadoce, du Prut, de la Petite et de la Grande Arménie.

qui, selon la tradition de l'Eglise nationale, a succédé à son père sur le siège patriarcal. Mais on ne sait rien de son pontificat, si ce n'est qu'il fut tué quand il se trouvait dans la Sophène, par un certain Archelaüs (1).

Son père Grégoire avait échappé au danger en se retirant de la scène, mais le fils payait de sa vie le zèle dont il avait fait preuve dans la réforme religieuse. L'œuvre accomplie par Grégoire lui valut le nom d'Illuminateur, titre bien mérité quand on envisage l'éclat de son rôle. Sa grande figure impérissable se transmet d'âges en âges au sein du peuple arménien, et l'église nationale s'en glorifie, à juste titre, en le plaçant au premier rang de ses saints. La part prise par Tiridate dans le mouvement civilisateur est également grande ; ce prince, qui contribua à l'évolution nationale, avait droit de passer aux yeux de la postérité comme le plus illustre de sa dynastie. Il eut cependant le même sort que la plupart des princes de sa famille ; il fut pris dans un complot et périt de mort violente vers 330. De même que ses prédécesseurs, Tiridate ne put dompter les grands, surtout ceux des Sunides, du Vaspouracan, de l'Arzunéne, qui s'appuyaient à l'occasion sur la Perse pour méconnaître l'autorité du roi d'Arménie. Sapor II, inquiet des progrès du christianisme, ne cessait de les favoriser pour comploter contre Tiridate, alors que celui-ci rassuré, sur le rapport de son chambellan, se rendait dans l'Akilisène. Les Sunides, qui jouaient le principal rôle dans cette conspiration, suivirent le roi et parvinrent à le blesser au

---

(1) M. de Kh. — On ne sait pas si cet Archelaüs était un commissaire romain ou simplement un seigneur terrien de la Sophène.

cours d'une chasse, et le chambellan qui était du complot l'acheva par le poison (1).

---

(1) La chronologie des événements survenus en Arménie depuis l'avènement de la dynastie arsacide est un sujet de controverses. On a voulu faire coïncider la fin de Tiridate à la mort de Constantin (337), c'est-à-dire au commencement de la reprise des hostilités entre les Romains et les Perses, en s'appuyant sur M. de Khorène qui place l'avènement de Chosrau II sous le règne de Constance. Il ressort pourtant de l'ensemble des faits que Chosrau succéda à son père au moment de la paix, sous le règne de Constantin. Laissant de côté les données contradictoires des chroniques nationales, nous suivrons la chronologie établie par Marquardt qui s'adapte mieux aux règnes de Chosrau, de Tirane et d'Arsace, compris entre les années 330 et 337.

II

Les successeurs de Tiridate. — Partage de l'Arménie.

La fin tragique de Tiridate ne produisit pas toutefois de perturbations dans le pays. Le parti chrétien, appuyé par les Mamiconiens, plaça sur le trône son fils Chosrau II (330-388), dit le Cotac ou le Petit, en sollicitant apparemment l'approbation de Constantin. Le fils n'était guère comparable au père ni par son ardeur guerrière, ni par son physique (1), quoique, au dire de F. de Byzance, son règne ait été aussi heureux que le précédent. De mœurs paisibles, Chosrau sut vivre en bonne harmonie avec les grands tout en favorisant le nouveau clergé. Vardanès, qui occupait jusque là la charge de secrétaire de la cour, fut élevé sur le trône patriarcal (322) et créé grand évêque, après qu'on l'eût envoyé à Césarée pour recevoir l'investiture. Sous la tutelle de l'homme politique qu'était le nouveau patriarche, appuyé surtout par le généralissime Vatché Mamiconien, le roi parvenait à raffermir le pouvoir royal, quand des luttes intestines surgirent de tous côtés. Ce fût d'abord une tentative d'assassinat sur la personne du patriarche, dans la Taronitide, ourdie par des prêtres païens (2) qu'appuyait en sous-main la reine, qui avait essuyé les réprimandes du prélat à cause de ses mœurs. Les Manavaziens et les Ordounik se révoltaient ensuite et se faisaient entre eux une guerre acharnée, que Vatché ne

---

(1) M. de Kh.
(2) F. de Byzance. — Il faudrait peut-être attribuer cette tentative d'assassinat du patriarche au prince de l'Arzanène, en révolte.

parvint à faire cesser que par une intervention armée et la destruction des deux familles qui n'avaient écouté aucun conseil, ni accepté l'ingérance du patriarche. Des Alains, des Albaniens, et autres montagnards du Caucase, ayant à leur tête le roi Sanessan, vinrent, selon leur coutume, ravager les provinces du nord, la vallée de l'Araxe, la Médie-Mineure, et même la Carénitide. Le roi put à peine se sauver, et c'est encore Vatché, aidé des Bagratides et des Camsaracans, qui parvint à les mettre en fuite. Le péril écarté, Chosrau se livrait à la construction de Dovine, quand Constantin vint à mourir (307). Quelques années après Sapor II (310-379), ouvrit les hostilités pour reprendre les provinces perdues par Narseh et soustraire l'Arménie et même l'Ibérie à l'influence romaine. Les Perses se livrèrent aussitôt à des incursions de frontières du côté de la Médie-Mineure. Là encore, Vatché fit des prodiges pour repousser les Perses et infligea un châtiment mérité au seigneur des Bjnounis à cause de sa défection, comme au Bdeïchk de l'Arzanène qui s'était rangé du côté de la Perse. Mais la lutte n'en finissait plus et Vatché tombait à la fin dans un combat sanglant livré aux Perses avec les princes accourus à son secours. Chosrau ne tardait pas d'ailleurs à mourir, en laissant le trône à son fils Tirane, qui put lui succéder au moment où Sapor II était obligé de porter ses armes en Mésopotamie.

Tirane, reconnu par Constance sur l'intervention du patriarche et du parti chrétien, était un prince faible, incapable, et comme c'est souvent le cas sur le trône, il ne put faire preuve d'énergie que par la cruauté. Il ne tarda pas à mécontenter le clergé et même les Mamiconiens, qui étaient le principal appui de l'autorité royale, Vardanès venant à mourir, le siège patriarcal fut donné à Joussic, son fils cadet (1) et gendre du roi. Celui-ci, consacré également à Césarée, remplissait dignement sa charge et jouissait d'une grande considération dans le parti chrétien par sa descendance de Grégoire. Irrité contre le prélat à cause de ses réprimandes incessantes, Tirane commit un acte inqualifiable en ordonnant à ses gardes de le frapper à coups de bâton un jour que le patriarche, dans son zèle religieux, avait osé lui interdire l'accès d'une église dans la Sophène, où l'on célébrait une grande fête (346 ?) Au fond le roi portait un vif ressentiment contre son gendre, qui avait par goût ascétique abandonné sa femme et l'avait laissée mourir de chagrin. Cette bastonnade brutale infligée au patriarche, était suivie bientôt par le massacre des Arzérounis et des Rouschtounis, que l'intendant du harem, accusait de connivence avec la Perse. Ces tentatives d'écraser les princes terriens, toujours en révolte, que nous voyons se répéter depuis le règne précédent, ne pouvaient être malheureusement couronnées de succès, au moment où le pouvoir royal se trouvait dans la position la plus critique à cause de la guerre déclarée par Sapor II contre les Romains. Il semble d'ailleurs que ces tentatives étaient à l'encontre des idées politiques des Mamiconiens qui abandonnèrent Tirane à son sort.

Sapor II, petit-fils de Narseh, prince plein d'ardeur militaire et de foi religieuse, avait commencé la guerre par une épouvantable persécution des chrétiens de la Perse et de la Mésopotamie. Cette guerre que le jeune roi venait de commencer en 338, devait durer 25 ans,

---

(1) Le fils aîné avait été précédemment nommé évêque d'Albanie où il fut d'ailleurs assassiné par les païens.

et contribuer grandement à l'affaiblissement de la puissance romaine en Orient. Sapor visait surtout à arracher aux Romains leurs possessions du haut Tigre qui menaçaient Ctésiphon. Puis il voulait subjuguer à nouveau Arménie. Le théâtre de la guerre était la Mésopotamie et les batailles se succédaient avec des alternatives de succès et de revers pour les adversaires. Les rives du Tigre étaient tour à tour ravagées, mais Nissibine résistait toujours contre les sièges du roi (338-346); la bataille sanglante de Sindjare restait sans résultat et partout les Perses étaient repoussés par les généraux de Constance. Sapor, qui avait jusque-là assuré Tirane de son amitié, afin de le maintenir dans la neutralité, usa de ruse et le fit tomber lui et toute la famille royale dans un guet-apens que lui tendit le gouverneur de l'Aderbeijan. Envoyé à la cour de Perse, Tirane fut accusé d'avoir pris le parti des Romains; il fut jeté en prison après qu'on lui eut crevé les yeux (349). Mais cet acte de sauvagerie ne permit pas à Sapor de s'emparer de l'Arménie. Le peuple se souleva et prit ouvertement le parti des Romains en expulsant du pays tous les grands gagnés à la Perse. Menacé par les Romains avant qu'il eût complété ses préparatifs, Sapor consentit à délivrer la famille royale et reconnut comme roi d'Arménie Arsace, le fils de l'aveugle Tirane (1), en se contentant de sa promesse de neutralité dans la guerre.

---

(1) En Orient comme à la cour de Byzance, les princes qui avaient subi cette torture étaient déclarés incapables de régner. C'est ainsi que Tirane, quoique libéré, avait cédé le trône à son deuxième fils. L'aîné Artaschès était déjà mort et le cadet, Tiridate, était envoyé à Constantinople en otage. Tirane et Arsace sont vraisemblablement des qualificatifs et non des noms propres. Arsace doit signifier roi, comme Tirane veut dire Seigneur, dans le sens de prince héritier. La chronique n'a retenu que ces qualificatifs sans justifier leur emploi.

Les Romains avaient encore une fois protégé l'Arménie et sauvé la dynastie des Arsacides. Le règne d'Arsace (350) commençait à un moment où l'Arménie était plus que jamais cette pomme de discorde jetée entre les deux empires. Il devait néanmoins durer 17 ans avec des alternatives de menaces extérieures et de difficultés sans nombre à l'intérieur. Les premières années passèrent aussi bien que possible et Arsace sut faire renaître le calme et justifier les espérances. Constance, qui le protégeait, lui fit épouser une princesse romaine, Olympie, fille du préfet Aplavius (350-351) (1). De plus, il fit remise de l'impôt des terres que les rois d'Arménie possédaient dans l'Asie-Mineure (2). De son côté Sapor n'avait cessé de lui faire toutes sortes d'avances en vue de bénéficier de la neutralité de l'Arménie. La conduite d'Arsace fut d'ailleurs correcte à l'égard de la Perse ; il ne se mêla pas à la guerre qui se livrait en Mésopotamie, au moins jusqu'au règne de Julien. Le siège patriarcal devenu vacant avait été attribué à Narsès (352) (3), secrétaire royal et petit-fils de Joussic, de la maison de Grégoire. Narsès, élu grand évêque à l'âge de 27 ans, fut envoyé comme ses prédécesseurs à Césarée, pour recevoir l'investiture. Il ne tarda pas à prendre un grand ascendant dans les affaires de l'Etat, comme dans

---

(1) Amm. Marc. — M. de Kh. — F. de Bizance. — Le patriarche Athanase, dans sa lettre aux Anachorètes, reproche à Constance d'avoir marié à un barbare une princesse qui était promise à Constant.

(2) Soz.

(3) Le siège patriarcal avait été occupé pendant quatre ou cinq ans (347-351) par Pharène et le vicaire Schahac, tous deux étrangers à la famille de Grégoire, à cause de l'incapacité des enfants de Joussic ; ceux-ci (Papa et Athanacinès) avaient refusé d'embrasser la vie ecclésiastique.

l'imagination du peuple, par ses œuvres de bienfaisance et par l'organisation qu'il apporta au sein de l'Église et du clergé.

Sapor avait de nouveau assiégé inutilement Nissibine (350), puis s'était retiré précipitamment au fond de son royaume pour combattre ses ennemis de l'est. Les hostilités avaient cessé en fait pendant quatre ans, quand le roi revint pour envahir la Mésopotamie et l'Arménie. En 359, il prenait Amida et la détruisait de fond en comble, en passant au fil de l'épée tous ceux des défenseurs qui n'avaient pas pu s'échapper (1).

Après ces succès, Sapor envoyait à Constance, à Sermium (359 ou 360), une ambassade réclamant avec menace la cession de la Mésopotamie et de l'Arménie. Le roi d'Arménie, qui savait que Sapor méditait la destruction de sa famille, s'enfuit dans les montagnes pour se soustraire à la poursuite des Perses, et le pays abandonné à lui-même se divisa en deux camps ; une partie de la nation se penchait du côté de la Perse, pendant que les autres, enclins vers l'Occident, se réfugiaient sur le territoire romain. Le pays était en pleine anarchie, quand Constance qui avait dignement rejeté la demande de Sapor, revint en Orient pour compléter ses armements et pour diriger la guerre en personne. Arsace accourut à Césarée (360) saluer l'empereur et jurer de sa fidélité. Protégé par Constance, il put regagner son trône ; tous ceux qui s'étaient sauvés

---

(1) On sait que le célèbre historien Ammien Marcellin se trouvait parmi les défenseurs et s'échappait avec peine d'Amida. Il y avait aussi dans les rangs des légions romaines un grand nombre d'Arméniens qui furent massacrés lors de la prise de la ville.

en Perse ou sur le territoire romain, retournèrent chez eux, et le calme se rétablit de nouveau (1).

La guerre était reprise avec énergie. Sapor s'empara de quelques forteresses, puis il y eût encore une phase de cessation des hostilités. Julien, devenu empereur, résolut de mener en personne une campagne décisive contre la Perse. Comme preuve de sa fidélité, Arsace envoyait une ambassade à Constantinople, saluer le nouvel empereur, et celui-ci lui ordonnait, à son arrivée à Antioche, de se tenir prêt avec ses forces pour opérer à côté de ses généraux (2).

Mais la campagne de Julien (363) n'eut pas une meilleure issue que les expéditions de Trajan et de Septime Sévère. Ctésiphon fut jugée imprenable et le jeune empereur trouva la mort lors de la retraite. Malgré les grosses pertes subies par les Perses, Jovien s'empressa de signer une paix honteuse (364) qui cédait Nissibine et les provinces conquises par Galère, interdisant désormais aux Romains toute immixtion dans les affaires d'Arménie. C'était livrer ce royaume vassal aux armes de Sapor (3). Les Arméniens, qui venaient d'être abandonnés à leur propre force, ne perdirent pas courage; ils luttèrent contre les empiétements de la Perse pendant quatre ans. Une ambassade présidée par le patriarche fut envoyée à Constantinople pour saluer Valens et solliciter son appui contre la Perse, cet appui tutélaire que l'Empire n'avait cessé d'accorder depuis des siècles. Mais l'ambassade de Narsés

---

(1) Discours de Julien. Il est vrai que le nom d'Arsace n'est pas cité.

(2) Soz.

(3) Amm. Marc. — F. de Biz. — Le chroniqueur arménien relate ces événements sans citer le nom de Jovien.

n'eut pas de succès; le prélat fut d'ailleurs froidement reçu à la cour, à cause de ses convictions religieuses contraires à l'Arianisme que Valens protégeait (1). Dans cette lutte contre la Perse, le pivot de la résistance fut Vassac Mamiconien. Par sa bravoure et par ses actions d'éclat il repoussa à plusieurs reprises les Perses, auxquels s'étaient joints Méroujan Arzérouni et plusieurs autres grands d'Arménie, partisans de Sapor. Les Perses, conduits par Méroujan, ravagèrent la Sophène, l'Akilisène, où ils violèrent les tombeaux des Arsacides au château d'Ani (2). Le roi dut se réfugier dans la petite Médie et le généralissime Vassac put à peine défendre le district d'Ararat. La Gogarène et la Sacacène se révoltaient d'autre part et rendaient la position intenable. La lutte était rendue impossible ; le patriarche qui encourageait la résistance n'était plus écouté. Arsace découragé se décida à la fin à aller faire sa soumission à Sapor, qui promettait toujours son amitié et qui avait dépêché en Arménie Alanozane le Pahlavide, avec la promesse qu'il ne serait fait aucun mal au roi, si celui-ci allait en Perse jurer de sa fidélité. C'était une ruse imaginée par Méroujan et par Vahane Mamiconien, son partisan, qui s'étaient rendus en Perse pour perdre le roi d'Arménie. D'abord bien reçu par Sapor, Arsace fut saisi pendant un festin, puis il fut chargé de fers et envoyé au château de l'Oubli, où il ne tarda pas à être décapité (367) (3). Vassac qui l'accom-

---

(1) M. de Kh. — La légende d'après laquelle Narsès serait retenu sept ans dans une île déserte fut brodée postérieurement pour rehausser la dignité du patriarche.

(2) F. de Byz. — L'ennemi ne put ouvrir le tombeau de Sanatronc formé de grands monolithes.

(3) Amm. Marc. — F. de Byz.

pagnait fut écorché vif et son corps suspendu à la porte de la prison. C'était le deuxième roi d'Arménie dont Sapor II se débarrassait d'une façon odieuse.

D'après les chroniqueurs arméniens, Arsace, dont le règne finissait tragiquement, n'avait pas su concilier les grands du pays et le clergé ; ses débauches et ses cruautés avaient mécontenté tout le monde. Soupçonneux et cruel comme la plupart des princes orientaux, Arsace commit sans doute des crimes et des fautes. Il fit tuer Knel et Tirite, ses neveux, qu'on représentait comme des prétendants au trône ; et non content de cela, il épousa Pharenzem (1), la femme de Knel, en se débarrassant d'Olympie par le poison qu'un prêtre indigne lui avait servi dans l'église. N'écoutant que les conseils de son intendant du harem, il fit massacrer les Camsaracans, ses proches parents, accusés de haute trahison et, dans son aveuglement, il livra les cadavres aux oiseaux de proie. Sans doute, les crimes d'Arsace ne sauraient être excusés, mais sa conduite loyale envers l'Empire, la résistance acharnée qu'il opposa contre l'invasion, les tentatives qu'il fit pour abaisser les grands toujours portés à l'insubordination, font voir que ce prince ne doit pas être jugé par l'histoire aussi sévèrement que le font les chroniqueurs ecclésiastiques.

La reine Pharenzem s'était réfugiée avec Papa, le prince héritier, au château d'Artakeretz où elle résistait longtemps

---

(1) Pharenzem, d'une grande beauté, était la fille d'un prince Sunide. Mariée d'abord à Knel, elle avait eu, à ce que l'on voit, des relations coupables avec Arsace, quelque temps avant l'avènement de ce dernier, au temps où Knel était retenu en ôtage à Constantinople. Papa était le fruit de ces relations. Une fois sur le trône, Arsace imagina de faire disparaître Knel, pour épouser Pharenzem.

et parvenait, lors d'une sortie de la garnison, à éloigner son fils. Celui-ci gagna Néocésarée, dans le Pont, pour se mettre sous la protection de l'empereur. Le château d'Artakeretz ne tarda pas à être pris avec la reine, qui fut outragée et tuée. Les villes de Valarsapat, de Zaréhavan, de Van et nombre d'autres localités furent pillées et ravagées.

La situation était grave et Sapor semblait arrivé à ses fins. Malgré ces désastres, le pays était encore loin d'être réduit : tous ceux qui s'étaient réfugiés dans les montagnes se défendaient avec acharnement, espérant toujours une intervention de l'Occident Une députation à la tête de laquelle se trouvait le Mamiconien Mouchegh, fils de Vassac, obtint de Valens (368) la promesse de protéger l'Arménie contre la Perse. Papa reçut l'ordre de partir pour recouvrer son royaume et l'empereur soutint d'abord secrètement, puis ouvertement, le jeune prince (1), en le faisant appuyer par les légions du comte d'Arinthe. Sapor invoquait bien le traité de Jovien pour dissuader Valens d'une intervention ; mais ses représentations étaient rejetées, maintenant que la politique romaine estimait de nouveau qu'il ne convenait pas d'abandonner l'Arménie. Une bataille décisive livrée dans la plaine de Bagrevanda dispersa les Perses et leurs auxiliaires, les Arzérounis, les Albani et les Alains. Une part du succès en revenait aux Mamiconiens, aux Bagratides, aux Camsaracans, qui avaient vaillamment combattu dans les rangs des légions romaines. Méroujan et la plupart des princes révoltés étaient tués. Papa, qui assistait à la bataille le

---

(1) Papa devait avoir à cette époque environ 22 ans.

cœur haletant, à côté du patriarche, recouvra son royaume au moment où la Perse croyait avoir à jamais anéanti la dynastie des Arsacides. Le parti romain renaissait à la vie, et l'on confiait à Mouchegh le soin de ramener à l'obéissance les révoltés, pendant que Trajan, commandant de l'armée d'Orient, recevait de Valens l'ordre de soutenir le jeune roi, de marcher, le cas échéant contre la Perse. Sapor, fatigué de ces luttes incessantes dut céder, et l'Arménie revint encore une fois dans la vassalité de l'Empire. Mouchegh que les chroniques de F. de Byzance nous représentent comme le personnage le plus illustre du règne de Papa, soumit une à une les provinces insurgées ; il rangea dans le devoir la Gogarène, l'Arrane, le Vaspouracan, la Gordyène, l'Arzanène, la Sophène, les forçant de reconnaître l'autorité des Arsacides.

Papa dut pratiquer la politique imposée aux rois d'Arménie par leur situation, celle qui ménageait tout à la fois la Perse et l'Empire. A l'intérieur, il eut l'énergie de punir toute velléité d'insubordination, il fit tuer dans le palais même le grand eunuque qui dédaignait ses ordres. Il voulut abaisser la féodalité, la source de tous les malheurs ; il restreignit les prérogatives du clergé, devenu trop puissant avec ses biens qui ne cessaient d'augmenter. Cette tentative de réforme, mécontenta les évêques, et les chroniqueurs du temps, qui faisaient partie du clergé, accusèrent le jeune prince d'avoir empoisonné le patriarche (373). Narsès mourut, il est vrai, subitement, après un banquet que le roi lui offrit, mais non par le poison, car ces mêmes chroniqueurs rapportent que Papa l'a beaucoup pleuré et lui fit de magnifiques funérailles. Malgré son gouvernement sage, Papa ne tarda pas à devenir la victime d'une odieuse machination. Sur le rapport de Trajan, alors commandant des légions campées en Arménie, Valens trouvait que le roi penchait trop du côté de la Perse. Il l'invita à se rendre près de lui à Tarse, et quand il l'y tint, il voulut le garder captif.

Averti à temps, Papa réussit à s'enfuir, et gagner l'Arménie malgré la poursuite des cavaliers lancés après lui. Valens, soupçonneux, n'eut pas de peine à croire que la fuite du roi s'était faite à la faveur de la magie qu'il voulait extirper partout. Il le voua dès lors à la mort. Trajan prépara un guet-apens dans un festin; les chants retentissaient dans la salle du banquet, et les coupes circulaient lorsque, sur un signe de Trajan, un barbare se précipita sur le roi et le tua (374). Ce crime odieux était d'autant plus inutile que Papa avait fait toujours preuve de fidélité envers son protecteur, et n'avait jamais écouté les avances ou les menaces de Sapor. C'était une lâche trahison de Trajan, indigne du nom romain, que les barbares mêmes auraient réprouvée (1).

Les partisans de l'Empire, les Mamiconiens en tête, malgré le ressentiment qu'ils éprouvaient devant l'attentat commis sur la personne du jeune roi préférèrent encore un prince désigné par l'empereur plutôt que de se jeter dans les bras du roi de Perse. Valens envoya Varazdat, le neveu de Papa, gardé en ôtage à Constantinople. Le jeune prince, plein de courage, doué de la nature, qui avait maintes fois pris part aux luttes de l'amphithéâtre, promettait beaucoup. Sapor, qui n'avait rien gagné à la guerre voyant l'inanité de ses efforts demandait mainte-

---

(1) Amm. Marc. — F. de Byzance.

nant à Valens de partager ce royaume d'Arménie, cause des conflits séculaires entre les deux empires. Mais Valens qui suivait à l'égard de l'Arménie, la politique d'Auguste et de Dioclétien, celle qui consistait à maintenir cet état tampon, rejeta les propositions (375) et renvoya Sourène, l'ambassadeur du roi de Perse. Pour traîner les choses il dépêcha auprès du roi Victor Magistrianus avec des instructions à l'effet d'apaiser sa colère. Mais Magistrianus conduisit les négociations maladroitement et accepta en principe le partage de l'Arménie, de l'Ibérie, alors que Valens n'y avait point autorisé. Entre temps Varazdat avait mécontenté les grands et même les Mamiconiens, par l'assassinat de Mouchegh (1). Les troubles éclatèrent aussitôt. Manuel, fils de Mouchegh, se mit à la tête du mouvement, et avec les troupes fidèles à lui, il força le roi de s'enfuir d'Arménie au bout d'un règne de trois ou quatre ans (378). Cette fois le rejeton des Arsacides avait la vie sauve, mais l'anarchie, les troubles sans cesse renouvelés faisaient voir qu'il était impossible à ces Arsacides d'exercer l'autorité. Les Perses, commandés par Sourène, envahirent aussitôt l'Arménie, d'autant plus facilement, que Manuel se déclarait leur partisan. Mais cette occupation devait être passagère. Sapor II venant de mourir (379), les Perses évacuèrent le pays quand ils virent le turbulent Mamiconien rallier le parti royaliste et prendre les armes contre eux.

Le parti romain crut mettre fin à l'anarchie en appelant

---

(1) F. de Byz. — La chronique arménienne ne précise pas le mobile de l'assassinat de Mouchegh, qui était le pesonnage le plus considérable de ces temps, le courageux défenseur de la royauté. Varazdat aurait fait commettre ce crime sur les conseils perfides d'un certain Saharouni.

à la fois sur le trône Arsace et Varlase, les enfants de Papa, en les mariant, le premier à la fille de Manuel, le second à la fille de Sahac, de la maison des Bagratides. Ce fut encore un sujet de mécontentement pour les autres partis, et de nouvelles dissensions intestines provoquèrent l'intervention de la Perse. D'ailleurs Valarse, qui avait eu en possession la province d'Ararat et les districts adjacents, mourrait dans l'année. Théodose qui venait d'arriver à l'empire (379) préférait vivre en paix avec la Perse ; il reçut un ambassadeur de Sapor III qui venait la lui offrir avec de riches présents ; il accepta par un traité signé en 384 le partage de l'Arménie que Sapor II avait proposé quelques années auparavant.

La grande portion devint alors un état vassal de la Perse ; la petite comprenant la Carénitide, la Sophène et une partie de la Taronitide, forma une province romaine, dont le gouvernement fut confié deux ans après (386) (1), à un comte romain.

Les Arsacides régnèrent encore 40 ans sur la partie attribuée à la Perse, jusqu'à ce que celle-ci devînt à son tour une province persane.

Ce fut un acte impolitique de Théodose, que de permettre la chute d'un royaume que Rome s'était efforcé de maintenir : l'Arménie supprimée, les Sassanides ne pouvaient que mieux menacer l'Empire. La Perse put si bien affaiblir en Orient la puissance romaine au vi° siècle, que celle-ci ne fut plus capable de résister contre le débordement des peuples mahométans. Le clergé arménien qui ne

---

(1) La réduction du pays en province romaine eut lieu effectivement en 386, à la mort du roi Arsace. D'après Noldeck, le partage se fit seulement en 390, sous le règne de Bahram IV. M. de Khorène, qui suit une chronologie erronée, porte l'avènement vers 396.

voyait en Théodose que son orthodoxie, jugea autrement et s'empressa de l'honorer au sein de l'Eglise nationale.

Sapor III avait nommé en 384 en Arménie persane un certain Chosrau, issu des Arsacides, auquel il avait donné pour femme une de ses sœurs. Mais Chosrau prit des allures d'indépendance en élevant sur le trône patriarcal Sahac (387) fils de Narsès, prélat suspect aux yeux du roi à cause de ses préférences pour l'Occident. Il avait de plus accordé aux familles ennemies de la Perse leurs anciennes dignités. Ces agissements ne pouvaient plaire à Sapor qui le détrôna au bout de quatre ans et le fit garder en prison.

Le gouvernement de la Persarménie fut adjugé à Vram-Schapouh (1), frère de Chosrau, auquel Sapor n'accorda pas même le titre de roi. Mais à la suite de son gouvernement sage et de la tolérance religieuse au commencement du règne de Yezdeguert I (399-420), Vram-Schapouh gagna la confiance et fut confirmé avec le titre de roi en 399. Son règne, qui fut illustré par l'invention de l'alphabet arménien, assura la paix pour quelque temps. Il sut gagner, tout en ménageant les partisans de l'Occident, la faveur de Yezdeguert, et parvint à faire approuver l'élection de Sahac. Il obtint en outre pour Hamazasp Mamiconien, gendre du patriarche, la dignité de généralissime, qui avait été retirée de la famille depuis Manuel. Vram-Schapouh gouverna le pays d'accord avec le clergé, qu'il aida dans ses efforts à propager les préceptes du christianisme; il encouragea le mouvement des lettres et contribua à la fondation des écoles pour répandre l'enseignement de la langue. A sa mort sur-

---

(1) Placés directement sous la suzeraineté des Sassanides, les derniers rois Arsacides prenaient en l'honneur de leurs maîtres des noms perses, tels que Vram-Schapouh (Bahram-Sapor) Artaschir, etc.

venue en 419, Sahac se rendit à la cour persane afin de décider Yezdeguert à replacer sur le trône Chosrau, détenu au château de l'Oubli. Chosrau ne régna d'ailleurs que quelques mois.

Yezdeguert I, qui avait été tolérant envers les chrétiens et, par contre, très dur envers les grands de la Perse et les mages, n'hésita pas à édicter des peines sévères contre les chrétiens, lorsque l'évêque Abda, par un zèle aveugle, fit brûler en Suzrani (418) un sanctuaire du Mazdéïsme. Sous son règne les chrétiens de la Perse avaient acquis un grand ascendant et s'étaient donnés un chef autonome qui s'appelait Catholicos, comme les chefs des Eglises d'Arménie, d'Ibérie et d'Albanie. Yezdeguert, irrité contre les chrétiens et pour dominer mieux l'Arménie, envoya comme roi, non plus un arsacide, mais son propre fils Sapor (419?). Il voulut par ce moyen abolir le christianisme et s'assimiler les Arméniens par la religion. Mais Yezdeguert était assassiné par les grands, et son fils s'en allait de l'Arménie au bout d'un an pour accourir vers la capitale et s'emparer du trône. Il en fût d'ailleurs empêché, étant lui-même assassiné par les grands.

A l'avénement de Bahram V (420-439) (1) deux choses signalèrent aussitôt la nouvelle orientation politique de la Perse : la persécution systématique des chrétiens et la reprise de la guerre contre les Romains. L'armée perse, commandée par Mihr-Narseh (2), fut battue dans l'Ar-

---

(1) Bahram V, qui porte le surnom de Gor, « l'Onagre », est un favori de la tradition persane par son caractère belliqueux et son intolérance contre les chrétiens.

(2) Mihr-Narseh fut l'un des grands les plus puissants des règnes de Bahram V et de Yezdeguert II. C'était à la fois un général consommé, un homme instruit et un habile politicien.

zanène qui relevait alors de la Perse ; les hostilités passèrent de là dans la Mésopotamie et les Romains assiégèrent inutilement Nissibine, comme les Perses de leur côté ne purent s'emparer de l'Osrhoène. La guerre affaiblit à ce point les belligérants qu'ils eurent bientôt le désir d'y mettre un terme (422) (1). En faisant la paix de cent ans (2), les Perses promirent d'accorder aux chrétiens la liberté du culte, comme les Romains s'engagèrent de leur côté, à reconnaître les mêmes droits aux Zoroastriens.

Pendant la guerre, des aspirations d'indépendance s'étaient reproduites dans la Persarménie. Les grands avaient battu le lieutenant laissé par Sapor et le pays était de nouveau en agitation. Quand on vit que la paix était faite, on eut la prudence de cesser tout mouvement et de recourir à l'intervention du patriarche pour mettre fin à l'anarchie. Bahram V, qui de son côté désirait gagner les Arméniens, accepta la proposition du patriarche et consentit à placer sur le trône Artaschir (422), le fils de Vram-Schapouh. Mais les grands, toujours turbulents, ambitieux et intrigants se dégoûtèrent bientôt du nouveau roi, un enfant de 17 ans sans volonté. Ils méprisèrent leur engagement, passèrent outre aux supplications du patriarche qui leur disait : « l'agneau égaré est préférable au loup », et s'adressant directement à la cour, ils se débarrassèrent d'Artaschir qui fut appelé en Perse, avec le patriarche, au bout de six ans de règne (428 ou 429). Ce fut la fin de la royauté, et Bahram V fit de la Persarménie une province comme les Romains avaient fait déjà de la portion qui leur était échue.

---

(1) Nold. Etude hist. sur la Perse ancienne.
(2) Soc.-Soz.

La Perse fut aidée en cela par les partisans qu'elle comptait parmi les grands d'Arménie. Il est vrai que ceux-ci qui ne souffraient aucune autorité, rendirent la tâche des magistrats perses tout aussi difficile que précédemment celle des Arsacides.

La royauté arménienne que le protectorat romain avait maintenu jusqu'à Théodose I, devait nécessairement sombrer, du jour où les grands n'étaient plus d'accord pour la conserver. L'autorité du roi s'était affaiblie à ce point que les grands s'aperçurent qu'il leur était aisé de se passer de lui, sans changer rien à leurs prérogatives. Dans les dernières années les rois n'étaient plus qu'un intermédiaire entre les princes et la cour de Ctésiphon qui seule distribuait les faveurs. Quant au peuple, il lui était indifférent de voir sombrer une autorité qui n'avait jamais pu le défendre contre l'étranger. En même temps que les Arsacides disparaissait de la scène la famille de Grégoire, avec Sahac dépouillé de sa dignité, et il ne restait plus des Pahlavides que leurs parents les Camsaracans (1).

---

(1) Voici la liste chronologique des Arsacides chrétiens et des patriarches d'Arménie, autant qu'il est possible de la former.

Les Arsacides chrétiens	Patriarches d'Arménie	Rois Sassanides
Tiridate III. 287-297-330	Conversion...... 305	Narseh.......... 293
Chosrau II........ 330	Grégoire 305	Hormizdt II..... 303
Tirane........ 338-349	Aristacès.. ... 325	Sapor II 310
Arsace........ 350-367	Vardanès 332	Artaschir II..... 379
Papa 368-374	Joussic.... 339	Sapor III 383
Varazdat 374-378	Pharène.... 347-351	Bahram IV.... 389
Arsace...... } 379-386	Narsès (1)... 352-373	Yezdeguert I.... 399
Valarse.. ... } 379-380	Sahac....)	Bahram V... 420-439
Chosrau III........ 384	Zaven.... } 373-386	
Vram-Schapouh 387	Aspurages)	
Chosran III (2e fois). 419	Sahac... ... 387-439	
Sapor (Interrègne).. 423		
Artaschir.... .. 423-428		

(1) On ne saurait admettre le calcul de F. de Byzance, d'après lequel Narsès aurait reçu l'investiture par le métropolite Eusèbe de Césarée (262-370) ce qui porterait son avènement au moins à l'année 363.

III

Sahac et Mesrop. — Le mouvement littéraire au Ve siècle.

Pendant que la royauté succombait, victime d'une féodalité puissante et des menées des Sassanides, il se produisit en Arménie un événement de la plus haute importance : la création des lettres, due aux efforts de deux hommes célèbres, le patriarche Sahac et son collaborateur, généralement connu sous le nom de Maschtotz. Ce dernier, qui s'appelait aussi Mesrop (1), était originaire du district de Tarone, issu d'une famille noble. C'était un homme instruit, fort compétent dans les affaires civiles et militaires. A la connaissance du syriaque, il ajoutait un peu celle du grec, alors la langue la plus répandue dans le monde romain. Il avait été secrétaire à la cour d'Arsace (2), et puis il était entré dans les ordres sous Chosrau III. A cet effet, il s'était rendu à Constantinople pour y puiser l'enseignement nécessaire des livres saints. Ceux-ci n'étant pas traduits en arménien, les offices étaient célébrés en syriaque (3), et l'on se trouvait dans la nécessité d'expliquer les textes, chaque fois, devant l'assistance. Le zèle religieux et le patriotisme suggérèrent à

---

(1) On ne saurait dire si ce sont des noms propres ou des surnoms. Mesrop veut dire peut-être secrétaire. On a cru que Maschtotz était un titre ecclésiastique ; c'est probablement un simple prénom syriaque. On connaît un patriarche d'Arménie du nom de Maschtotz, de même plusieurs patriarches portent le nom de Mesrop. En tout cas, des biographes ne le connaissent que sous ces appellations et se contentent de dire que son père s'appelait Vardane.

(2) Le fils de Papa, qui régnait avec son frère Valarse vers 379.

(3) L de Ph.

Mesrop l'idée de traduire les écritures saintes afin d'affranchir la liturgie de l'emploi des langues étrangères. Il fit part de son projet à Sahac qui s'intéressa vivement à l'œuvre, et les deux prélats demandèrent l'appui du roi Vram-Schapouh dans cette entreprise qui pouvait, par sa réussite, éviter l'obligation où l'on se trouvait jusque-là de rédiger les actes royaux en syriaque ou en grec (1). Le patriarche fit réunir une assemblée qui se tint auprès du roi pour délibérer sur la question. Quelque temps auparavant, un évêque syrien du nom de Daniel avait fait des tentatives en vue d'établir un alphabet arménien, mais ses essais étaient restés sans succès. Mesrop se mit à l'œuvre, et, après des essais restés infructueux, il se rendit à Édesse et s'adressa là à un nommé Rufin, calligraphe grec, très versé dans la matière, qui vivait dans la solitude aux environs de Samosat, sur l'Euphrate. Aidé par Rufin, Mesrop parvint à façonner les caractères arméniens d'après l'alphabet grec (2). Il admit, pour rendre le phonétique de l'arménien 36 caractères, parmi lesquels :

---

(1) L. de Ph. — M. de Khorène sait qu'il existait en Arménie beaucoup d'actes civils rédigés en persan (pehlevi ?) L'arménien ne fut donc qu'une langue parlée, sans transcription, durant des siècles. C'est un phénomène difficile à expliquer dans la vie d'un peuple qui était pourtant arrivé à une certaine indépendance politique. Il n'existe pourtant aucun document, aucune inscription en langue arménienne, datant du temps de la royauté, même avec des caractères étrangers. Dans ces conditions, l'arménien a dû évoluer beaucoup durant les siècles.

(2) Les historiens arméniens, y compris Corune, le disciple même de Mesrop, ne donnent que des indications obscures sur les travaux du maître. Ni Corune, ni Lazare, ni les chroniqueurs postérieurs ne disent clairement si Mesrop s'est servi de l'alphabet grec en y ajoutant quelques caractères pour compléter les 36 lettres dont se compose l'alphabet arménien.

La formation de l'alphabet arménien est devenue ainsi un sujet de

ա բ գ դ Ե զ Է թ ի կ ղ ՞ շ ո պ ռ․ ս վ տ ե փ ք

ressemblent évidemment aux lettres de l'alphabet grec, avec quelques modifications. Il suffit de mettre les vieux caractères, dits de Mesrop, en regard des lettres semblables de l'alphabet grec, l'analogie devient frappante; sans compter que ces lettres ont le même rang dans les deux alphabets. Quant aux lettres բ ճ Լ խ Ճ ձ րյ ձ Ջ ւ ց (1), on ne saurait encore en déterminer l'origine, quoique plusieurs d'entre elles semblent être copiées sur le syriaque (2).

controverses entre les philologues. Hubschmann et Carthapsen ont démontré avec la plus grande probabilité que la plupart des caractères arméniens dérivent du grec ; pendant que M Muller et d'autres savants admettent volontiers, en s'appuyant sur certains passages des auteurs du xiii⁰ siècle (Vardane), que Mesrop prit pour base, les 22 caractères antérieurement façonnés par Daniel, selon l'alphabet syriaque qui possède précisément 22 lettres.
Mesrop se serait contenté d'ajouter aux 22 lettres 7 voyelles et 7 autres consonnes. En outre, les 22 lettres de Daniel procèderaient plutôt de l'alphabet palmyrien. Mais avec cette hypothèse, le savant philologue avoue qu'il est difficile de distinguer sur les caractères arméniens les formes des lettres du syriaque.
Comme les auteurs arméniens parlent vaguement de l'existence d'un alphabet antérieur à l'invention de Mesrop, alphabet resté sans usage ou tombé en désuétude, on s'empressa d'admettre qu'avant le christianisme les Arméniens possédaient une écriture, laquelle fut systématiquement écartée comme œuvre païenne. C'est là une pure supposition qu'aucun monument n'est venu démontrer.
·La plupart des auteurs modernes font d'ailleurs confusion sur le mot *nichanakir*, qui n'a pas précisément le sens de lettre ou de caractère dans la langue arméni·nne. Les nombreux signes abréviatifs ou hiéroglyphiques que l'on trouve dans les manuscrits arméniens font penser que ces signes sont les vestiges d'un alphabet en usage avant l'invention de Mesrop, ou qu'ils représentent l'alphabet de Daniel.
S'il est difficile d'expliquer l'origine de ces signes hiéroglyphiques, on ne saurait démontrer qu'ils découlent d'un système d'écriture en usage, du moment qu'on ne possède aucun document écrit avec ces hiéroglyphes.
(1) Les caractères étrangers qui précèdent ont été obligeamment prêtés à l'éditeur par l'Imprimerie Nationale.
(2) Cf. Aubsch. — M. Mull. — Le Mikhilariste Sarkissian pense que l'on doit chercher leur origine dans le zend?

Mesrop avait commencé ses travaux en 394, c'est après huit à dix ans d'efforts, soit vers 404 ou 406, qu'il est parvenu à façonner les caractères capables de transcrire l'arménien (1). Quant il fit part de son succès au patriarche, celui-ci se mit aussitôt à traduire les livres saints. Il n'avait devant lui que les textes syriaques, à cause de l'interdiction de l'usage des livres grecs et de tout enseignement de cette langue dans l'Arménie persane. Voyant les difficultés auxquelles se heurtait leur projet, les deux collaborateurs décidèrent d'aller dans l'Arménie romaine. Froidement reçus par les autorités et par le clergé grec, ils s'adressèrent au patriarche de Constantinople (2) et à l'empereur. Une députation, dont faisait partie Mesrop, se présenta à la cour et obtint des ordres pour le gouverneur, de reconnaître l'autorité du patriarche sur les Arméniens, et de le laisser libre de fonder des écoles pour l'enseignement de la langue nationale. Le rescrit impérial accordait même des subventions pour l'œuvre des prélats. C'était un grand succès politique : l'intervention de Sahac assurait aux Arméniens placés sous l'autorité byzantine la conservation de leur langue, et par suite leur nationalité. Les prélats arméniens s'engageaient, par contre, à sévir contre les gnostiques qui s'étaient réfugiés en Arménie vers cette époque.

Sahac retourna, après ce succès, à son siège, en confiant à Mesrop la mission de mener à bonne fin l'œuvre commencée. Mais Mesrop n'était pas très versé dans la langue

---

(1) L'invention de Mesrop est très remarquable. Les 36 lettres sont capables de rendre le phonétique de presque toutes les langues.

(2) Atticus, tout en protégeant les prélats arméniens, était contre l'entreprise.

grecque ; il ressentit les plus grandes difficultés dans les traductions ; il lui fallut envoyer quelques-uns de ses disciples à Constantinople, à Alexandrie, à Athènes, pour apprendre le grec et se procurer les manuscrits nécessaires. Ces disciples apportèrent à leur retour les textes des écritures saintes, les œuvres des Pères de l'Eglise grecque, les canons des conciles de Nicée et d'Ephèse, le livre des offices (1). Dès lors les traductions faites sur le syriaque furent corrigées et la version de la Bible fut achevée.

La traduction des livres saints créa pour ainsi dire la langue littéraire. Ce mouvement est analogue à celui qui se produisit au IXe siècle chez les Slaves et au XVIe siècle en Allemagne, lorsque Luther, traduisant la Bible, détermina la création de l'allemand littéraire. Une fois créées, les lettres arméniennes conservèrent l'esprit national et devinrent une barrière contre la dissolution du peuple arménien. L'invention de Mesrop contribua, en outre, à la fondation d'une Eglise nationale qui, avec la langue, assura à la nation une existence distincte à travers les siècles. Aussi Sahac et Mesrop sont-ils pour la nation les deux figures les plus vénérées dont la mémoire est pieusement conservée parmi les saints de l'Eglise nationale. Mesrop mourut après une vie remplie de labeurs, en 439 ou 440, quelques mois après son collaborateur Sahac. L'œuvre de Mesrop parut si merveilleuse aux yeux de ses contemporains que son disciple Corune y voit une révélation divine.

Faute de données précises, les historiens postérieurs ont dû se contenter d'explications ambiguës sur la formation

---

(1) Le Missel en usage dans l'Eglise arménienne procède surtout de celui d'Athanase, évêque d'Alexandrie.

de l'alphabet arménien. Ce que l'on sait, c'est qu'avant Mesrop, l'arménien ne fut jamais transcrit avec des caractères grecs ou araméens (1); pour les usages usuels, on se servait du pehlevi, du syriaque ou du grec. Les Hrovartac ou rescrits royaux étaient rédigés dans ces langues.

Il n'existe aucune inscription ou manuscrit datant des premières années de l'invention de l'alphabet, pour se faire une idée exacte des caractères forgés par Mesrop. Les plus anciens manuscrits (2) sont écrits dans le système des caractères dits « le grand style », qui sont employés aujourd'hui comme majuscules dans l'imprimerie. A défaut de documents plus anciens, ces caractères sont attribués à l'inventeur et portent son nom. Les paléographes admettent que cette forme d'écriture fut en usage du ve au viiie siècle, au moins pour la copie des livres saints et des actes officiels (3). Son usage semble avoir cessé vers le xiie siècle, durant lequel on adopta le système dit « la ronde » dont l'emploi fut surtout répandu en Cilicie. La plupart des manuscrits sont écrits avec la *ronde* qui s'est conservée jusqu'à nos jours comme caractères d'imprimerie. A voir le grand

---

(1) Le seul essai connu est un lexique syriaque-arménien datant du xvie siècle, où les vocables arméniens sont transcrits en caractères araméens, dont la lecture est naturellement fort difficile.

(2) L'Evangile de l'Institut Lazareff de Moscou est de 887, celui de la bibliothèque d'Etchmiadzine de 896. Le trésor du patriarcat de Jérusalem aurait un évangile de 602 (?).

(3) Les paléographes arméniens admettent que les caractères dits « grand style » furent en usage du ve au viiie siècle; les caractères dits « style moyen », du viiie au ixe siècle; le « style mineur », du ixe au xiie siècle. Enfin la cursive daterait du xviiie siècle. Mais, ainsi que le fait remarquer le R. P. Tachian, le savant mikhjtariste de Vienne, ce classement n'a rien de bien rigoureux; la ronde et l'italique ont été en usage, bien avant les dates assignées ci-dessus.

nombre de manuscrits que les copistes ont laissés ; l'art de reproduction des livres devait être florissant en Arménie, au moins à partir du ɪxᵉ siècle. Les copistes étaient en général des moines qui habitaient les monastères. Les mémoires qui accompagnent la plupart des manuscrits, indiquent le nom des moines, des diacres, qui faisaient le métier de copistes, comme les religieux en Europe au moyen âge. Les copistes arméniens avaient appris dès le ɪxᵉ siècle à orner les livres par des enluminures, d'abord à la mode syriaque, puis à la mode byzantine. Cette activité dans la reproduction des livres s'est maintenue si bien que les Arméniens se sont emparés de l'usage de l'imprimerie, un siècle après l'invention de Guttenberg (1).

Nous ignorons forcément les étapes que la langue arménienne a traversées pour arriver à l'état où nous la trouvons vers le milieu du vᵉ siècle. Mais, à voir les débris des chants que nous rapporte le livre de M. de Khorène, et qui sont antérieurs au vᵉ siècle, l'arménien des siècles précédents ne devait pas différer de beaucoup de la langue transcrite par Sahac et Mesrop. Ces fragments font voir que l'Arménien était déjà une langue admirablement façonnée, d'une expression vigoureuse, capable de rendre la pensée en des formes variées et imagées à la fois. Ils nous révèlent les signes caractéristiques de la langue, une originalité et une allure indépendante dans ses aptitudes littéraires, un lyrisme rappelant le genre antique de la poésie hébraïque. Aussitôt transcrit, l'arménien apparaît avec un grand bagage vocabulaire, muni de tous les

---

(1) Atgare de Tokab avait fondé à Venise la première imprimerie vers 1565.

éléments pour rendre d'une manière merveilleuse les œuvres de la littérature sacrée. Il est impossible que les traducteurs du ve siècle l'aient forgé de toutes pièces.

La langue arménienne était considérée, il y a à peine un demi-siècle, comme un idiome à part. Le mikhilariste Indjidjian, pénétré de l'idée de l'arrêt de l'Arche de Noë au mont Ararat, prétendait naïvement que l'arménien est la première langue de l'humanité. Pallas, en se rapportant à la langue parlée, en faisait un idiome touranien occupant le milieu entre le tartare et les langues du Caucase. La Croze le considérait comme un dérivé de l'ancien mède. C'est dans la dernière moitié du xixe siècle que les arménisants sont parvenus à le ranger dans la classe des langues indo-européenne. Petermann démontra le premier, par l'étude de la grammaire, que la langue arménienne se rattache à la souche occidentale des langues aryennes, au grec et au latin bien plus qu'à la branche iranienne. Depuis les études de De Lagarde, de Hubschmann, de M. Muller, de Patcanian, de Dervichian, on est arrivé à en déterminer les racines et à se rendre compte de sa formation. La ressemblance qui existe entre l'arménien, le grec ou le latin (1), n'est pas le fait d'un simple emprunt ; elle résulte d'un fond commun et surtout des formes grammaticales qui ont dans l'arménien les mêmes signes caractéristiques que dans le sanscrit, le grec et le latin, aussi bien dans la déclinaison des mots que dans la conjugaison des verbes. La parenté de l'arménien avec la branche occidentale de

---

(1) Brugge, le savant professeur de l'Université de Christiania, croyait voir des analogies entre l'arménien et l'ancienne langue étrusque.

l'aryen étant désormais démontrée (1), on peut le considérer comme l'idiome plus ou moins transformé du groupe aujourd'hui disparu des langues indo-européennes de l'Asie-Mineure.

Pour enrichir son vocabulaire, la langue arménienne a surtout emprunté au pehlevi par le fait même de la domination séculaire de la Perse. Les mots d'origine syriaque ou araméenne semblent dater de l'époque sassanide, au temps où le pehlevi lui-même avait subi l'influence de l'araméen.

A partir du christianisme l'arménien a de plus emprunté un assez grand nombre de mots au grec. Ainsi échafaudée, la langue arménienne forme aujourd'hui la branche qui

---

(1) C'est ici l'occasion de signaler l'existence de mots communs à l'Arménien et au Celte, remontant sans doute aux époques éloignées où les Celtes habitaient encore la région caucasique et les bords de la Caspienne. On sait que le nom de Pô (*padus*) vient du gaëlique *pades*, sapin, à cause des forêts de sapins qui environnaient la source du fleuve sardo-lombard : en Arménien *pad* signifie bois. Le mot *car*, pierre en arménien, en passant par le gaëlique, a donné en français, *carrière* dans le sens de *pierrière* ; or, dans le kimro-breton *car* forme le radical de plusieurs noms de localités, entre autres le fameux bourg de Carnac, *amas de pierres*. Le plus curieux, c'est de retrouver dans un mot kimro-breton l'éthymologie d'un nom célèbre, porté par des rois d'Arménie.

En breton kimrique *Ti-grann* a le sens d'héritage total, de grand apanage, la part du chef, etc., etc.

Les noms arméniens *Tigrane* et *Tirane* se trouvent expliqués par le kimro-breton.

D'autre part, n'est-il pas frappant de constater que l'arménien *Kar*, *Kaer*, lieu, résidence, se reconnaît dans le breton *Ker*, ayant même signification et commençant ou terminant la plupart des noms de localités bretonnes.

Dans son *Antiquité de la nation et de la langue des Celtes*, le bénédictin breton D. Pezrou a le premier affirmé que les Gaulois devaient être venus de la Bactriane.

L'ethnographie biblique fait descendre les Gaulois d'Askhenaz, un des fils de Gomer, fils de Japhet. Jérémie appelle royaume d'Askhenaz tout le pays d'Ourartou, occupé plus tard par les Arméniens.

s'éloigne le plus du groupe occidental de l'aryen; son phonétique a d'ailleurs été modifié par son contact avec les langues de l'Asie-Mineure, surtout du Caucase.

Après l'invention de l'alphabet la langue arménienne se révèle déjà avec des caractères qui dénotent un âge de maturité. Elle est riche, variée dans les expressions, claire, bien ordonnée, mais il ne se passe pas un demi-siècle sans qu'elle subisse des influences qui lui font perdre ses qualités. La grammaire prend certaines tournures, les expressions s'altèrent et la langue devient obscure, particulièrement chez les auteurs, qui cherchent à la modeler sur le grec et en calquer la phraséologie. Avec l'invasion arabe les lettres arméniennes subissent l'influence fâcheuse de la littérature orientale, avec ses métaphores, ses longueurs fatigantes dans le récit. Des écrivains distingués ont beau vouloir la régénérer au XIIe siècle, la décadence littéraire devient complète peu après. Vers le XVIIIe siècle, l'Arménie se transforme au point d'être méconnaissable. Sans l'œuvre de renaissance entreprise par les Mikhilaristes, et sans l'impulsion donnée par Jean Colot († 1741) Jacques Nalian (1749) patriarches de Constantinople, l'arménien serait tombé à l'état de langue liturgique, inintelligible pour la nation.

Le mouvement littéraire en Arménie s'est confiné au cercle restreint des moines et des ecclésiastiques dont l'activité intellectuelle s'est portée surtout vers l'étude des livres saints et les questions religieuses. Tout en s'attachant à la traduction des œuvres des pères de l'Eglise grecque, à la théologie, à la dogmatique, à l'homélie, à la poésie religieuse, aux travaux de mystique et d'ascétique que fit naître le monachisme, ces ecclésiastiques ne dédaignèrent pas le genre profane, ils traitèrent quelques sujets philosophiques (1), la biographie, l'histoire et, à côté de l'histoire, un genre littéraire analogue, les chroniques. Les luttes contre les persécutions religieuses de la Perse firent éclore un genre qui tient de l'épopée. Mais s'appliquant à modeler leur style sur les œuvres des pères de l'Église, grecque, et imbus d'une rhétorique d'école, ils ne purent faire preuve d'aucune originalité dans la littérature sacrée, à l'exclusion d'un ou deux auteurs. Les historiens, qui dominent dans la littérature profane, manquent d'ailleurs de sens critique, d'esprit philosophique et de synthèse. Si la valeur littéraire des œuvres de ces ecclésiastiques ne supporte aucune comparaison avec les classiques, on ne peut que s'étonner de l'activité intellectuelle dont ils firent preuve à partir de l'invention de l'alphabet. Les premiers écrivains furent les disciples de Sahac et de Mesrop. Ils sont connus sous le nom générique de traducteurs, pour avoir produit la version des livres saints. On les connaît fort peu, et l'on ignore la part que chacun a prise dans l'œuvre commune, par suite de cette idée pieuse, qui leur imposait l'anonymat, dans ce travail entrepris pour la gloire de la religion. On sait seulement qu'ils ont été à Edesse, à Constantinople, à Alexandrie, à Athènes, puiser leur instruction dans les écoles de ces villes. Les plus célèbres sont : Eznic, Corune, Léonce, Joseph de Baghmé, Johann d'Akilisène, Joseph de Vaïk, Himaiac Mamiconien, et parmi les jeunes, Mamprée, Elisée, Lazare de Pharbi et Moïse (2). Leur œuvre, accomplie en partie sous les yeux

---

(1) David le philosophe. On possède quelques traductions partielles de Platon, d'Aristote.

(2) Un autre Moïse que l'auteur de l'histoire d'Arménie.

des deux maîtres, constitue l'âge d'or de la littérature arménienne. La langue qu'ils ont laissée est bien ordonnée, exempte de tournures défectueuses, réservée dans l'emploi des mots composés, dont les écrivains postérieurs ont fait un si grand abus. C'est le style classique et les traductions qui datent de leur temps forment les vrais monuments de la langue arménienne. On peut dire que la traduction de la Bible domine tout le reste. Celle-ci, complétée sur le texte des Septante, prit sa forme définitive vers 432. Le style en est correct et concis, harmonieux. Les expressions sont variées et bien choisies. Les morceaux lyriques sont d'ailleurs rendus dans une langue poétique qui égale presque la beauté du texte. Après la Bible, viennent les traductions des Homélies de Chrisostome, de l'Hexameron de saint Basile, des Catéchèses de Cyrille, des chroniques d'Eusèbe, des commentaires d'Ephrem le Syrien.

L'école des traducteurs produisit en même temps quelques ouvrages originaux, parmi lesquels la Réfutation des sectes religieuse d'Eznic (1), est un des chefs-d'œuvre de la littérature arménienne. Eznic, qui naquit au village de Coghp, dans la province d'Ararat, fut envoyé à Edesse et puis à Constantinople; il contribua le plus, par son esprit distingué et par sa connaissance des langues syriaque, hébraïque, grecque et persane, au mouvement littéraire du v⁰ siècle. Dans son livre de la Réfutation des sectes, la langue arménienne brille par l'ordonnance de la composition, la tournure heureuse des expressions et par la correction. Outre les questions de philosophie abstraite et

---

(1) L'ouvrage d'Eznic, si intéressant en ce qui concerne le Mazdéisme, fut traduit dans sa totalité, en français par Levaillant Floriva puis par V. Langlois, partiellement en allemand et en anglais.

de métaphysique, que l'auteur traite avec une étonnante clarté d'après les connaissances du temps, en s'aidant des commentaires de Méthodius et des écrits d Epiphane, on y trouve de précieux renseignements et des commentaires sur le code religieux des Sassanides, sur le Mazdéïsme que les Perses cherchaient à imposer à l'Arménie chrétienne.

L'histoire de Fauste de Byzance date également de la belle époque et abonde en descriptions d'une réelle richesse, mais les longueurs en rendent parfois la lecture ennuyeuse. Le style s'éloigne quelque peu des classiques, bien que non moins pur, avec un récit présentant autant de charme. On reconnaît à certains caractères que cette langue devait être le parler familier de l'époque. L'ouvrage fut composé apparemment par les traducteurs, par Corune lui-même probablement, d'après les chroniques plus ou moins fantaisistes d'un certain Fauste de Byzance, qui se dit être le coadjuteur du patriarche Narsès. A part les inexactitudes et les exagérations dans certains faits, et le défaut d'une chronologie, c'est un des meilleurs ouvrages historiques qui datent du ve siècle. Il est plein de détails sur les mœurs, sur les superstitions et préjugés de ces temps. Il nous décrit l'époque qui s'étend de la mort de Tiridate jusqu'à l'année 386. Mais l'esprit de jugement y fait défaut. C'est la caractéristique des historiens arméniens, pour la plupart des moines, auxquels l'analyse des faits politiques échappe le plus souvent.

Le livre d'Acathange ou Acathanghelos (1), ou le récit

---

(1) *Acathanghelos*, qui veut dire porteur de la bonne parole, est le titre du livre et non le nom de l'auteur, comme le ferait croire la notice qui se trouve en tête du premier livre, où il est parlé d'un certain Acathanghelos, natif de Rome, secrétaire du roi Tiridate.

merveilleux de la conversion de l'Arménie est encore un ouvrage qui doit être attribué à l'école des traducteurs, peut être au célèbre Corune qui a écrit la biographie de Mesrop. C'est plutôt un livre d'édification qu'une histoire. La partie historique, qui embrasse les règnes de Chosrau et de Tiridate contient des faits réels, mais aussi des choses erronées et une grande confusion dans les événements politiques de ces temps. Pour ce qui est de la conversion, l'histoire prend le caractère d'un récit fabuleux. L'auteur, qui n'est pas contemporain des événements, a surtout en vue le côté merveilleux, légendaire, et il se sert sans commentaires de quelques martyrologies grecques ou syriaques qui avaient cours en Arménie. Mais l'ouvrage reste toujours précieux par ses renseignements sur a géographie du pays, les maisons féodales, les divinités du paganisme. Comme style, la narration est parfois confuse et se rapproche beaucoup de la biographie de Mesrop par Corune.

Cette biographie fut écrite vraisemblablement peu de temps après sur la demande du patriarche Joseph, vers 445. Corune était apparemment d'origine géorgienne, natif de la Gogarène. Il se rendit à Constantinople, à Jérusalem, à Alexandrie, et, à son retour, il fut sacré évêque de la Gogarène. Son ouvrage est plutôt l'essai historique du mouvement intellectuel opéré par Mesrop, que la biographie de ce dernier. On y retrouve le style d'Acathanghelos ; la langue en est fleurie, riche et à la fois simple, mais les expressions sont parfois inintelligibles.

L'ouvrage s'appelait à l'origine la vie de Grégoire. (Cf. Sarkissian, Acathanghelos-Kalordjian, Hest-Uni, R. P. Tachian. Etudes sur Acathanghelos, Langlois-Gutschmit. Noraïr).

La Guerre de Vardane, d'Elisée (1) est une œuvre purement littéraire, une épopée en prose, dans laquelle l'histoire avoisine parfois le roman. Elisée, qui passe pour avoir été le compagnon d'armes et le secrétaire de Vardane Mamiconien, se serait retiré, après la mort de son héros, dans les montagnes de la Moxuène, pour mener la vie ascétique et composer son ouvrage. Ecrivain doué, au cœur noble et sincère, Elisée sait exalter dans une langue vigoureuse, sans jamais faiblir dans le récit, tout ce qui est beau, grand et chevaleresque. C'est ainsi que la Guerre de Vardane prend un des premiers rangs dans la littérature arménienne, et vaut à son auteur le nom de Xénophon arménien que lui décernent les critiques. Cet ouvrage n'est pas l'œuvre d'un homme de parti, le plaidoyer d'une faction, comme on l'a prétendu à cause des flétrissures qu'on y relève contre Vassac. Chrétien zélé, Elisée charge vigoureusement les défaillants, voulant avant tout rehausser tout ce qui avait contribué au triomphe de la foi et tous ceux qui avaient versé leur sang dans la grande lutte religieuse.

L'histoire de Lazare de Pharbi, écrite vers 490, raconte les événements survenus en Arménie depuis le règne de Chosrau III jusqu'à la magistrature de Vahane Mamiconien. Lazare est encore un moine, appartenant à la noblesse, qui fut, ce semble, le secrétaire de Vahane. Il fut nommé à la cure de la cathédrale de Valarsapat, mais il dut se démettre de ses fonctions sur les imputations

---

(1) Elisée semble être un nom d'origine syriaque. Le Mikhilariste Katerdjian estime que l'ouvrage fut écrit vers 470. Parmi les traductions françaises, la plus estimée est celle de V. Langlois, publiée à Paris en 1869.

de ses subordonnés qui l'accusaient de vénalité dans sa gestion. Lazare ne manque pas de talent ; son récit est net et précis ; il est impartial et il surpasse comme historien son prédécesseur Corune. Mais ses connaissances ne sont pas étendues ; il se perd dans les détails et fait preuve de peu de jugement. La langue qu'il emploie est riche, imagée, mais l'auteur n'égale pas au point de vue littéraire ses devanciers Eznic et Elisée.

L'histoire d'Arménie dite de Moïse de Khorène est le premier essai d'une histoire générale depuis les origines de la nation jusqu'à la chute des Arsacides. Le récit s'arrêtant là, on est tenté de croire que, l'ouvrage date du ve siècle, d'autant plus que l'auteur déclare avoir entrepris son travail sur la demande de Sahac-Bagratide qu'on identifie au magistrat du même nom, chargé d'un gouvernement dans l'Arménie persane, vers 485. Mais l'ouvrage tel qu'il nous est parvenu contient des faits puisés dans la Vie de Sylvestre, dans les chroniques de Malalas, qui font que la composition actuelle doit être reportée à la fin du viie siècle (1). Comme le style n'est pas partout le même, qu'il y abonde des extraits de F. de Byzance, de Corune, de Lazare de Pharbi, on peut dire que l'ouvrage a subi de nombreuses additions et interpolations par des anonymes du viie et même du viiie siècle. Quant à Moïse de Khorène, on ne sait rien de sa vie. Son histoire est une œuvre sans grande valeur en ce qui concerne les origines de la nation, de la lignée des patriarches et des temps antérieurs à Alexandre. C'est l'œuvre d'imagination

---

(1) Ch. Carrière, études sur M. de Khorène-Caracachian, Hist. Cri. Arm.-Khalatriantz, M. de Khorène.

d'un écrivain chrétien qui a su amplifier une généalogie de patriarches attribuée à un certain Mar-Abas-Catina et dont on trouve la forme primitive en tête de l'histoire de Sébéos. Le reste est habilement brodé sur un petit nombre de légendes et de traditions qui avaient cours en Arménie. Le règne des Arsacides qu'on peut contrôler par des documents de provenance probante, est le plus souvent en contradiction avec les historiens contemporains. L'auteur qui semble avoir possédé les traductions arméniennes des Chroniques d'Eusèbe, de l'histoire de Josèphe, ignore, sans être étranger aux lettres grecques, Hérodote, Xénophon, Strabon et en général les historiens latins. En faisant abstraction des additions qui par le style nous portent jusqu'à l'époque arabe, on se trouve en présence d'un écrivain du vi^e siècle, qui ne manque pas de talent littéraire, qui a su malgré la rareté de ses sources, élaborer un tableau d'ensemble où ça et là se révèlent de véritables aptitudes d'historiens. La langue est en général correcte, le style concis, les descriptions pleines d'images, mais l'usage fréquent de l'ellipse et de l'inversion en rend parfois la lecture inintelligible.

Tel fut en résumé le mouvement des lettres en Arménie au ve siècle. L'école des traducteurs qui avait imprimé l'impulsion et qui avait brillé d'un bel éclat déclina aussitôt née. En dehors de ces ecclésiastiques, préoccupés surtout d'apologétique religieuse, il ne se produisit pas une classe de lettrés, capables de conduire l'œuvre à travers la littérature profane en faisant preuve de quelque force créatrice.

Doit-on attribuer la rapide décadence des lettres arméniennes à l'état de servitude où était tombée la nation ?

La vérité est que le mouvement entrepris par quelques ecclésiastiques, au milieu d'un cercle restreint, était en désaccord avec l'état social. L'âme arménienne, indifférente aux choses de l'esprit (1), fut incapable de favoriser l'activité littéraire qui ne put percer les murs des monastères où elle s'était confinée.

---

(1) M. de Kh. Annania de Schirac.

IV

L'Eglise Arménienne.

La reconnaissance du christianisme par Tiridate III et la dignité de grand évêque dont avait été investi Grégoire l'Illuminateur avaient créé l'Église arménienne, sans intervention aucune de l'Eglise grecque, comme cela se fit plus tard dans les pays slaves, quand Cyrille et Méthode y prêchèrent l'Evangile. La fondation de l'Église arménienne fut donc une œuvre nationale et l'investiture donnée à Grégoire par le métropolite de Césarée n'eut pas plus de portée qu'un simple acte d'ordination. C'est ainsi que l'Eglise eut en Arménie, dès l'origine, un caractère national et une constitution à part. La dignité de grand évêque fut conservée d'abord dans la famille de Grégoire d'une manière héréditaire à l'instar des fonctions de grand prêtre chez les Juifs (1) A la mort de Narsès, le roi Papa, en guerre contre le clergé qui avait pris un grand ascendant, fit des tentatives pour restreindre les prérogatives des évêques. Saint Basile métropolite de Césarée anathématisa le roi et se refusa de consacrer, selon la coutume, le grand évêque d'Arménie. Papa passa outre et choisit comme patriarche un prêtre de la famille de l'évêque

---

(1) L'hérédité de la dignité de grand évêque dans la famille, n'est pas le fait d'une constitution judaïque ; elle provient de ce que le haut clergé n'était pas soumis au célibat dans les premiers temps du christianisme. Les fils et les petitsfils de Grégoire furent élus à cause de leur instruction et des aptitudes dont ils faisaient preuve. Les fils de Joussic furent écartés, d'ailleurs, comme incapables de remplir la charge de grand évêque.

Abbien, qu'il fit sacrer par le clergé du pays. L'Eglise arménienne rompit de ce jour avec l'Eglise de Césarée, sans commettre d'ailleurs aucun acte de scission dans le dogme. Le caractère national de l'Eglise d'Arménie s'est prononcé surtout par la traduction des livres saints et par l'usage de la langue arménienne dans la liturgie. Sahac, le dernier de la famille de Grégoire, n'alla pas non plus à Césarée, mais il sut par ses relations, avec le patriarche de Constantinople (1), par les traductions des œuvres des pères de l'Eglise grecque, empêcher l'Eglise nationale de tomber dans l'isolement. Sahac n'ayant pas laissé de descendant mâle, le siège patriarcal fut occupé alors, selon la coutume de l'Eglise d'Orient, par des monastiques (2), ou même par des laïques, occupant une situation sociale, politique ou intellectuelle, que l'on sacrait le jour de leur élection (3). En même temps les grands évêques d'Arménie commencèrent à s'intituler comme les chefs des Eglises d Ibérie, d'Albanie, de la Perse, *catholicos*, appellation grecque, correspondant au primat universel.

Les évêques arméniens étaient restés étrangers aux

---

(1) A cette époque l'Eglise de Césarée avait perdu son importance sous l'ascendant qu'avait pris le patriarche de Constantinople.

(2) A dater du v° siècle le haut clergé arménien s'était voué au célibat à l'exemple des dignitaires de l'Eglise d'Orient. La vie cénobitique s'était aussi développée en Arménie. Comme l'Eglise n'imposait aucune capacité pour entrer dans le sacerdoce, le clergé était en général très ignorant. D'une manière générale le clergé arménien ne fut pas un élément de troubles comme dans l'Empire d'Orient. Il était comme aujourd'hui sous la dépendance du peuple électeur ; il ne formait pas de caste et ne se mêlait pas de politique.

(3) Les patriarches étaient élus par des assemblées où les laïques prenaient une grande part, comme aujourd'hui encore. Il y eut néanmoins beaucoup d'élections où les évêques présents au siège patriarcal assurèrent seuls le scrutin.

luttes religieuses soulevées au sein de l'Eglise au cours des IV⁰ et v⁰ siècles relativement à la nature du Christ et du Saint-Esprit. Ils s'étaient contentés de se ranger aux décisions des conciles de Nicée (325), de Constantinople (381) et d'Ephèse (431) qui avaient été acceptées par les Eglises d'Orient et d'Occident comme les fondements de l'Orthodoxie (1). Ils avaient adopté le Crédo de Saint-Athanase (2), évêque d'Alexandrie comme la formule la plus complète des dogmes de l'Orthodoxie. Le concile de Chalcédoine (451) qu'ils rejetèrent avec tant de force dans les temps postérieurs les avait même laissés d'abord indifférents. Le Concile de Nicée (3), qui avait condamné l'Arianisme, et qui avait accepté une sorte de compromis entre le monothéïsme et le polythéïsme, avait laissé la porte ouverte à de nouvelles discussions relativement à l'Incarnation de Jésus-Christ et à la troisième personne de la Trinité. Le concile de Constantinople décidait que la divinité du Saint-Esprit était égale à celle des deux autres personnes. Les Eglises d'Orient considérèrent en outre que le Saint-Esprit procédait du Père seul (4). La question

---

(1) L'Eglise arménienne ne reconnaît que ces trois conciles œcuméniques.

(2) Le Crédo en usage dans l'Eglise arménienne est celui de saint Athanase, et non le Crédo-de-Nicée comme on le croit habituellement.

(3) Ce concile avait en outre réglé la hiérarchie ecclésiastique en ce qui concerne les églises réparties dans le monde romain ; il avait reconnu trois patriarches: celui de Rome pour l'Europe, celui d'Alexandrie pour l'Afrique et celui d'Antioche pour l'Asie, ainsi que les sièges métropolitains d'Héraclée d'Ephèse et de Césarée. Il n'y fut pas question des sièges en dehors des limites de l'Empire comme ceux d'Arménie, de Ctésiphon ou de Perse.

(4) L'église de Rome admit plus tard au concile de Tolède, en 653, que le Saint-Esprit procède du Père et du Fils. Cette divergence de

de l'Incarnation, autre face de la question de la nature de Jésus-Christ, fut soulevée peu de temps après. Elle engendra des guerres religieuses autrement violentes qui durèrent pendant cent ans (2), de Théodose II à Justinien I. Jusque là l'Eglise admettait d'une façon générale l'unité des deux natures, sans approfondir la signification de cette formule. La question fut portée devant le concile d'Ephèse, à propos des doctrines enseignées par Nestorius, patriarche de Constantinople. Celui-ci prêchait l'existence de deux personnes en Jésus-Christ et la séparation de la nature humaine et de la nature divine de Jésus-Christ; il n'admettait pas, par suite, l'expression d'Homme-Dieu et celle de Mère de Dieu qui avait été attribuée peu à peu à la mère de Jésus. Le concile d'Ephèse condamna Nestorius qui fut finalement vaincu, et la doctrine monophysite (3) fut généralement adoptée par les Eglises d'Orient. Cette doctrine accordait la prépondérance à la nature divine, sur la nature humaine. Quelques années plus tard, en 448, la doctrine d'Eutychès donnant plus d'extension aux principes sur lesquels reposait le monophysisme, déclarait que le Christ n'avait pas tiré son corps de la substance de Marie et que son humanité avait été créée d'une substance divine et incorruptible. C'était aboutir au monothéisme pur.

---

vue servit de motifs à longues querelles entre Constantinople et Rome, et amena finalement la scission, que facilitèrent d'ailleurs les questions de suprématie entre les papes de Rome et les patriarches de Constantinople.

(2) La doctrine monophysite ayant été acceptée par toutes les Eglises, c'est à tort que les orthodoxes accusent l'Eglise arménienne entachée de l'hérésie du monophysisme.

(3) Ces guerres religieuses eurent en réalité pour motifs beaucoup plus de questions de souveraineté, que de questions de dogmes.

Il fallait trouver une solution intermédiaire entre la doctrine des deux personnes et celle d'une seule nature. Ce fut le pape Léon I qui la donna dans son épître sur le mystère de l'Incarnation ; il déclara le Christ, en une personne, mais en deux natures. Cette solution fut adoptée finalement par le concile de Chalcédoine, 451, sous Marcien. Ce compromis entre les deux hérésies n'était qu'une formule incapable de satisfaire la raison ; il maintenait au fond l'équivoque. Marcien appuya par la force les décisions du concile, déchaînant ainsi la guerre religieuse dans l'Empire et surtout en Egypte. Après trente ans de désordres, l'empereur Zénon voulut ramener le calme dans les esprits ; il décréta l'Hénotique ou l'édit d'union. Cet acte ratifiait les décisions des conciles de Nicée, de Constantinople et d'Ephèse, les doctrines de saint Cyrille ; il prononçait anathème contre Nestorius et Eutychès, sans parler du concile de Chalcédoine.

Les Arméniens alors en lutte contre la Perse (450-484) pour la défense de la foi, ne pouvaient prendre parti dans les controverses religieuses qui agitaient les églises. Les évêques d'Arménie qui avaient compté sur l'intervention du patriarche de Constantinople déçus dans leur espoir portaient un vif ressentiment contre le clergé de Byzance à cause de sa politique astucieuse durant leur lutte.

Trompés dans leur attente, ils avaient pris le parti de cesser tout rapport avec l'Église de Constantinople, pour se rallier à l'Église d'Alexandrie dont l'orthodoxie n'avait jamais été douteuse. Et c'est ainsi que le haut clergé arménien rejeta les canons de Chalcédoine. Quand les proscriptions religieuses cessèrent vers la fin du règne de Peroze et que les Arméniens virent que l'Hénotique de

Zénon avait obtenu l'approbation des Égyptiens, ils se soumirent aux idées théologiques de l'édit d'union (1). Mais l'édit de Zénon était bientôt déclaré illégal par le pape comme portant atteinte aux canons de Chalcédoine, et les Arméniens qui s'en rapportaient à cet édit, étaient considérés par le clergé grec, comme entachés de l'hérésie d'Eutychès. Cette imputation était d'autant plus mal fondée que le clergé arménien prononçait anathème contre Eutychès réprouvant tout enseignement à l'encontre des doctrines orthodoxes. Considérant que les questions dogmatiques avaient été réglées dans les conciles œcuméniques précédents, le clergé arménien éprouvait une sorte de répugnance, pour les nouvelles formules du concile de Chalcénoine dont la réunion avait surtout servi, aux revendications de suprématie du pape et du patriarche de Constantinople.

Cette manière d'envisager les choses, était loin de satisfaire la vanité du clergé byzantin qui qualifia l'Eglise arménienne d'hérétique. Les Arméniens passèrent outre, et le patriarche Babghen réunit, en 507, une assemblée d'évêques (?) où il invita les Ibériens et les Albaniens pour anathématiser Nestorius et Eutychès, hérésiarques sortis de l'Église de Byzance, et réfuter énergiquement les décisions de Chalcédoine.

Ce concile national (1) est un fait important dans l'histoire ecclésiastique de l'Arménie ; à partir de ce jour les

---

(1) L'Hénotique de Zénon fut approuvée en Arménie vers 487 ou mieux en 512, alors qu'un synode réuni sous le patriarcat de Babghen avait rejeté le concile de Chalcédoine.

(2) La date n'est pas sûrement fixée ; le concile convoqué par Babghen (490-515) eut lieu entre les années 507 et 510. Après Babghen les patriarches Narsès II (548-557), Comidas (615-628) et Narsès III (641-661) réfutèrent également les canons de Chalcédoine.

Arméniens rompirent définitivement avec les églises orthodoxe et catholique. C'est quelques années après, quand les Arméniens décidèrent de chanter l'hymne de Trisagon en disant « Dieu saint qui as été crucifié pour nous », au lieu de substituer comme les Grecs, au nom de Dieu, celui du Christ, que l'Église arménienne fut traitée de monophysite (1) et accusée d'absorber la nature humaine dans la nature divine. Malgré ces dissensions religieuses avec l'Église d'Orient, le pontificat de Babghen fut une des époques brillantes de l'Église arménienne. Babghen avait su gagner les faveurs de Cavadt et s'était fait reconnaître comme le chef suprême de tous les chrétiens orthodoxes placés sous la suzeraineté des Sassanides.

L'Église arménienne garde encore la plupart de ses anciennes traditions. La liturgie se divise en trois parties comme dans les églises des premiers siècles : liturgie préparatoire, liturgie des catéchumènes, liturgie des fidèles. Elle possède une grande richesse de formules, de prières, et chante des hymnes, dont quelques unes remontent à saint Basile, à saint Jean-Chrysostome. L'éclat des offices est rehaussé par des hymnes, des poésies sacrées que les patriarches ajoutèrent à la liturgie pour exalter l'âme des fidèles. La musique instrumentale est interdite ; la liturgie ainsi que la lecture des livres saints se fait à haute voix (2).

---

1. En réalité l'Église arménienne confesse la supériorité de la nature divine en Jésus-Christ, et se trouve être monophysite au même titre que l'Église d'Alexandrie, mais elle ne se confond pas avec l'Église jacobite, héritière de la doctrine monophysite d'Eutychès.

Le monothélisme, c'est-à-dire la doctrine d'une seule volonté en Jésus-Christ, qui a pris naissance sous le règne d'Héraclius, n'a pas soulevé de passions religieuses chez les Arméniens.

2 L'ordonnance des prières, la liturgie actuelle, date probablement du xii° siècle.

Les mercredis et les vendredis sont des jours d'abstinence et de jeûne ; les mariages ne peuvent pas être célébrés les jours de fête et d'abstinence. A l'origine, les principales fêtes étaient le jour de Dimanche, les Pâques, l'Epiphanie, la Pentecôte et la Transfiguration. On admit un moment de célébrer la fête de la Nativité à part le 25 décembre, mais on en est revenu pour la réunir à l'Epiphanie, comme aux temps apostoliques (1). Le culte de la Vierge, peu répandu à l'origine, prit une place de plus en plus prépondérante vers le VIIIe siècle ; comme dans les autres Églises, c'est l'Assomption qui en marque la plus grande solennité.

Jusqu'au commencement du VIIe siècle l'Eglise arménienne n'avait honoré que les mémoires des saints du monde grec ou syrien. Pour rehausser les fastes de l'Eglise nationale, le patriarche Comitas et ses successeurs réunirent des synodes pour sanctifier ceux des nationaux, qui avaient illustré l'Eglise ou qui avaient payé de leur vie la défense de la foi en Arménie. C'est ainsi que l'Eglise arménienne rendit hommage aux héroïnes : Hripsimé et Gaïané, à Narsès le Grand, et puis à Josèphe I, aux Vardane, aux Léonce, qui ont été martyrisés pour la foi. Mais l'hommage rendu aux saints n'y tient pas une place aussi prépondérante que dans l'Eglise grecque, où leur culte a pris un si grand accroissement. De même les Icones qui vinrent s'imposer dans les temps postérieurs ne purent prendre cet ascendant dont l'Eglise byzantine eut tant à

---

1. Les Arméniens adoptèrent au Ve siècle, l'innovation de fêter à part la Nativité, le 25 décembre, à l'exemple de l'Église grecque qui l'avait admise sous le règne d'Arcadius, mais ils y ont renoncé au siècle suivant, peut-être par animosité contre les Byzantins. Depuis, toutes les tentatives en vue de célébrer la Nativité à part restèrent sans succès.

souffrir. Les fêtes de l'Eglise arménienne sont d'ailleurs fixées d'une façon un peu différente de celles de l'Eglise grecque. Des différences proviennent du comput de l'Eglise d'Alexandrie, basé sur les lettres dominicales.

L'usage de l'année vague de 365 jours dont les Arméniens se servirent jusqu'à la fin du xi° siècle, avait été emprunté, à ce que l'on voit, aux Perses (1). L'année composée de 12 mois de 30 jours, suivis de 5 jours complémentaires ou épagomènes, commençait au mois de Navaçard, appellation empruntée au persan et correspondant au nouvel an (2). En désaccord avec la réforme julienne adoptée par le concile de Nicée, pour la célébration de la fête pascale, le calendrier en usage ne pouvait s'adapter au comput ecclésiastique, et l'Eglise se servait, à ce qu'il semble, des tables d'André de Byzance, où la fête de Pâques était calculée pour une période de deux-cents ans, finissant à l'année 552 de l'ère vulgaire. Comme des divergences s'étaient produites dans le monde chrétien à partir de cette année pour la détermination de la fête pas-

---

1. La même que l'année solaire des anciens Égyptiens. Les Arméniens la désignent sous le nom de calendrier mobile.

2. Les mois s'appelaient : *Navaçard, Hori, Sahmi, Tré, Chaotz, Aratz, Méhécan, Areg, Ahécan, Mareri, Margatz, Hrotitz*, qui avaient 30 jours chacun et *Avetiatz* ou *Epagomène* qui en avait 5. Comme l'année ainsi définie est plus courte d'un quart de jour que l'année julienne, on reculait d'un jour tous les quatre ans, et le Navaçard faisait le tour des saisons. De plus les dates n'étaient pas comptées à partir d'une ère connue ; on les rapportait tantôt à l'indication romaine, tantôt aux règnes des rois de Perse, ce qui amenait la plus grande confusion. C'est à partir du ix° siècle, que les chroniqueurs arméniens se servent de la date du 11 août 551, comme du commencement d'une ère nationale. Quoique tombée en désuétude, les calendriers arméniens continuent encore à marquer l'ère dite de Moïse, concurremment avec l'ère vulgaire. Celle-ci qui est en usage chez les Grecs, depuis 692, ne fut adoptée par les Arméniens qu'à partir du xviii° siècle.

cale, la question du calendrier avait été portée au synode, que le patriarche Narsès II réunissait à Dovine..

Mais dans l'ignorance où l'on était de ces questions astronomiques, on ne put adopter une solution pratique.

A son avènement le patriarche Moïse II (574-604) se rallia au cycle pascal ou la période de 532 années, et décida de reporter le commencement de ce cycle au premier jour du mois de Navaçard de l'année 551, qui correspondait au 11 août du calendrier Julien. Cette réforme, qui prit le nom de Moïse, était loin de faire disparaître les inconvénients, puisqu'elle maintenait l'année de 365 jours, sans ajouter un sixième épagonomène tous les quatre ans (1). Mais elle pouvait satisfaire les besoins de l'Eglise en fixant d'une manière définitive le comput ecclésiastique, de façon à ramener les fêtes de l'Eglise aux mêmes époques que l'année julienne.

Vers le VI⁹ siècle florissait en Orient le Nestorianisme dont le centre était Edesse. Persécutés par Zénon et par Justinien, les Nestoriens s'étaient réfugiés sur le territoire persan et avaient fait de Nissibine un nouveau centre. Ils y formaient un parti politique et excitaient les rois de Perse à attaquer l'Empire. Les autres chrétiens de la Perse attaqués par les Nestoriens s'adressaient aux catholicos d'Arménie et demandaient leur appui, comme à des chefs qui avaient une sorte de suprématie sur tous les chrétiens orthodoxes de la Perse, de l'Ibérie et de l'Albanie. Mais cette suprématie ne devait pas tarder à subir les effets de la politique religieuse de Justinien et de ses successeurs qui

---

1. Il semble que l'interpolation de l'année bissextile dans l'année civile eut lieu avec la réforme de 1084, et la concordance avec le calendrier Julien se fit à cette date.

cherchaient à imposer à tous les chrétiens l'orthodoxie byzantine. Quand l'empereur Maurice eût aidé Chosrau II à monter sur le trône des Sassanides, et qu'une partie de la Persarménie fût cédée à l'empire, le patriarche Moïse II dut aller avec ses évêques et les grands d'Arménie à Constantinople, pour accepter l'union rituelle. Sur le refus de Moïse, l'empereur nomma un catholicos distinct pour l'Arménie romaine. Des dissentiments religieux avaient surgi avec les Georgiens sous le patriarcat de ce même Moïse et de son successeur Abraham. Ceux-ci avaient vainement conseillé au catholicos d'Ibérie de se désister de ses projets d'union avec l'Eglise grecque, mais Curion, imbu d'idées d'orthodoxie à Nicopolis, accepta le concile de Chalcédoine et fit acte de soumission, rompant ainsi les attaches religieuses qui le reliaient à l'Eglise arménienne (608). La pression exercée par les Byzantins cessa un moment, quand les armées de Chosrau II allèrent camper jusque sur les rives du Bosphore, ce qui enhardit le patriarche Comidas et lui permit de rejeter encore une fois le concile de Chalcédoine. Un semblant d'union eut lieu sous le règne d'Héraclius : le catholicos Esdras se rendit en Syrie auprès de l'Empereur, et accepta le rituel grec. Cependant l'inimitié entre les Grecs et les Arméniens allait trop en augmentant pour que ces tentatives fussent couronnées de succès. Les évêques arméniens y firent toujours opposition, et Narsès III, partisan de l'Union, dut se démettre de ses fonctions devant les protestations de ses évêques (652). Néanmoins, par tous les moyens, les chefs de l'Eglise arménienne s'évertuaient à maintenir la prééminence de l'Eglise nationale. Quand les Albaniens avaient voulu suivre l'exemple des Georgiens, le catholicos Elie (703-717), empêcha la séparation en les accusant auprès du calife Abdal-Melek, comme traîtres envers l'autorité du Califat. Ces démêlés religieux avaient rendu insupportable la situation des Arméniens sur le territoire byzantin, comme dans la Carénitide, la Sophène, la Mélitène et la Cappadoce. Les membres du haut clergé grec menaient une véritable campagne de persécution contre les Arméniens, et les prêtres qui n'adhéraient pas aux décisions de Chalcédoine étaient enchaînés, torturés et jetés en prison. Les métropolitains grecs poursuivaient leurs ressortissants arméniens et les représentaient aux empereurs comme irrémissiblement souillés de l'hérésie d'Eutychès. Ces querelles religieuses déplorables pour tous, devinrent préjudiciables à l'empire ; elles furent une des principales causes d'affaiblissement contre les peuples étrangers Les sujets de l'Empire n'étant pas reliés entre eux par l'idée de patrie, qui n'existait pas, il n'y avait que l'entente entre les différentes Églises qui pût les réunir dans un effort commun pour repousser les invasions. L'intolérance religieuse fit que les adhérents des autres Églises accueillirent en maintes occasions, les Perses et les Arabes, comme des libérateurs, au lieu d'aider l'empire à résister aux attaques des assaillants.

Entre temps l'Église arménienne eut à lutter contre les Manichéens, les Gnostiques, les Pauliciens et autres sectaires qui se multipliaient en Arménie au VIIIe et au IXe siècles. Le Manichéisme, qui avait pris naissance en Perse vers le IIIe siècle, avait pour fondement essentiel l'existence de deux principes : le mal et le bien, qui agissaient dans le monde et chez l'homme. Celui-ci était censé posséder deux âmes, l'une intellectuelle et raisonnable provenant du bon principe, l'autre mauvaise, cause de tous les péchés, provenant du mauvais principe.

Le Christ représentait le bon principe et n'avait aucune réalité corporelle. Les Gnostiques, qui ne reconnaissaient ni Moïse, ni les prophètes et qui niaient la réalité du corps du Christ, ne tardèrent pas à grossir les rangs des Manichéens. Les Pauliciens (1) réfutaient les dogmes de l'Eglise, la Bible et la plupart des livres du Nouveau Testament. C'étaient au fond des Manichéens qui admettaient le principe de la dualité dans la création : l'Ancien Testament avait été l'œuvre du mauvais principe ; le Nouveau Testament celui du bon principe. Jésus-Christ n'avait pas été engendré par la Vierge, c'était un corps descendu du ciel qui avait traversé celui de Marie, et les Juifs n'avaient crucifié qu'un fantôme. Les Pauliciens repoussaient toutes les cérémonies extérieures et ne célébraient le baptême que par la parole; leur clergé comprenait simplement un chef, et des compagnons qui n'étaient pas distincts des fidèles. Les patriarches Narsès III (641-661) et Jean III d'Otzine (719-729) les combattirent par des lettres pastorales, mais ils ne purent empêcher leur multiplication sur les confins de l'Arménie, dans les territoires dépendants de Byzance. Protégés un moment par Nicéphore (802-811), ils formaient un fort parti politique, quand ils furent

---

(1) Les Pauliciens doivent leur existence, à ce qu'il semble, à un certain Paul, d'origine arménienne, né à Samosat, sur l'Euphrate, qui vivait vers le milieu du VIIe siècle. Quoique dispersés et massacrés sous le règne de Théodose en 835, les Pauliciens qui avaient leur centre à Téphrice (la ville actuelle de Tivric) ne disparurent pas complètement. Leurs survivants se mirent sous la protection de l'islamisme et formèrent de nouveaux sectaires dont les descendants sont réprésentés de nos jours par les Kizil-Baches, répandus en assez grand nombre dans les vallées de l'Halys et de l'Euphrate.

attaqués par les armes sous le règne de l'impératrice Théodora, qui en fit massacrer, en 835, plus de cent mille, dit-on Les Pauliciens semblaient être anéantis lorsque, en 840, un certain Sembat, originaire de Dondrac (1) se mit à la tête d'anciens sectaires et réunit de nombreux partisans. Sembat refusait la divinité du Christ, les sacres, la communion, l'adoration de la croix et surtout des images. Ces sectaires furent également combattus par le clergé arménien, notamment par le patriarche Jean IV (833-855).

Au milieu de luttes incessantes et de fortunes diverses, l'Eglise arménienne a réussi à garder ses traditions et son indépendance malgré la pression que les empereurs de Byzance n'avaient cessé d'exercer pour étendre leur suprématie sur tous les chrétiens de l'Orient. Les catholicos ont maintenu coûte que coûte cette indépendance qu'ils considéraient comme la sauvegarde de l'existence du peuple arménien. Ils défendaient aussi leurs propres prérogatives car c'eût été une sorte de déchéance, une atteinte à leur dignité, que de tomber sous l'autorité de l'Eglise grecque. Le refus persistant des évêques arméniens ne saurait donc être imputé uniquement à des questions dogmatiques. Les procédés indignes, tracassiers, la vanité et l'astuce du clergé grec faisaient obstacle à une union à laquelle d'ailleurs les Arméniens avaient peu à gagner.

---

(1) Petite localité au bord du lac de Van. Les sectaires de Sembat disparurent, mais non sans laisser de trace de leur schisme, parmi les populations de ces parages. Les Yezidis que l'on trouve encore au sud du lac de Van, du côté de Mossoul, semblent être les descendants de ces sectaires du moyen-âge, quoique leur culte dérive directement du Manichéïsme.

CHAPITRE V

L'Arménie sous les Byzantins, les Sassanides et les Arabes.

(428-860 après J.-C.)

L'Arménie à la chute de la royauté. — Luttes contre les persécutions religieuses de la Perse. — Les Mamiconiens Verdane et Vahane.

Le traité intervenu entre Théodose et Sapor III (386) avait adjugé à l'empire romain les provinces occidentales de l'Arménie, la Carénitide, l'Akilisène, la Sophène et les districts environnants (1). A la mort du roi Arsace (389) qui avait eu en partage la possession de ces contrées, Théodose en avait confié l'administration à un magistrat ayant la dignité de comte romain (2). Le pays

---

(1) Pro.
(2) On ne saurait préciser la frontière établie entre les deux états par le partage de l'Arménie. Il semble que la nouvelle frontière commençait à la mer Noire aux environs de la localité actuelle de R zet, pour se diriger au sud vers le col de Devé Boynou, près d'Erzéroum; de là elle remontait sur le sommet de Biné-Gœul, et puis coupant le cours de l'Arzania, elle se dirigeait vers Nissibine parallèlement à la rivière de Batmar-Tchaï.

avait formé un territoire militaire, où l'on avait maintenu, jusqu'à Zénon et jusqu'à Justinien, à peu près l'ancien état des choses. Les grands avaient gardé la plupart de leurs anciens privilèges, comme le droit de succession dans la possession des domaines et apanages féodaux, leurs bannières et leurs guerriers. Pour défendre les routes qui donnent accès au plateau de l'Asie-Mineure par la vallée de l'Euphrate, les empereurs romains avaient fait ériger les grandes forteresses de Mélitène et d'Amida ; Théodose II de son côté faisait fortifier le bourg de Carine (1), position stratégique de premier ordre, où il plaçait une garnison pour défendre, contre la Perse, les nouvelles possessions. La faiblesse et l'incurie du gouvernement de Théodose II avait livré à la merci de Yezdeguert les chrétiens réfugiés sur le territoire romain, lors de la paix honteuse signée avec la Perse, mais les Arméniens voyaient en lui « l'empereur bien heureux dans la paix » à cause de l'appui qu'il avait accordé aux Catholicos pour exercer librement leur juridiction religieuse sur leurs coreligionnaires de l'Arménie byzantine.

La portion de l'Arménie qui venait de tomber sous l'autorité du roi de Perse, la Persarménie des Byzantins, garda entièrement son ancienne organisation, et la chute de la royauté n'y amena pas la dissolution des forces de la nation. Les privilèges des grands furent maintenus, les milices nationales gardèrent leurs drapeaux sous le commandement des Mamiconiens. En un mot les institutions

---

(1) Le vieux château d'Erzéroum, appelé Ttoh-Kalé, date apparemment de ces temps. L'ouvrage aurait été construit, d'après Moïse de Khorène, par Anatolis, général de Théodose II.

qui régissaient le pays n'étaient pas changées, pendant que l'autorité du patriarchat ne faisait que grandir. Les Sassanides s'étaient contentés de nommer au gouvernement du pays un haut commissaire, un magistrat à la fois civil et militaire, choisi parmi les dignitaires de la cour ou parmi les généraux, portant le titre de marzpan (1). Le marzpan avait pour charge le maintien de l'ordre et la rentrée de la redevance royale; il avait une nombreuse garde, mais il ne s'immisçait guère dans le détail des affaires, ni dans la justice, qui relevait du patriarche et de ses évêques. L'autonomie gouvernementale existait en fait, et la situation créée à la suite de la disparition de la royauté vassale n'avait rien d'insupportable ni pour les grands, ni pour le peuple, ni même pour le clergé. L'ombre de la royauté, véritable situation du régime précédent, avait disparu, mais les institutions nationales restaient intactes ; l'autorité du marzpan devenait même en quelque sorte avantageuse, ce représentant du gouvernement central étant à même de réfréner la turbulence des grands, qui avaient maintes fois provoqué l'anarchie et rendu fort difficile la tâche des Arsacides. Les provinces placées sous la suzeraineté des rois de Perse auraient donc pu jouir de la paix si la politique religieuse de Yezdeguert II et de Péroze n'avaient provoqué des révoltes qui agitèrent l'Arménie persane

---

(1) Appellation persane qui veut dire gardien des frontières, ou plutôt commandant militaire des frontières, dans le même sens que le margrave allemand. Le marzpan était à la tête de tous les grands du pays et avait la haute main sur l'administration. Il surveillait les agissements des grands et il avait parfois la charge de hazarapet ou de surintendant des revenus. Ceux d'origine persane prélevaient, en outre du tribut royal, des contributions pour l'entretien de leur maison.

durant un demi-siècle. Le mouvement insurrectionnel ne prit fin que quand la Perse dut, devant l'énergique résistance de la nation recourir à une politique conciliante et décréter la liberté du culte chrétien Le successeur de Péroze fit plus : il rappela le magistrat persan et confia le gouvernement aux Mamiconiens.

Le premier marzpan nommé par Bahram V (420-439) fut un certain Mihr-Schapour, homme juste, qui sut maintenir l'ordre, malgré les agissements du clergé national que mécontentait l'élévation sur le trône patriarcal des prélats syriens. Les évêques Surmac, Brkischo et Samuel, qui avaient été les compétiteurs de Sahac et qui devaient leur fortune au roi de Perse ne respectaient guère les vœux du clergé. Ils traitaient durement les prêtres et exaspéraient les évêques en s'ingérant dans les affaires de leurs diocèses. Le mécontentement grandissant, le roi consentit à la nomination au siége patriarcal de Josèphe, un des disciples de Sahac, que la nation avait élu vers 439 ou 440. Parmi les grands qui exerçaient une certaine action dans les affaires du pays, on distinguait le hazarapet Vahane Amatouni, Archavir Camsaracan, Sahac Bagratide, Vassac Sunide, Vardane Mamiconien et puis Newschapour Arzérouni. Les Amatounis qui avaient leur patrimoine dans la province d'Ararat formaient une famille puissante qui avait joué, de tout temps, un certain rôle dans les affaires. Vahane Amatouni avait été nommé par Bahram V, Hazarapet, c'est-à-dire surintendant général des revenus et de la justice. Vassac Sunide était le petit-fils d'Antoc, ce prince turbulent, qui avait été dépossédé de son patrimoine par Sapor II en 350, à cause de ses agissements à la cour de Perse. Vassac avait su gagner les faveurs de Bahram V, jusqu'à obtenir la charge de marzpan en Ibérie et la restitution des droits et apanages de sa famille Il avait même remplacé Mihr-Schapour dans la dignité de marzpan d'Arménie (1). Vassac était doué de hautes qualités ; il jouissait d'une grande considération, même au sein du parti national, à cause de la protection qu'il avait accordée à l'œuvre civilisatrice de Mesrop. C'était aussi un ambitieux ; il intriguait à la cour de Perse pour conquérir l'ascendant sur les autres familles, avec l'espoir de prendre un jour le titre de roi. Vardane Mamiconien était le petit-fils du patriarche Sahac, du côté maternel ; il avait le commandement des contingents nationaux et la dignité de *stratèlat* que lui avait conférée Théodose II lors de sa mission à Constantinople. Egalement honoré par le roi de Perse, Vardane Mamiconien était le personnage le plus considérable et le chef reconnu du parti national. Guerrier intrépide au cœur noble et droit, comme la plupart des membres de sa famille, Vardane était capable d'affronter toutes les entreprises périlleuses.

Yezdeguert II (439-457) (2) qui avait succédé à son père Bahram V, avait appelé au pouvoir le vieux Michr-Narseh, l'ennemi avéré des Romains. Il se mit aussitôt en tête de combattre les Romains et les Hephtalithes, ses ennemis de l'Est. Les Perses envahirent le territoire

---

(1) Elisée-Laz de Pharbi. — Ces auteurs ne précisent pas cependant les évènements qui portèrent Vassac à cette dignité.

(2) Selon leur habitude, les Perses ne tarissent pas d'éloges sur Yezdeguert II, ce persécuteur des chrétiens et des juifs, qu'ils appellent *Narm* (l'Affable), *Sipah-Dost* (l'Ami des soldats). C'est lui qui fit construire les fameuses fortifications de Derbend, sur la mer Caspienne, pour barrer le passage du Caucase contre les Huns.

romain, ravagèrent les frontières, brûlèrent partout les églises, pendant qu'ils surveillaient l'Arménie pour la garder dans l'obéissance et la soustraire à l'influence byzantine. Mais Théodose II n'était ni désireux de recommencer la guerre, ni même en état de la poursuivre sous l'invasion menaçante des hordes d'Attila. La paix fut conclue avant la rencontre des armées, et le gouverneur de la Syrie s'engagea à livrer les réfugiés chrétiens, sujets de la Perse (444). Il fût décidé, comme dans les traités antérieurs, qu'aucune des puissances ne pourrait élever de nouvelles fortifications dans la région des frontières, Yezdeguert tourna alors ses armes contre les Hephthalites, les Kouchans ou les Huns asiatiques, et à cette occasion, il séjourna sept ans à Newschapour, dans le Chorassan, pour diriger en personne les opérations contre les ennemis. Il reprit alors son projet de proscrire le christianisme de tous ses états : il décréta, sur le conseil Mihr-Narseh, des persécutions non seulement contre les chrétiens de la Perse proprement dite, mais contre les Arméniens, les Ibériens et les Albaniens, afin de les assimiler par les lois et par la religion. Il fit rédiger par les mages et par Mihr-Narseh un manifeste religieux exaltant la pureté du culte d'Ormuzd (1). Après une attaque contre les dogmes du christianisme, l'édit se terminait par une invitation formelle d'adhérer à la loi de Zoroastre, ou d'aller se défendre devant la haute cour royale. Le manifeste, appuyé d'ailleurs par la force armée, jetait l'épouvante dans toute l'Arménie. Le patriarche Josèphe réunit alors ses évêques

---

(1) L'exposé de la foi mazdéenne, qui s'y trouve, nous est rapporté par Eznie dans son livre de la Réfutation des sectes.

et les chefs de la nation (450) (1) qui unanimement déclarèrent que les chrétiens mourraient plutôt que de renier leur foi. Dans un esprit de conciliation, une députation, dont faisait partie Vardane Mamiconien, s'était aussi rendue à la cour pour apaiser le courroux de Yezdeguert, mais elle n'avait rien obtenu, si ce n'est d'aller rendre hommage aux temples du feu. Ce fut le signal de la révolte; dès que la députation fut rentrée, le clergé exhorta le peuple et tout le monde se serra autour de Vardane pour s'opposer par les armes à l'édit du roi. L'exaspération fut à son comble quand on apprit que les grands d'Arménie, à leur retour de la guerre contre les Huns, étaient retenus en Perse par Yerdeguert et forcés d'abjurer leur foi. Les Arméniens, qui n'avaient pas su défendre leur indépendance, firent alors des prodiges de courage et d'abnégation pour défendre cette foi chrétienne qu'ils considéraient désormais comme la sauvegarde de leur nationalité. On attaqua les mages et les Perses de tous côtés en les passant au fil de l'épée; les temples furent renversés et le feu sacré jeté à l'eau. Mais les efforts du parti chrétien étaient contrecarrés par l'attitude de Vassac. Celui-ci s'était séparé du parti national, et, dans le but de tourner à son profit le mouvement insurrectionnel, il conseillait à Mihr-Narseh l'occupation armée du

---

(1) Selon la chronique arménienne, Josèphe et ses évêques avaient imploré la protection de Théodose II, et celui-ci avait même fait des préparatifs de guerre pour secourir les chrétiens d'Arménie, quand il vint à mourir par accident. Son successeur Marcien ayant abandonné les Arméniens à leur sort au moment même où il réunissait le concile de Chalcédoine, on a aussi voulu attribuer à la politique de cet empereur l'aversion que les Arméniens eurent dans la suite pour ce concile.

pays pour réduire tous ceux qui faisaient ombrage à son autorité. C'était donc à la fois, une insurrection contre la Perse, et la guerre civile. Pendant que Vardane organisait la résistance, soulevait le peuple et ranimait le courage de ceux qui cédaient à la contrainte ; pendant qu'il se rendait en Albanie pour l'entraîner dans le mouvement et y donner aussi la chasse aux Perses, Vassac mettait tout en œuvre pour abattre Vardane et le parti chrétien. L'insurrection grandissant, Yezdeguert donna ordre à Mihr-Narseh d'en avoir raison par les armes. Celui-ci vint à camper dans la Caspienne, et après des moyens d'intimidation restés sans effet, il ordonna à son lieutenant Mouchean Nissalavourt de marcher sur les révoltés. Vahane alla à la rencontre de l'ennemi avec sa petite armée, ayant à ses côtés ses partisans : Artaschir Camsaràcan, le prince de la Moxuène, Dajat Cinthouni, Dadoul de Vanant. De son côté le patriarche se portait dans le camp, accompagné du clergé, pour exhorter les défenseurs de la foi. La bataille eut lieu dans la plaine d'Artaze, à Avaraïr, dans la Petite Médie (454). Vardane se battit comme un héros, mais il fut à la fin écrasé, et tomba sur le champ d'honneur, où périrent avec lui la plupart des chefs avec leurs guerriers, au nombre de 1.036. La résistance avait été acharnée, l'armée perse avait éprouvé de grandes pertes, et n'était pas en état de tenter une nouvelle action. De plus, une nouvelle invasion des Huns obligeait le roi à porter ailleurs ses forces. Le général perse se contenta de réduire quelques châteaux et de garder à vue le patriarche, considéré comme le principal instigateur de la révolte. L'armée perse évacua bientôt l'Arménie et la bataille où tomba Vardane Mamiconicien, bien qu'elle fût une défaite, sauva néanmoins la foi chrétienne. L'Eglise arménienne célèbre encore ce jour mémorable et rend hommage à tous ceux qui périrent pour sa défense.

Un nouveau marzpan, Adr-Hormizdt, arrivait en Arménie avec l'ordre de traiter le pays par la douceur. Il engagea les grands à aller à la cour faire leur soumission, mais il saisit le patriarche qu'il envoya en Perse pour être jugé. Vassac qui s'était rendu auprès du roi pour se disculper, en justifiant les conseils impolitiques qu'il avait donnés, fut sévèrement puni : accusé par les grands, il fut dépouillé de ses dignités et jeté en prison (452), où il mourut, au dire des chroniqueurs, d'une maladie terrible, en châtiment des maux dont il avait été la cause. Ces chroniqueurs ecclésiastiques ne manquèrent pas de donner libre carrière à leur haine, et firent de Vassac le traître par excellence. Sur leur affirmation, la postérité exécra sa mémoire. Si l'histoire est en droit de suspecter le jugement de ces ecclésiastiques, elle voit aussi que le patriarche et les prêtres qui l'avaient accompagné en Perse ne trouvèrent pas merci devant la colère de Yezdeguert. Envoyés en prison à Newschapour, ils subirent le martyre (454) pour le zèle religieux et le patriotisme ardent qu'ils avaient portés dans leur âme. Les grands qui s'étaient rendus à la cour ne purent d'ailleurs se libérer que longtemps après, en 461, sous le règne de Péroze. La prise d'armes avait ruiné le pays, mais la Perse était obligée d'accorder la pleine liberté du culte chrétien. Les persécutions religieuses continuèrent encore sous Péroze (459-484), il est vrai d'une façon moins violente, mais avec des procédés vexatoires qui firent surgir un nouveau mouvement insurrectionnel à la tête duquel se plaça un autre Mamiconien, Vahane, le propre neveu de Vardane. Vahane leva des troupes et alla s'entendre avec Vachdane, roi d'Ibérie, pour affranchir les pays chrétiens du joug de la Perse. Adr-Veschnasp, qui avait succédé à Adr-Hormizdt, fut surpris dans le château d'Artaxata, et ne dut son salut qu'à la fuite. Les révoltés (1) prirent Dovine, la résidence du marzpan, et proclamèrent Sahac Bagratide, chef du gouvernement, au moment où Péroze était engagé dans une guerre contre les Huns. Sahac fut tué, il est vrai, dans une mêlée, mais sa mort n'amoindrit pas l'ardeur des chrétiens. Peu après Adr-Veschnap était tué et les Perses refoulés de partout. Une nouvelle armée, commandée par le Hazaraoukth Zarmihr, de la famille des Carines, était envoyée en Arménie afin de réprimer l'insurrection. Le général perse était sur le point d'envelopper les troupes de Vahane dans la Phasiane, lorsque Zarmihr dut courir à la capitale, à la nouvelle de la perte de Péroze, dans la campagne des Hephthalites. Son successeur Schahpour, de la maison de Mihrane, poursuivit Vahane jusqu'à la frontière de l'Arménie byzantine, du côté de Carine, mais il n'eut pas plus de succès. La résistance continuait toujours et l'armée perse était réduite à la défensive, quand Valarse (484-489), succédant à Péroze, décréta d'apaiser les Arméniens par la tolérance. Valarse méprisait d'ailleurs les mages, et se trouvait, par ce fait, animé d'une grande

---

(1) Ils avaient envoyé en 470 sur le conseil du patriarche Crut, une députation à l'empereur Léon pour demander son appui, mais celui-ci s'était contenté de protéger simplement les chrétiens réfugiés su le territoire romain.

grande bienveillance à l'égard des chrétiens. Il dépêcha en Arménie Nikhor-Veschnasp, avec ordre de s'entendre avec Vahane. En arrivant dans la Médie-Mineure, le nouveau marzpan envoya des émissaires à Vahane et obtint sa soumission, quand il l'eut assuré de supprimer toute pratique mazdéenne dans l'Arménie. Vahane consentit, sur cette promesse, à aller à la cour pour faire acte d'obéissance. Bien reçu par Valarse, il fut peu après investi de la dignité de marzpan (484 ou 485). Le parti chrétien, venait de triompher, la joie était grande dans le pays, et le patriarche Jean Mandacouni bénissait dans la cathédrale de Valarsapat, le nouveau magistrat national. Vahane, qui sut également gagner les faveurs de Cavadt, s'appliqua à réparer les maux causés par les troubles ; il put maintenir la tranquillité pendant un quart de siècle.

Vardane et Vahane, dont la postérité a retenu la mémoire, comme le symbole de la liberté et de la bravoure, occupent une place à part dans l'histoire du peuple arménien. Leur ardent amour de l'indépendance, leur intrépidité dans le danger, leur volonté inflexible, imprimèrent dans l'esprit des grands comme dans la masse populaire, l'idée de la nationalité et de la liberté. Leur fanatisme patriotique sauva l'existence du christianisme en Arménie, que les persécutions de la Perse menaçaient d'une destruction totale.

Vahane mourut dans la paix (503) et transmit le pouvoir à son frère Varde. Mais la guerre avait recommencé avec les Byzantins et Varde était soupçonné par Gavadt d'avoir pris le parti de ces derniers. Il était relevé de ses fonctions au bout de trois ans (506) et envoyé en Perse, pour être remplacé par un Marzpan persan du nom de Bourghane.

L'Arménie byzantine, placée en partie sous l'autorité des commandants militaires de la frontière, avait vécu dans la paix jusqu'au règne de Zénon. A la suite de l'immixtion des commissaires romains dans leurs affaires, les grands de la Sophène et de Hanzit avaient fomenté une sédition. Zénon avait chargé Illus, un de ses généraux, de réprimer le mouvement en supprimant le droit de succession (1) dans les apanages, se réservant de désigner lui-même les chefs de famille qui furent, dès lors, assimilés à des fonctionnaires romains. Zénon avait, en outre, appelé les Isauriens, ses compatriotes, dans la garde impériale, recrutée jusque là parmi les Arméniens. Ces mesures pouvaient bien irriter quelques princes terriens, mais le clergé arménien était animé à l'égard de Zénon, de sentiments de gratitude, à cause de sa politique religieuse et de la publication de son édit d'union, qui calmait son esprit. En outre, l'élément arménien s'était infiltré dans l'administration et dans les armées byzantines, où les grands des provinces nouvellement annexées, comme ceux de l'Arménie-Mineure, étaient parvenus à des situations enviables. Les Arméniens comptaient parmi les meilleurs contingents combatifs des armées impériales. Satisfaits de leur sort, les Arméniens ne devaient pas se plaindre davantage d'Anastase dont le règne avait été sage et doux à la fois. Mais cette Arménie byzantine, qui s'incorporait à l'Empire, allait être bientôt impliquée dans la guerre que Cavadt déclarait à l'empereur.

---

(1) Proc.

II

L'Arménie au temps des guerres Perso-romaines du VIe siècle. — Les Marzpans Sassanides.

Cavadt, détrôné en 496 par la noblesse et par les mages, s'était échappé de la prison pour remonter sur le trône par l'aide des Hephthalites. Pour le malheur de l'Arménie des dissentiments éclatèrent peu après entre le roi de Perse et Anastase qui refusait de payer le tribut que Zénon avait promis. Cavadt déclara en (502) une guerre épouvantable qui ensanglanta l'Asie durant un siècle et demi, et finit par épuiser à la fois la Perse et l'empire d'Orient. La lutte fut particulièrement vive sous Chosrau II, dont les armées vinrent camper devant Constantinople, comme cela ne s'était jamais vu depuis Darius et Xerxès. L'Arménie devint, avec la Mésopotamie et la Syrie, le théâtre de cette guerre interminable ; elle fut horriblement dévastée par les belligérants, qui vinrent et revinrent l'occuper tour à tour.

Le roi de Perse prit d'abord Théodosopolis, la forteresse de la Haute-Arménie, et l'année suivante (503), il s'empara d'Amida après un long siège qui coûta la vie à des milliers d'habitants. Anastase ne put obtenir la suspension des hostilités (506) qu'en payant un tribut de onze mille livres d'or. A ce prix Cavadt consentit à rendre Amida, d'autant plus qu'il avait échoué dans sa tentative sur Edesse. La tranquillité semblait revenir quand des bandes de Huns débouchant du Caucase tombèrent sur l'Arménie et la saccagèrent jusqu'au Taurus, alors que la Perse était elle-même obligée de repousser une invasion de ces barbares. Les populations étaient effrayées, le pays ruiné quand les grands de la Taronitide et les Mamiconiens, aidés par le commandant byzantin parvinrent à la fin à les mettre en fuite.

Tant que vécut Anastase la paix régna entre les Perses et les Byzantins. La guerre recommença sous Justin Ier (518-527) au sujet de la Colchide et de l'Ibérie qui demandaient l'appui du nouvel empereur contre les injustices de Cavadt. Les peuplades de la Colchide, récemment converties au christianisme (521), s'offraient à l'Empire pour s'affranchir du joug du roi de Perse qui prétendait à la suzeraineté sur ce pays. Les hostilités recommencèrent en Mésopotamie où les Arabes à la solde de la Perse, allèrent faire des razzias sur le territoire romain. Pendant qu'une armée byzantine commandée par Licelaire était battue près de Nissibine, des légions sous les ordres de Bélisaire (1) pénétraient dans la Persarménie qu'elles se mirent à dévaster inutilement. Bélisaire dut se retirer et aller en Mésopotamie défendre Dara pour arrêter les progrès des Perses que commandait Béroze, un des généraux de Cavadt. Toutefois le roi de Perse se montrait moins belliqueux que d'habitude ; il renouvelait sans cesse les négociations, recherchant la paix, afin d'assurer, par la reconnaissance de l'empereur, la succession du trône à son fils Chosrau, bien que ce dernier ne fût pas l'aîné de ses fils. Les pourparlers entamés en 525 n'aboutirent

---

(1) C'est de cette campagne que date la vie illustre du grand général de Justinien.

pas, et la guerre recommença en 527 presque à l'avènement de Justinien. Le règne de Justinien qui devait jeter un brillant éclat sur l'Empire d'Orient ne commençait pas sous de favorables auspices : un terrible tremblement de terre ravageait Antioche (528), et les généraux de l'empereur résistaient avec peine aux débordements de la Perse. Le théâtre de la guerre était encore la Mésopotamie où commandait Bélisaire. L'armée perse qui avait traversé l'Euphrate en (531) pour marcher sur Antioche, avait été forcée de reculer ; mais à la bataille livrée la même année à Racca, les avantages restaient incertains. La cavalerie romaine était cernée et tout semblait perdu quand Bélisaire, par d'habiles manœuvres, força finalement l'armée perse à gagner ses foyers. Les négociations entamées à l'avènement de Chosrau Ier (Anoschirvan ou le Bienheureux, 531) eurent pour résultat la conclusion d'un traité qui maintenait les anciennes frontières, et stipulait de rendre de part et d'autre, les places fortes et les prisonniers. Ce traité ne fut d'ailleurs qu'une trêve ; la lutte recommença en (540). Chosrau, inquiet surtout des succès de Justinien en Italie et en Afrique, reprit les hostilités, en se servant du prétexte de l'appel de l'Arménie byzantine, qui avait été sévèrement châtiée à la suite d'une révolte, suscitée par l'injustice des gouverneurs militaires.

Le roi de Perse envahit la Mésopotamie et la Syrie, s'empara de Dara et d'Antioche qui fut pillée et saccagée. Une armée perse pénétra d'autre part dans l'Arménie byzantine et en chassa les garnisons. Bélisaire, qui avait été rappelé d'Italie, campait à six milles de Nissibine avec une faible armée ; il fit une diversion du côté de l'Assyrie, ce qui arrêta les mouvements des Perses vers la Palestine. La guerre continuait avec des alternatives de succès et de revers pour les belligérants, quand après le siège inutile d'Edesse par les Perses (546), une trêve fut signée. Comme de part et d'autre on manquait de sincérité les pourparlers n'aboutirent pas à la paix et les hostilités recommencèrent, au bout de quelque temps, dans la Colchide et sur les frontières de l'Arménie, qui furent ravagées sans résultat durant sept ou huit ans. Telle était la situation des belligérants, lorsque Bélisaire parvint par une ruse de guerre, à contenir l'armée de Chosrau et à obtenir la paix (562), moyennant une indemnité de trente mille livres d'or payée au roi de Perse. Ce traité, qui maintenait les anciennes frontières, était d'autant plus avantageux pour l'Empire que ses forces étaient épuisées. Un article accordait en outre, une entière liberté de culte aux chrétiens, à la condition de ne faire aucun acte de prosélytisme parmi les zoroastriens.

Pendant les armistices de 546, d'importants événements s'étaient produits en Asie. Un nouvel empire qui allait jouer, au cours des siècles suivants, un rôle prépondérant, s'était formé dans la région des steppes du nord de l'Oxus. Les Turcs, de la race des Huns, entraient en scène. Leur prince s'appelait *Khan* et se signalait déjà par une puissance redoutable. Les Turcs (1) prirent, d'accord avec Chosrau, aux Hephthalites les pays situés,

---

(1) A cette époque les Turcs ou les Huns blancs avaient gagné les rives de l'Oxus et professaient le manichéisme. Il n'y avait d'ailleurs aucune différence, au point de vue ethnique, entre les Turcs et les Hephthalites, les Houchans, ou les Hepthals des auteurs arméniens, les Hitals des Perses.

sur la rive droite de l'Oxus, pendant que le roi de Perse s'emparait de la rive gauche et incorporait définitivement à l'Empire des Sassanides l'ancien royaume de la Bactriane.

L'Arménie persane n'eut pas beaucoup à souffrir jusqu'en 540, durant la première période de la guerre perso-romaine du vi^e siècle. Elle était administrée par des magistrats perses qui avaient su y maintenir l'ordre en respectant les institutions qui régissaient le pays. Bourghane ayant été rappelé après trois ou quatre ans de magistrature, le gouvernement avait été adjugé jusqu'en 564 au marzpans Den-Schapour, Vschnas-Bahrame et à Varazdat. Les grands d'Arménie et en particulier les Mamiconiens qui continuaient à jouer le principal rôle politique, n'avaient ni bougé, ni causé d'inquiétude aux patriarches qui avaient succédé à Babghen. Ces chefs religieux gardaient tout leur prestige et, le cas échéant, usaient de leur crédit auprès de la cour de Ctésiphon pour en imposer aux marzpans qui agissaient contrairement aux vœux de la nation. Au cours même des violences provoquées par un état permanent de guerre et de troubles, le patriarche Narsès II avait pu convoquer à Dovine un synode (555) pour s'occuper des affaires religieuses. Chosrau traitait d'ailleurs avec douceur ses sujets chrétiens tant que leur conduite restait légale ; il protégeait le culte chrétien (1) et usait de ménagement à l'égard des Arméniens, bien que ceux-ci fussent plus ou moins enclins vers l'Occident. Un sujet de mécontement venait peut-être

---

(1) La tolérance témoignée par Chosrau I pour le culte chrétien fit naître la légende de sa conversion au christianisme vers la fin de sa vie. Sébéos qui ne manque pas de rapporter la légende ajoute que le roi fut enterré par les prêtres chrétiens dans les tombeaux des rois.

du mode de perception de la redevance royale, depuis que Chosrau avait voulu appliquer le système du Haratch (impôt fixe) sur les propriétés en remplacement de la dîme (1).

Le roi de Perse avait désigné en 564, comme marzpan d'Arménie, Surène, prince apparenté à la famille royale, descendant des anciens Surène. Le nouveau marzpan se signala, contrairement à la politique du roi, par ses duretés ; il prit une attitude hostile envers les grands qu'on lui représentait de connivence avec les Byzantins. Surène les soupçonnait d'autant plus que Vahane Sunide, dans sa haine contre les Mamiconiens, avait demandé et obtenu du roi la suppression de l'ingérance des autorités de Dovine dans les affaires de son pays, pour se disculper de toute participation dans le mouvement insurrectionnel (2). Surène qui s'était mis en tête d'imposer aux Arméniens la religion des mages et qui avait fait construire un temple de feu à Dovine, finit par exaspérer le clergé et le peuple, et la révolution éclata, quand il fit mettre à mort Manuel Mamiconien, le chef du parti national. On cria vengeance, le patriarche Jean II et Vardane, le frère de Manuel, se mirent à la tête du peuple fanatisé qui massacra Surène, sa garde et ses mages (571). L'insurrection, que l'attitude inconsidérée du marzpan fit naître, était d'autant plus grave que la guerre avec l'Empire pouvait recommencer à chaque moment. De plus, la Perse devait compter avec un chef intrépide et hardi, de la race des Mamiconiens.

---

(1) D'après Tabari, le Haratch ou impôt fixe sur les propriétés, a été imaginé sous le règne de Cavadt, et fut mis en application pour quelque temps seulement sous Chosrau I.

(2) Sébéos. Hist. d'Hérac.

capable de lutter avec opiniâtreté, même quand la lutte apparaîtrait sans issue. Les insurgés commandés par Vardane, revinrent bientôt à Dovine pour l'attaquer et en chasser les Perses qui y avaient été envoyés pour réprimer le mouvement. La guerre avec l'Empire recommença sur ces entrefaites, quand Justin II déclara prendre sous sa protection, l'Arménie et l'Ibérie. Elle tourna d'abord à l'avantage du roi de Perse qui s'empara de Dara après un siège de six mois, tandis que les Byzantins assiégeaient inutilement Nissibine. Les Perses firent en même temps irruption en Syrie qu'ils dévastèrent comme auparavant. Justin II dut demander la paix et acheta un armistice honteux (574) au prix de quarante cinq mille pièces d'or. Comme l'Arménie était exclue de l'arrangement, il ne s'ensuivit aucune tranquillité réelle. Le mouvement insurrectionnel continuait dans la Persarménie et les révoltés tombaient sur l'armée de Mihran, forte de vingt mille hommes et d'un grand nombre d'éléphants. Mihran, battu une première fois en Ibérie, voyait son armée et ses éléphants dispersés par les insurgés, et lui-même s'échappait à peine, quand Chosrau se mit en campagne pour conduire la guerre en personne. Il s'avança jusque dans la Cappadoce à travers l'Arzanène et la Sophène, il incendia Mélitène et Sébaste, mais il dut se retirer devant l'armée du général Justinien, à côté de laquelle opérait maintenant Vardane Mamiconien. Les Byzantins s'emparèrent de la tente royale avec la reine (576) ils noyèrent dans l'Euphrate le Movpétan-Movpet (le grand mage) et jetèrent à l'eau l'Alâche (le feu sacré) qui suivait toujours le roi (1).

---

(1) Sébéos. Hist. d'Héracl.

Chosrau lui-même put à peine s'échapper dans ses états, et l'armée byzantine commandée par Maurice (1) alors général d'armée, occupa, avec les cavaliers arméniens une partie de la Persarménie, qu'elle dut d'ailleurs évacuer dès la deuxième année. Pendant cette courte occupation les Byzantins, venus en libérateurs, s'étaient assez mal comportés avec les Arméniens qu'ils avaient traités en ennemis et en hérétiques. Ils n'avaient pas été plus humains dans leurs procédés en déportant les habitants chrétiens de l'Arzanène auxquels, ils avaient assigné par grâce, une résidence à Chypre (577) A peine avaient-ils refusé de livrer à la vengeance des Perses les réfugiés religieux ou laïques échappés sur le territoire romain. Parmi ces derniers se trouvaient le patriarche et Vardane Mamiconien dont le roi de Perse exigeait particulièrement l'extradition. Protégé par l'empereur, Vardane s'était engagé dans les armées byzantines. Les autres grands impliqués dans l'affaire, se fixèrent à Pergame avec leurs gens, leurs prêtres ; et les guerriers dont se composait la colonie arménienne de cette ville, entrèrent dans les armées byzantines et se rendirent célèbres par leur valeur militaire (2).

La retraite de l'armée byzantine mit fin à l'insurrection

---

(1) Maurice, né en Cappadoce, serait à en croire les chroniqueurs nationaux, d'origine arménienne. En tout cas Maurice usa de sévérité à l'égard des Arméniens, dans les affaires politiques comme dans les affaires religieuses.

(2) Parmi les familles fixées, à Pergame, les chroniqueurs citent le patrice Nicéphore qui rendit de grands services à Constant II, et qui eut le commandement de l'armée du thème arméniaque. Son fils Vardane, qui fut appelé Philippique, monta sur le trône de Byzance après l'assassinat de Justinien II : il régna seulement deux ans.

arménienne qui durait depuis six ou sept ans. Peu après, Chosrau nommait au gouvernement de la Persarménie le marzpan Veghon-Djihr en décrétant une amnistie générale dont bénéficièrent la plupart des réfugiés, pour rentrer dans leur pays et prendre possession de leur bien. Le trône patriarcal fut occupé par Moïse II (574-604), prélat distingué, qui s'attacha à prêcher la soumission et la pacification. La paix avec les Byzantins n'était pas encore rétablie quand Chosrau vint à mourir. Son fils Hormizdt (579-590), qui ne voulait pas rendre Nissibine et Dara, continua la guerre contre Tibère Constantin. Cette fois les Byzantins remportèrent de grands succès en Mésopotamie et du côté de l'Arménie, où commandait le patrice Jean. Ils prirent Dovine, et de là, ils pénétrèrent jusqu'en Médie, où ils défirent complètement l'armée de Bahram, grand général de la Perse, originaire de la Bactriane et descendant de la famille royale des Arsacides. L'année d'après Maurice remportait une grande victoire en Mésopotamie sur le général Tam-Chosrau, qui, ne voulant pas survivre à sa défaite, se fit tuer. Ces victoires amenèrent la paix d'autant plus facilement que Hormizdt était incapable de poursuivre les hostilités à cause des révoltes qui éclatèrent en Perse, par suite de ses excès et de ses crimes. Son fils Chosrau II (590-628), dit Parvèze (le victorieux), était proclamé à sa place, malgré l'opposition armée de Bahram, qui voulait gouverner au nom du prince mineur ou plutôt en son propre nom, ayant conçu le projet de s'emparer du trône des Sassanides. On sait que le jeune roi, soutenu par l'empereur Maurice triompha de ses ennemis, et les Byzantins, tant de fois vaincus par les Perses, devinrent ainsi les protecteurs de ce trône des Sassanides, qui, si longtemps, avait été l'objet de leur effroi. Les armées byzantines qui soutenaient Chosrau étaient commandées en Mésopotamie par Narsès (1), en Arménie par le patrice Jean. Ces armées comptaient dans leurs rangs, un nombre notable de grands d'Arménie avec leurs troupes auxiliaires, entre autres le Mamiconien Mouchegh, qui contrairement à la ligne de conduite de sa famille, combattait maintenant pour le roi, malgré les offres de Bahram. Celui-ci le sollicitait de prendre son parti, et lui promettait la reconstitution du royaume d'Arménie après la victoire (2). Chosrau témoignait sa reconnaissance à Maurice en lui rendant les forteresses de Dara, de Nephrguert (Martyropolis). Il lui cédait en outre, une bonne partie de la Persearménie, depuis les rives du lac de Van, jusqu'à la plaine de l'Araxe et la vallée du Kour. Mais Dovine, l'Arméno-Médie, le Vaspouracan restaient toujours sous la domination perse. Mouchegh Mamiconien, ne gagna d'ailleurs rien à la conduite qu'il avait adoptée : accusé de trahison, il se sauva auprès de l'empereur qui l'envoya à l'armée de Thrace pour combattre les Avares. D'ailleurs, la plupart des grands d'Arménie s'étaient rendus suspects aux yeux de l'empereur par leur émigration en Perse. Les deux puissances s'entendaient pour les éloigner de la frontière afin de mettre un terme à leur turbulence ; ceux des nouvelles acquisitions byzantines furent incorporés dans l'armée de Thrace, pendant que le roi de Perse reléguait les autres au fond de la Médie à Ispahan. Un sort meilleur

---

(1) Le nom même de Narsès fait voir que le général de Maurice était d'origine arménienne.

(2) Sébéos. Hist. d'Héraċl.

fut réservé à Sembat Bagratide pour les services qu'il avait rendus à Chosrau. Il fut comblé d'honneur, puis investi du gouvernement de la Caspienne avec la dignité de général dans l'armée perse. Sembat organisa cette province, réduisit les peuplades insoumises et y assura la paix pendant une dizaine d'années. Il commanda ensuite l'armée destinée à combattre les Hephtalites qui se remuaient de nouveau du côté de la Bactriane. Il s'était adjoint, dans cette guerre, les Arméniens exilés du côté du Khorassan et sa campagne avait été couronnée de succès, quand ses compatriotes, toujours portés à la turbulence, décampèrent chez les Turcs et de là gagnèrent les possessions romaines. Les Arméniens envoyés contre les Avares, étaient commandés par Mouchegh qui parvint à chasser les ennemis jusqu'au-delà du Danube, mais le Mamiconien fut tué dans la poursuite. Son compagnon d'armes Atat Khorkhorouni, honoré du patriciat, qui était également envoyé en Thrace, s'échappait de l'armée et témoignait son mécontentement en se mettant à la diposition du roi de Perse.

Ces agissements turbulents des grands d'Arménie n'eurent d'ailleurs aucune portée. Les premières années du règne de Chosrau II furent en réalité un temps de tranquillité pour toute l'Arménie. Chosrau estimait les chrétiens et protégeait ceux de l'Arménie plus que les Nestoriens ; il agissait ainsi à cause de l'impression produite sur lui, par l'aide que lui avaient fournie les chrétiens, et aussi sous l'influence de sa femme favorite Schirine, une chrétienne zélée. Les territoires qui relevaient encore du roi de Perse, étaient gouvernés par les marzpans, Vandatacan qui fut tué par ses propres soldats, puis par Mercout, Hoyiman et Boutmah, en résidence à Dovine (1). Les districts, nouvellement cédés aux Byzantins, étaient régis par les généraux commandant les troupes en garnison le long de la frontière.

Le gouvernement de l'Arménie byzantine avait été donné en 528 par Justinien au général Sittas (2), son beau-frère, et les Arméniens de ces contrées s'étaient enrôlés dans l'armée impériale pour combattre les Perses. Cette partie de l'Arménie avait reçu une nouvelle organisation ; la Sophène, le Hantzit et une partie de l'Arzanène, avaient formé la IV⁰ Arménie. A Sittas, avait succédé un indigène Hamazasp Mamiconien, ayant le rang de général dans l'armée byzantine. L'empereur trompé par le délateur Accasius avait fait mettre à mort Hamazasp, soupçonné d'intelligence avec les Perses.

L'accusateur avait reçu le gouvernement de l'Arménie byzantine, mais il l'avait si bien opprimée que le peuple poussé à bout avait fini par le massacrer. L'agitation était grande : Sittas envoyé en Arménie pour réprimer la rébellion, était tué dans un combat et remplacé par Buzès (3). Les Arméniens redoutant les rigueurs de ce dernier invoquèrent alors le secours du roi de Perse (540).

A la merci des excès et des exactions des gouverneurs

---

(1) Sébéos. — Hist. d'Hérac.

(2) Sittas avait épousé une sœur de Théodora ; c'est sur la proposition de Sittas que Justinien publia en 536, la novelle ou édit réorganisant la IV⁰ Arménie. Sittas avait le même rang que le commandant du corps d'armée asiatique et des exarques d'Europe (Celzer).

(3) Les persécutions avaient un moment cessé sous le règne de Justinien, par l'influence de l'impératrice Théodora qui protégeait les évêques d'Alexandrie et qui avait fait adopter une politique de tolérance envers les dissidents.

zélés, qui les traitaient en ennemis, les Arméniens étaient de plus persécutés par le clergé byzantin depuis que Justin I s'était hautement déclaré protecteur de l'orthodoxie (1). Le peuple qui restait toujours attaché à l'Eglise nationale, était surtout tourmenté par les Arméniens, unis à l'Eglise orthodoxe, qui étaient parvenus à des fonctions civiles ou militaires. Ceux-ci, suivant en cela la règle habituelle, affichaient un grand zèle religieux et se mettaient au premier rang pour sévir contre leurs frères opposés à l'union. Pour diviser les Arméniens dont la tenacité les exaspéraient, Justinien et ses successeurs avaient imaginé de les disperser dans les colonies de la Thrace, et de transplanter en leur place des Bulgares qu'ils avaient établis dans la Mélitène et la Sophène. Malgré ces mesures vexatoires et la haine religieuse, les Arméniens ne manquèrent pas de servir l'Empire quand il s'est agi de combattre les Perses ou les Sarrasins. Les contingents arméniens avaient toujours vaillamment combattu ; ils s'étaient trouvés en maintes occasions au premier rang dans les guerres contre les Perses et les Arabes en Asie, contre les Bulgares et les Avares en Europe. Plusieurs d'entre les officiers appartenant à la noblesse arménienne étaient parvenus aux plus hautes dignités militaires. Sous le règne de Justinien s'étaient signalés Hamazasp, et puis Artavasde qui avait combattu les Goths à Faïenza (1).

Les territoires que les Byzantins avaient enlevés à l'ancien royaume d'Arménie, avaient été rangés au VIIe siècle

---

(1) Narsès même, le général illustre et l'administrateur habile, pendant la conquête de l'Italie serait, au dire des chroniqueurs nationaux, d'origine arménienne.

dans le thème arméniaque (1). Ces territoires comprenaient le pays des Tasques la Phasiane, la Carénitide et l'Akilisène ou la Haute-Arménie, avec les métropoles de Sahala et de Théodosiopolis, et puis la Sophène, le Hantzit, la Bilabitène ou le district de Balou, une partie de l'Arzanène, avec la ville de Nephrguert ou Martyropolis (2), comme chef-lieu. Un stalège ou stratelat, honoré de la dignité de patrice, concentrait dans ses mains, les attributions civiles et militaires. Les troupes cantonnées dans le thème étaient recrutées parmi les Arméniens réputés comme les meilleurs soldats des armées byzantines.

---

(1) Ainsi appelé à cause des territoires arméniens qu'il renfermait. Ce thème, dont les frontières ont beaucoup varié, comprenait en outre de la Haute-Arménie, la Sophène, la Mélitène, l'Arménie-Mineure et une partie du Pont. L'origine de ce thème date, d'après les critiques modernes, des réformes administratives de Justinien. Ce nom fut appliqué sous le règne de Héraclius, ou peut-être plus tard.

(2) Ville située au nord-est de Diarbékir sur un affluent du Tigre, avec des remparts datant de l'époque byzantine.

III

Campagnes d'Héraclius.
Suprématie des Byzantins.

La guerre entre l'Empire et la Perse recommença dès qu'une émeute eût renversé Maurice pour lui substituer Phocas. Chosrau II déclara la guerre sous prétexte de venger Maurice, son allié et son protecteur, d'autant plus volontiers que Narsès (1) qui commandait à Edesse faisait appel à lui contre l'usurpateur Phocas. La guerre tourna si bien à l'avantage du roi de Perse que ses armées purent parcourir impunément, à partir de 604, le territoire romain durant vingt ans comme jamais cela ne leur avait été possible. Pendant que le roi se portait lui-même à Edesse, une autre armée perse envahissait l'Arménie byzantine, livrait plusieurs combats avantageux dans le pays de Sebirac pour aller mettre le siège devant Carine. La grande forteresse byzantine de la Haute-Arménie était prise (611).

Les habitants étaient déportés à Ispahan (2) avec tout le clergé et le vieux catholicos Jean, qu'avait nommé l'empereur Maurice. De là, l'armée perse entrait dans la Cappadoce et s'emparait de Césarée. Héraclius qui venait de renverser Phocas (610) sollicitait en vain la paix. Les

---

(1) Narsès était d'origine arménienne; il fut attiré à Constantinople et brûlé vif en 605.

Sébéos. — Hist. d'Hérac.

Perses étaient déjà maîtres de la Syrie; ils menaçaient la Palestine et l'Asie-Mineure. Damas était prise en 613 et en 614, à son tour, succombait Jérusalem. Toute la chrétienté était dans la consternation à la nouvelle que les Perses avaient enlevé la croix du Christ. L'Egypte était ensuite envahie, et l'Asie-Mineure parcourue à nouveau jusqu'à Chalcédoine. En quelques années l'Empire d'Orient avait perdu toutes ses possessions d'Asie; l'Afrique était ravagée et la capitale même de l'Empire menacée. Héraclius qui avait organisé une forte armée, commença la campagne en tirant parti de la flotte pour débarquer à Issus et s'établir sur les voies de communications des Perses en Cilicie. Après avoir hiverné sur les bords de l'Halys, en Cappadoce, l'armée byzantine enlevait au printemps suivant, Antioche et la Syrie, Jérusalem et la Palestine. L'Egypte était évacuée par les Perses qui repassaient l'Euphrate et se voyaient à leur tour menacés par les Byzantins. Dans les combats qui se livraient en Mésopotamie, la cavalerie perse était poursuivie par l'Arménien Mjej-Gnouni, un des meilleurs généraux d'Héraclius. Dans une seconde expédition (623 625) qu'il dirigeait en personne comme la précédente, Héraclius alla débarquer à Trébizonde, s'établit en Arménie pour dominer de là les hauts plateaux de la Perse. L'armée byzantine grossie par les contingents arméniens, repoussait partout les Perses commandés par Schahr-Varaz; les villes de Carine, Dovine et Naxuana étaient prises et l'Arménie entièrement évacuée par l'ennemi. Au printemps suivant Héraclius pénétrait dans Gandschak pour y détruire un des sanctuaires les plus vénérés de la Perse. Tantôt près du Caucase, tantôt en Arménie, tantôt en Assyrie, Héraclus se multipliant pour ainsi dire, comme aux meilleurs jours de la puissance romaine, pourchassait et affaiblissait partout les Perses. Il marcha à la fin sur Ctésiphon et s'empara de Dashaguert en mettant en fuite Chosrau. Les satrapes alors déposèrent le roi et proclamèrent son fils Cavadt II ou Scheroë (628). Chosrau, dont la domination s'était étendue presque jusqu'aux frontières de l'ancien empire akéménide, périssait victime de la cruauté de son fils. Sous le règne d'Artaschir II, les Perses envoyaient de Ctésiphon la croix du Seigneur qu'Héraclius érigeait de nouveau solennellement. La paix était conclue en 629, aux mêmes conditions qu'au temps de l'empereur Maurice.

Au cours de la guerre qui avait dévasté une grande partie de l'Asie-Antérieure, l'Arménie avait été ravagée tour à tour par les belligérants ; la misère et l'anarchie y régnaient. La paix n'était pas définitivement conclue que Cavadt II, dans le désir de gagner les Arméniens, nommait marzpan Varaz-Tirotz Bagratide (628) (1), élevé à la dignité de grand de la cour, depuis la mort de son père. Bien reçu par la noblesse et par le peuple, Varaz-Tirotz entreprenait aussitôt de réparer les maux causés par la guerre ; il s'adjoignait Théodoros Rouchtouni comme commandant de la milice. Le trône patriarcal, devenu vacant depuis la mort de Comitas (615-628) fut donné à Christaphor, prélat irascible et intrigant qui fut détrôné au bout de deux ans et remplacé par un disciple de Comitas, Esdras (630-641), homme faible et craintif. Menacé par

---

(1) Varaz-Tirotz était le fils de Sembat-Bagratide, l'ancien satrape de la Caspienne.

Mjej-Gnouni, alors commandant l'armée byzantine des frontières d'Arménie, Esdras avait accepté le rituel grec, pendant que Varaz-Tirotz était en butte à des difficultés créées par le satrape de l'Aderbeijan, et par Mjej-Gnouni. Au bout de sept à huit ans de magistrature Varaz-Tirotz s'enfuyait nuitamment avec sa famille sur le territoire romain pour échapper à la mort. Mais, impliqué dans une affaire de conspiration contre la vie de l'empereur, il fut relégué en Afrique, alors qu'un de ses partisans, David Saharouni, était pris et enchaîné par Mjej. Ce Saharouni sut échapper à ses gardes, et tua son accusateur (1).

La lutte acharnée entre l'Empire et la Perse, qui durait depuis le règne de Cavadt Ier, avait ébranlé le trône des Sassanides. Les Arabes, qui avaient déjà conquis la Syrie et l'Egypte, ne tardèrent pas à le renverser définitivement. Les nouveaux conquérants s'emparèrent de Ctésiphon après la bataille de Kadisija, et la grande victoire de Navavend leur ouvrit les provinces orientales, pendant que le dernier des Sassanides, Yezdeguert, se réfugiait dans la Bactriane et se faisait assassiner par les Turcs (652). Les mouvements d'indépendance qui s'étaient dessinés en Arménie pendant les deux derniers siècles avaient toujours échoué, et les luttes livrées pour secouer le joug de la Perse n'avaient eu d'autre résultat que la ruine du pays. Divisés entre eux par des rivalités de puissance et d'ambition, chacun des grands avait opéré pour son propre compte, n'ayant le plus souvent en vue que l'abaissement des autres. Les Arzérounis s'étaient tenus à l'écart, les

---

(1) Sébéos. — Hist. d'Héracl.

Sunides avaient toujours pris le parti des Perses et les Bagratides avaient agi mollement ; les Mamiconiens seuls s'étaient mis au premier rang pour lutter contre la domination étrangère. Dans ces conditions toute tentative en vue de l'indépendance nationale avortait misérablement, et l'issue de la lutte rendait la situation plus critique. Les Arméniens ne pouvaient pas compter sur l'appui des Byzantins, dont la politique consistait à annexer les pays arméniens plutôt que de leur assurer l'autonomie, comme jadis au temps de Constantin. D'ailleurs, les dissensions religieuses avaient si bien envenimé les relations que les Byzantins ne se faisaient aucun scrupule de molester à l'occasion les Arméniens qu'ils considéraient comme de vrais hérétiques. Au milieu de toutes ses infortunes, le peuple arménien ne se laissa pas entamer ; il se serra autour de son église et assura, lamentablement il est vrai, son existence au cours des siècles.

Les Arabes, les Hagariens (1) des chroniqueurs arméniens, qui venaient de s'emparer de la Syrie et de la Mésopotamie en y imposant leur religion, poussèrent une pointe en Arménie, du côté de la Taronitide (639). Un des grands du pays, Tirane Mamiconien, osa se porter seul contre les musulmans commandés par Abdul-Rahman. Tirane suppliait les autres grands de lui venir en aide, quand il fut tué dans un combat qui dispersa sa petite troupe. Procope, commandant les forces byzantines en

---

(1) Le schroniqueurs arméniens désignent les Arabes sous le nom d'Ismaëliens, mais le plus souvent par le mot Hagariens, du nom d'Agar, la servante d'Abraham et mère d'Ismaël. Ils n'ignorent pas, d'ailleurs l nom de Sarrasin, que les chrétiens donnèrent aux musulmans.

Arménie, parvint toutefois à arrêter la marche des Arabes et à écarter le danger, mais il ne put les empêcher de ramasser un grand butin et d'emmener en esclavage nombre d'habitants. Le siège patriarcal venait d'être occupé par Narsès III, prélat remarquable, patriote et politique avisé, qui sut, par une intervention habile auprès de Constant II, mettre un terme à l'anarchie. Sur ses instances, l'empereur reconnut à titre de magistrat de la Persarménie avec la dignité de curopalate, Varaz-Tirotz Bagratide (645 ?), l'ex-marzpan, qui avait gagné l'Arménie après sa libération (1). Ce vieillard venant à mourir dans l'année de sa nomination, la magistrature fut adjugée à son fils Sembat, auquel Constant II fit épouser une princesse de sa maison, tout en confirmant Théodoros Rouchtouni dans la charge de commandant des milices nationales.

Les Arabes qui venaient de s'emparer de la Perse, firent une nouvelle irruption en Arménie, du côté de l'Aderbeijan et se rendirent maîtres de la ville de **Naxuana**. Théodoros Rouchtouni, s'était porté au-devant de l'invasion en donnant l'alarme à Procope, mais celui-ci avait été battu, malgré la supériorité de son armée. L'invasion se renouvelait d'ailleurs au bout de trois ans : les musulmans avancèrent alors jusqu'à Dovine pour se livrer au pillage et mener en esclavage les femmes et les enfants. Terrorisés et à l'instigation de Théodoros lui-même, auquel l'empereur avait enlevé le commandement militaire, les grands d'Arménie crurent prudent de traiter avec les musulmans et de reconnaître l'autorité du Calife (652), qui les assurait de sa protection. Constant II, mettant à

---

(1) Varaz-Tirotz avait été libéré à la mort d'Héraclius.

profit le répit que lui laissaient les discordes du califat, se mit à la tête d'une armée pour aller punir la Persarménie de sa défection et la ramener à l'ordre. Son arrivée fut regardée comme le prélude d'une action énergique contre l'invasion des musulmans ; le patriarche, les grands et leurs guerriers s'empressèrent d'aller le saluer à Carine et jurer de leur fidélité. L'empereur ne fit presque rien pour la défense du pays, il s'occupa, à Dovine, plutôt de choses religieuses en forçant le patriarche d'accepter le concile de Chalcédoine et son nouvel édit qui appuyait le monothélisme. Narsès se soumit, malgré l'opposition de son clergé, mais il parvint aussi à décider l'empereur de donner la magistrature à Hamazasp Mamiconien (653 ?). Un autre Mamiconien Mouchegh, investi du commandement des milices nationales, reçut l'ordre de saisir Théodoros, l'instigateur du mouvement, qui s'était sauvé dans une île du lac de Van. La présence de l'empereur dans ces régions, n'avait en rien modifié la situation. Constant s'en allait, laissant le pays à son sort, et le patriarche, menacé par le clergé, abandonnait son siège pour s'enfuir dans son ancien diocèse des Taoques. La Persarménie était de nouveau menacée par les musulmans, et Moavia qui venait de battre l'armée byzantine en Cilicie, sommait les Arméniens de se soumettre à sa puissance. Hamazasp venant à mourir au bout de trois ans, les grands décidèrent de payer tribut au calife. On envoya à Damas des otages et l'on rappela Narsès. Le patriarche, qui avait usé naguère de son crédit auprès de l'empereur, dut

---

(1) Sébéos. Théodoros Rouchtouni s'est sauvé ensuite chez Moavia, qui l'a comblé de ses faveurs.

intervenir cette fois à Damas, auprès du calife, pour faire reconnaître Grégoire Mamiconien (658). Le pays jouit de quelques années de tranquillité sous le gouvernement de Grégoire qui s'appliqua à relever les ruines, à réédifier les églises.

L'ancienne Arménie persane relevait encore du califat sous le règne de Yezd (680-683), quand les succès de Constantin Pogonat et les discordes qui s'élevèrent pour la succession du califat, changèrent la situation et firent surgir une nouvelle crise. Constantinople assiégée par les Arabes opposait une invincible résistance (668-675). Malgré des assauts réitérés, les Arabes étaient repoussés, poursuivis et taillés en pièces, pendant que leur flotte en partie détruite échappait avec peine au feu grégeois. Le calife, consterné, demandait la paix, et ce dénouement imprévu rehaussait la renommée de l'Empire. La défaite des musulmans avait partout ravivé l'espérance des chrétiens, mais, au moment même où les Arméniens, les Ibériens et les Albaniens concertaient leurs efforts et croyaient s'affranchir du joug des musulmans, une invasion inattendue vint désoler leur pays. Les Khazars ou Khozars, de race tartare, habitant les rives septentrionales de la Caspienne, tombèrent sur le Caucase et puis sur l'Arménie qu'ils se mirent à dévaster. Grégoire parvint à les repousser, mais il se fit tuer dans la poursuite et avec lui périrent aussi un grand nombre de seigneurs arméniens, ibériens et albaniens (685). Comme il arrivait toujours dans des circonstances analogues, la disparition du chef fit naître chez les ambitieux des compétitions dont Achot Bagratide fit son profit pour s'emparer du pouvoir. Entre-temps, Justinien II déclarait la guerre au calife Abdul-Mélik, et le patrice Léonce, commandant l'armée byzantine, qui n'avait pas su délivrer la Syrie, occupait la Persarménie pour l'assujettir. Sous prétexte de la soustraire aux Arabes, il s'y livrait au pillage et à la tuerie à cause de sa défection (687). Quelque temps après, Justinien, qui avait abandonné aux Arabes l'île de Chypre, paraissait lui-même sur les frontières de l'Arménie, puis se laissait battre en Cilicie par suite de la défection des Esclavons qui servaient d'auxiliaires dans son armée ; il s'échappait à Constantinople et laissait le champ libre aux Arabes. Ceux-ci ne rencontrant plus d'obstacles revinrent dans la Persarménie qu'ils traitèrent sans ménagement. Achot, qui voulut les combattre, succomba à des blessures reçues dans une action (689-690), et les Arabes devinrent définitivement maîtres de cette partie de l'Arménie qui, après avoir appartenu aux Sassanides pendant deux siècles et demi, ballotait sous le joug des puissances rivales depuis les succès d'Héraclius. La Persarménie avait toujours réussi à maintenir son ancien régime ; elle avait été le théâtre de nombreuses révolutions ; ses grands s'étaient, maintes fois, signalés par leur velléité d'indépendance, mais leur esprit d'insubordination avait rendu leurs efforts inutiles, et ce malheureux pays, après chaque crise présentait le spectacle d'une plus grande désolation. L'Empire menacé lui-même par les Sarrasins renonçait au droit de suzeraineté sur ces contrées et ce sacrifice lui coûtait d'autant moins que les habitants persistaient dans leur refus d'union avec l'église de Byzance.

L'Empire était toujours en état de guerre avec les musulmans. Ceux-ci ravagèrent bien l'Asie-Mineure, mais ils ne purent ni la conquérir, ni même entamer la province voisine, l'Arménie byzantine, dont les populations étaient toutes autres que celles de la Syrie et de la Mésopotamie. L'Arménie byzantine, dont les limites s'étaient étendues du côté de l'est, depuis le règne de Maurice, était défendue par un corps d'armée solidement organisé. Le stratège qui le commandait disposait de troupes régulières et de milices provinciales capables de s'opposer à toute invasion. La révolte qui s'était déclarée en 666, sous Constant II, avait été vite réprimée par le patrice Nicéphore, général d'armée, descendant des familles arméniennes établies à Pergame. Depuis lors la fortune de Nicéphore n'avait fait qu'augmenter, et son fils, Vardane, élevé, lui aussi, au plus haut grade militaire, était parvenu, après le meurtre de Justinien II, au trône de Byzance sous le nom de Philippique (711). Mais Vardane, indigne de gouverner, **avait été** enfermé dans un monastère après qu'on lui eût crevé les yeux.

IV

Rôle politique du Patriarcat.

Le patriarcat avait été institué en Arménie par la royauté avec des privilèges et des immunités qui assuraient sa fortune et lui donnaient dès le début un grand éclat. Les premiers patriarches avaient été entourés d'une grande considération à cause de leur descendance de Grégoire et leur parenté avec la famille des Arsacides. Ces circonstances permirent au patriarcat de jouer un grand rôle dans les affaires politiques, et d'attirer à lui l'autorité morale qui échappait au pouvoir royal. En outre de la force qu'il puisait dans le sacerdoce, le patriarcat, par son contact intime avec la masse du peuple, devint une institution politique qu'aucune révolution ne put renverser. Quand la royauté vint à succomber, les patriarches étaient tout désignés pour devenir en quelque sorte les représentants de la nation : ils réunirent à leur juridiction religieuse une sorte d'autorité civile que les conquérants byzantins, perses ou arabes ont tour à tour respectée par intérêt. Une des grandes prérogatives du patriarcat était l'administration de la justice qui avait passé avec le christianisme dans les mains du clergé. Les évêques représentaient les magistrats ; ils jugeaient au civil comme au criminel ; ils étaient les défenseurs de la moralité publique et les ecclésiastiques veillaient à l'observance de cette moralité. Considérés comme les protecteurs des faibles,

les évêques intervenaient dans la nomination des tuteurs ou des curateurs des mineurs. L'état civil, si l'on peut dire, était concentré dans leurs mains ; ils enregistraient les naissances, rédigeaient les contrats de mariage. En matière disciplinaire, les évêques avaient pleine compétence sur tout le clergé. L'appel de leur décision pouvait être porté devant le patriarche qui pouvait aggraver ou diminuer la peine prononcée. D'une manière générale le clergé et ses biens étaient exempts de tout impôt. Le clergé participait à toutes les manifestations publiques et à toutes les cérémonies officielles ; il s'associait aux guerres par des manifestations religieuses, surtout lorsque ces guerres avaient un caractère religieux. Le patriarcat, par ses privilèges, par son immixtion dans les affaires nationales, par son influence sacerdotale, jouait donc un rôle très important dans la vie sociale et politique de la nation. Yezdeguert II avait essayé de dépouiller le patriarcat de ses prérogatives, mais devant la résistance de la nation, il dut les laisser subsister, et depuis lors aucun conquérant n'a voulu les annuler.

Les patriarches avaient d'abord fixé leur résidence à Valarsapat à côté des Arsacides. C'est vers le milieu du ve siècle que le patriarche Jean Mandacouni transporta le siège à Dovine, alors la capitale de la Persarménie. La légende de l'église patriarcale de Valarsapat ou d'Etchmiazine n'était pas encore créée, et cette basilique n'avait pas alors l'importance qu'elle acquit vers le viie siècle, à l'époque où le patriarche Comidas fit reconstruire l'église tombée en ruines. C'est depuis cette époque que la fondation d'Etchmiazine fut attribuée à Grégoire l'Illuminateur et qu'une légende s'est formée, d'après laquelle Comitas y aurait trouvé les tombes de Hripsimé et de Gaïané ; les deux héroïnes de la fondation du christianisme en Arménie. Dovine est restée le siège du patriarcat jusqu'au premier quart du xe siècle.

Les fils et les petits-fils de Grégoire avaient été élevés à Césarée et remplissaient à la cour la charge de secrétaire royal avant d'occuper le trône patriarcal. Vardanès fut mêlé à toutes les affaires politiques de son temps, sous le règne du roi Chosrau II. Narsès, arrière petit-fils de Grégoire fut un éminent prélat. Il créa des œuvres de bienfaisance, des hôpitaux, des léproseries ; il s'attacha à faire cesser les pratiques du paganisme qui avaient encore cours en Arménie ; il fonda des écoles pour l'enseignement du grec et du syriaque et contribua puissamment au développement du christianisme. Son fils Sahac qui monta sur le trône au moment où la royauté vivait ses dernières années, fut surtout un grand patriote. Son nom reste attaché à la création des lettres. Grégoire, Narsès et Sahac sont indéniablement les grandes figures de l'histoire du peuple arménien, le premier comme fondateur du christianisme, le second pour son attachement à propager l'œuvre, le troisième pour avoir assuré l'indépendance de l'église nationale. Avec Sahac, disparut la descendance de la famille illustre de Grégoire, mais l'autorité morale dont s'était emparé le patriarcat n'en subsista pas moins. On éleva sur le trône des prélats qui joignaient à leur connaissance des choses religieuses un grand dévouement pour la patrie. Plusieurs d'entre eux gardèrent ferme le prestige attaché à leur dignité en exerçant une haute autorité sur les grands et sur le peuple. Le patriarche Gut, qui avait demandé l'appui de l'empereur Léon, se défendit hardiment devant Péroze quand il fut appelé à Ctésiphon pour répondre de l'accusation. Il revendiqua hautement son penchant vers l'Occident, où, disait-il, il avait puisé la lumière de la foi. Son successeur Jean Mandacouni fut aussi un lettré et un patriote ; il fut l'âme du mouvement national, lors de l'énergique résistance de Vahane. Les prélats qui occupèrent le trône patriarcal durant les VIe et VIIe siècles, jouèrent toujours un grand rôle politique dans leurs relations avec les rois de Perse et les empereurs de Byzance. Babghen et ses successeurs jouissaient auprès de la cour de Ctésiphon d'une grande considération comme les représentants d'une nation qui avait donné plus d'une fois les preuves de sa vitalité. Les ménagements dont les rois de Perse et les empereurs de Byzance usaient à l'égard du patriarcat étaient dus à son autorité nationale, qui permettait aux catholicos de s'appuyer, suivant les circonstances, tantôt sur la Perse, tantôt sur l'empire. Résidant dans les domaines des Sassanides, les catholicos étaient à même de se soustraire à la pression exercée par les empereurs. De leur côté les rois de Perse étaient tenus de ménager un chef qui pouvait à tout instant réclamer la protection des chrétiens et de l'Empire. Même après les succès de Maurice qui placèrent, sous la suprématie des Byzantins, toute l'Arménie, les catholicos luttèrent victorieusement contre le clergé grec pour le maintien de l'indépendance de l'église nationale. A son retour de Constantinople Moïse II déclina les ordres de Maurice, malgré que l'empereur, dans l'espoir d'ébranler le catholicos, eût nommé un compétiteur pour l'Arménie byzantine. Le successeur de Moïse II, Abraham, mit tout en œuvre pour garder le catholicos d'Ibérie dans l'union avec l'église arménienne.

Esdras et Narsès III cédèrent, il est vrai, sous la pression, mais leur conversion apparente n'eut d'autre résultat qu'une plus grande animosité contre les Byzantins.

Si les catholicos d'Arménie furent habiles à tirer parti des rivalités entre les Perses, les Arabes et les Byzantins pour sauvegarder leur indépendance, ils ne surent faire preuve d'aucune initiative, ni d'esprit de pénétration dans l'œuvre de régénération de l'état social et intellectuel de la nation. Dans leurs préoccupations exclusives des affaires religieuses, ils négligèrent les ressorts susceptibles de fortifier le peuple contre le danger de destruction qui le menaçait. C'est ainsi que cette grande institution du patriarcat fut entachée de stérilité dans l'évolution du peuple arménien. Il ne pouvait en être autrement, avec des titulaires qui puisaient toutes leurs connaissances sous la tutelle d'un évêque ou dans les monastères, les seuls foyers de culture intellectuelle en Arménie, où l'on étudiait surtout la rhétorique, les livres saints et la théologie.

C'est au milieu de l'anarchie, à laquelle fut livrée l'Arménie pendant l'invasion arabe, que la position des patriarches devint surtout difficile. Dans les occasions favorables, ils usèrent encore de leur crédit pour appuyer la candidature des chefs nationaux ou pour faire rappeler les émirs qui se signalaient par leur cruauté. Narsès III, Sahac III (1) et Jean, dit le Philosophe, parvinrent à sauvegarder leur autorité. Ils s'appuyèrent tantôt sur les califes, tantôt sur les empereurs, mais ce jeu réussit parfois mal, et, tour à tour chacune des puissances rivales

---

(1) Sahac avait été appelé en 687 à Constantinople par Justinien II pour arriver à l'entente, mais à son retour Sahac et ses évêques s'étaient, de nouveau opposés à l'union.

vint occuper l'Arménie pour la châtier de ses défections successives.

Le patriarcat eut surtout de mauvais jours à traverser durant le VIIIe et le IXe siècle, alors que l'Arménie arabe était en proie à toutes les violences des émirs, sous la dynastie des Abbassides. Les successeurs de Jean le Philosophe avaient été des prélats faibles, incapables d'exercer la moindre influence sur les émirs, qui les rançonnaient sans merci. Le patriarche David qui avait été élu vers 728, était obligé de déserter son siège pendant quelque temps, et, son successeur, Tiridate, avait vainement réclamé contre les atrocités et les exactions auxquelles le pays était exposé sans cesse. A la mort d'Isaïe (775-788), homme vénérable et de grande piété, qui était monté sur le trône sous le règne de Haroun-el-Rachid, l'émir de Dovine avait voulu s'emparer de toutes les richesses de l'église, en menaçant de mort tout le clergé. C'est en ces temps difficiles que Sembat Bagratide, nommé prince des princes, avait choisi Zacharie (855-877), un simple laïque qui fut ordonné évêque le jour même de son élection. Zacharie était un lettré, très versé dans les questions théologiques. Il composa des homélies et se rendit célèbre par sa défense contre les accusations de Photius, patriarche de Byzance qui avait voulu le traiter d'hérétique.

L'autorité morale du patriarcat avait notablement diminué vers la fin du IXe siècle, alors que la prépondérance de la maison des Bagratides s'accentuait de plus en plus. Mais le patriarcat avait traversé la longue crise sans défaillance; il avait continué d'exister malgré tous les maux dont il avait été accablé. Il avait su garder son autonomie avec la même persévérance que dans les siècles passés. Le patriarche était toujours un grand personnage aux yeux du peuple (1).

---

(1) Voici la liste des *catholicos* d'Arménie, depuis la mort de Sahac jusqu'à l'avènement de Jean V, dit l'historien, d'après la chronologie établie par Mgr Ormanian.

	Avènement		Avènement
Jophèphe	444	Israël	667
Mélidé	452	Sahac III	677
Moïse I	456	Élie	703
Gut	461	Jean II (le Philosophe)	717
Jean Mandacouni	478	David	728
Babghen I	490	Tiridate	741
Samuel	516	Tiridate II	764
Mouche	526	Sion	767
Sahac II	534	Esaïc	775
Christaphor	539	Etienne	788
Léonse	545	Job	790
Narsès II	548	Salomon	791
Jean II	557	Ghevork	792
Moïse II	574	Josèphe II	795
Abraham	607	David II	806
Comitas	605	Jean III	833
Christaphor II	628	Zacharie	855
Esdras	630	Ghevork II	878
Narsès III	641	Maschtotz	898
Anastase	661	Jean V l'Historien	899

V

La domination des Califes. — Les Osticans. Suprématie des Bagratides.

Les Arabes avaient déjà enlevé à l'Empire byzantin la Syrie, l'Égypte et l'Afrique byzantine, et en Asie-Mineure, la Cilicie. La possession de la Phénicie et de la Cilicie avait des conséquences funestes pour l'Empire ; elle permettait aux Sarrasins de construire une flotte, d'anéantir la marine grecque et d'attaquer directement la capitale. L'occupation de la Cilicie leur fournissait en outre la possibilité de porter la guerre au centre de l'Asie-Mineure. Mais la flotte arabe qui mit le siège à deux reprises devant Constantinople (668-675 et 717) manqua son entreprise et put à peine éviter l'anéantissement. En outre les Sarrasins échouèrent toujours vers le nord dans leur tentative de conquérir l'Asie-Mineure.

Les Ommiades avaient transporté la capitale de leur empire à Damas, où ils régnèrent de 669 à 750. Malgré les luttes intestines qui troublèrent leur œuvre de conquêtes, la domination arabe s'étendit toujours. A l'est ils achevèrent en peu de temps la conquête des pays situés jusqu'au nord de l'Oxus. Ce fut surtout vers l'Occident que la domination arabe fit des progrès. Dès 711 ils franchirent le détroit de Gibraltar (Gebel-el-Tarif), et en moins de vingt ans, ils pénétrèrent jusqu'au cœur de la France, où leur fortune se brisa dans la plaine de Poitiers, sous les coups de Karle-Martel. Au milieu de ces luttes les Ommiades étaient renversés et remplacés par les Abbassides, et le second calife de cette dynastie, El-Mansour, fondait sur le Tigre, la ville de Bagdad. Les Abbassides subissaient une rapide décadence au IXe siècle, pendant que l'Empire de Byzance se réorganisait militairement. Vers la fin du IXe siècle les byzantins prenaient sérieusement l'offensive, et au XIIe siècle, ils étaient déjà rentrés en possession de la Sicile, de la Crète, de Chypre, de la Cilicie et du nord de la Syrie. Byzance sortait victorieuse de la lutte et n'avait plus rien à redouter de la puissance des Arabes.

A l'exemple de l'Empire byzantin, l'Empire arabe fut divisé en provinces et à la tête de chacune d'elles fut placé un gouverneur concentrant les pouvoirs civils et militaires. Le trésor n'étant alimenté que par les tributs que les Arabes prélevaient sur les villes dont les habitants ne voulaient pas se convertir, ils créèrent des impôts : l'impôt foncier pour tous les sujets, l'impôt personnel dû seulement par ceux qui n'étaient pas musulmans. Devant la résistance opiniâtre des chrétiens, ils leur permirent l'exercice du culte et leur laissèrent les métropolitains et les évêques. La plupart des chrétiens tombés sous leur domination étaient des Nestoriens ou des Jacobites, qui de même que les Juifs s'applaudissaient de la venue des Arabes qui les soustrayaient à l'autorité intolérable du clergé orthodoxe.

Le calife Abdul-Melek (685-705) qui venait de se rendre maître de l'ancienne Persarménie enleva l'administration aux indigènes et la confia à des généraux musulmans ou émirs (1) réunissant dans leurs mains les pouvoirs civils et

---

1. Les auteurs arméniens désignent les gouverneurs arabes, qui sont en général des militaires, sous le nom d'Ostican. Ils les appellent aussi Amira, du mot arabe émir. Le calife est appelé le gand émir. Le

militaires. Ces émirs se livrèrent à tous les excès et se signalèrent en général, par une férocité inouïe ; ils traitèrent les habitants en ennemis et les pressurèrent tant qu'ils purent. Toute résistance fut étouffée dans le sang, si ce n'est dans la torture et l'esclavage. L'émir Abdullah commença par la terreur, il augmenta les impôts, pilla les églises et s'en prit au malheureux patriarche Sahac qu'il envoya en exil à Damas (694).

A ces procédés vexatoires devaient s'ajouter de nouveaux malheurs à la suite de la guerre que venait déclarer Tibère III. Pendant que le frère de l'empereur, Héraclius, allait combattre les Sarrasins en Syrie, une armée byzantine prenait l'offensive du côté de l'Arménie. Dans le désarroi de la guerre, Sembat Bagratide, prisonnier à Damas, avait trouvé le moyen de rentrer dans son pays pour soulever la nation contre la domination des Sarrasins, au moment où Héraclius dévastait la Syrie et s'y livrait plutôt à des massacres sur les musulmans inoffensifs.

La prise d'armes, provoquée par le Bagratide, ne servit d'ailleurs à rien. Sembat dont les agissements étaient suspects aux yeux des Byzantins était obligé de se sauver, et les Arabes revenaient bientôt occuper le pays. L'émir Mohammet voulut se venger par l'extermination des grands et quand ceux-ci réfugiés dans leurs châteaux ne se laissèrent pas prendre, il s'empara des femmes et des enfants

---

mot Amira est resté dans la langue pour désigner un grand personnage, comme l'Ostican qui correspond à l'officier chargé de l'ordre public. Vers la fin de la domination arabe, le grand Ostican résidait dans l'Aderbeïjan et le magistrat envoyé en Arménie était plus ou moins sous sa dépendance.

qu'il envoya en esclavage. Dans l'intervalle Sembat reparut pour organiser une nouvelle prise d'armes et pourchasser les musulmans ; il réussit même à en culbuter un certain nombre dans l'Araxe, mais la situation ne fit qu'empirer. Les Sarrasins reprenant l'offensive menacèrent de passer au fil de l'épée toute la population. Leur colère s'apaisa quand ils apprirent la fuite de Sembat dans la Colchide et l'arrivée de Sahac que le calife envoyait en Arménie pour prêcher la soumission. Le prélat qui avait gagné les faveurs du calife durant sa captivité mourait en route à Harrane.

Le gouvernement de l'Arménie arabe avait été confié l'année suivante (704) à l'émir Kassim. Celui-ci tout en affectant la modération, attirait dans un guet-apens, sous le prétexte de recevoir leur soumission, quelques grands et leurs guerriers, et quand il les eut réunis, il les brûla vifs dans l'église de Naxuana. De là il se porta à Dovine dont il ruina les habitants par un pillage en règle. Ses excès et ses exactions duraient depuis treize ans qu'à nd le patriarche Élie, le successeur de Sahac, obtint son rappel à l'avènement du calife Omar II (717). L'émir Velit fit cesser la dévastation et rétablit la sécurité sous l'ascendant du patriarche Jean II, le Philosophe, que le calife honorait de sa confiance. Le nouveau patriarche parvenait en outre à délivrer les notables arméniens retenus en captivité à Damas, à assurer enfin au pays quelque repos durant une quinzaine d'années. Le successeur de Velit se livra d'ailleurs à de tels excès qu'il fut rappelé au bout de quatre ans par le calife Hachem.

Durant la magistrature d'Abdul-Aziz (731-742) et de Merwan (742-744), la tranquillité ne fut pas troublée.

Abdul-Aziz avait ordonné de rebâtir Dovine, et Merwan, qui s'était adjoint Achot Bagratide, lors de son expédition contre les Huns, avait laissé l'administration dans les mains du Bagratide, pendant que lui-même fixait sa résidence dans l'île du lac de Sévane, avec son butin et ses captifs pris à la guerre. En quittant l'Arménie pour aller s'emparer du califat (744), Merwan y avait laissé Issa, un de ses lieutenants, mais il avait aussi investi d'une sorte de pouvoir exécutif Achot, auquel il avait donné la dignité de prince des princes. A partir de ce moment la maison des Bagratides acquit un grand ascendant sur toutes les autres, en prenant une part de plus en plus grande dans les affaires de l'Arménie arabe. Le califat usait surtout de ménagement à l'égard des Arméniens, à cause de ses luttes intestines et des coups que lui portaient les empereurs de la dynastie isaurienne. Mais les faveurs octroyées aux Bagratides excitaient la jalousie des Mamiconiens, qui sous le prétexte de combattre la domination étrangère, se livrèrent à une lutte fratricide. Les Mamiconiens David et Grégoire, jaloux du crédit d'Achot, commirent l'atrocité de le saisir et de lui crever les yeux. L'inimitié entre les grands se changea bientôt en une révolte ouverte contre l'autorité du Califat, que les exactions sans cesse renouvelées des Osticans rendaient odieuse. Les Arméniens enhardis par les victoires de Constantin Copronyme (741-775) sur les Sarrasins, tombèrent sur les troupes de l'émir et les mirent en fuite, ils croyaient avoir rejeté le joug de l'étranger, quand les renforts envoyés par le calife El-Mansour (Aboul-Djafer) eurent raison de la rebellion (763). Sembat Bagratide, fils du malheureux Achot, fut tué ; les autres chefs eurent à peine le temps de prendre la fuite, et les Sarrasins continuèrent leur œuvre de dévastation. Ces séditions étouffées dans le sang recommençaient toujours par l'opiniâtreté des Mamiconiens. La victoire de Lachanodracon sur les Sarrasins, en 780, sous le règne de Léon IV, fut le signal d'une nouvelle révolte soutenue, cette fois, par les Mamiconiens, les Bagratides et les Arzérounis à la fois ; elle fut acharnée et dura longtemps. Les Sarrasins étaient taillés en pièces et refoulés au-delà de la frontière. Il semblait qu'on les eût définitivement chassés, quand la grande victoire d'Haroun-el-Rachid, alors commandant de l'armée arabe, força Constantin Porphyrogenète à racheter la paix et à céder aux musulmans une partie de l'Arménie byzantine avec la citadelle de Théodosiopolis dont les fortifications furent démantelées en présence de l'empereur. La révolte était vite réprimée par l'émir Yezt (785) qu'Haroun-el-Rachid avait envoyé en Arménie dans la première année de son avènement. Le mouvement séditieux qui durait depuis des années s'était même étendu à l'Arménie byzantine ; mais là encore, il avait été noyé dans le sang.

L'Arménie byzantine avait été précédemment le théâtre de troubles dont l'origine remontait au règne de Léon III l'Isaurien qui, pour briser l'ascendant du clergé et des moines, avait déclaré la guerre des Iconoclastes. Sous Constantion Copronyme, l'arménien Artavasde, de noble souche, beau-frère de l'empereur, stratège et curopalate du thème arméniaque, s'était révolté à la tête de son armée et marchait contre son beau-frère pour le détrôner. L'empereur épouvanté prenait la fuite et se sauvait en Phrygie, mais peu de temps après Artavasde succombait sous les efforts combinés des généraux Longin et Sissinius

(743). Sa chute était suivie de proscriptions, de tueries et de la transplantation en masse, dans la Thrace, de tous les Arméniens impliqués dans l'affaire. En même temps les habitants de la Mélitène étaient forcés d'aller habiter la capitale. Peu après Constantin Porphyrogenète ordonnait, sous l'instigation d'Irène, sa mère, d'affreuses exécutions en Arménie, à la suite d'un complot de Nicéphore, où se trouvait impliqué Alexis, commandant les troupes d'Arménie. Ces atrocités avaient soulevé les Arméniens, et les troupes impériales avaient été tenues en échec par une révolte armée que Nécétas parvint à étouffer en envoyant au supplice la plupart des chefs.

Depuis l'avènement de la dynastie isaurienne les Arméniens avaient pris une part de plus en plus grande dans les affaires de l'Empire et dans les commandements des armées byzantines. La garde impériale était composée en grande partie d'Arméniens que l'impératrice Irène avait fait éloigner pour avoir refusé de lui prêter serment lors de sa première tentative de prendre les rênes du gouvernement. Son fils Constantin Porphyrogenète avait épousé l'arménienne Marie, qui était d'ailleurs reléguée peu après dans un couvent des îles des Princes. L'armée de Lachanodracon comptait, parmi les officiers, Artavasde Mamiconiens, Dajat d'Antzew et Varaz-Tirotz, qui tous se signalaient généraux habiles dans les guerres contre les Sarrasins et contre les Bulgares. Vardane l'Arménien, le Bardane des Byzantins, patrice, général d'armée et gouverneur de cinq provinces en Asie, était proclamé empereur en 802, mais lui aussi avait été relégué, par Nicéphore, dans un couvent de la Propontide, avant qu'il eût pris possession du trône. Vardane avait perdu un temps précieux à Chalcédoine pendant que les troupes de Cappadoce et d'Arménie, d'abord ébranlées, renouvelaient leur serment de fidélité à Nicéphore.

Il avait alors consenti à abdiquer et à se faire moine. Son aide-de-camp, Léon l'Arménien, de la maison des Arzérounis, également arrivé au commandement des armées, s'était emparé du trône de Byzance (813-820), en supprimant Michel Rhangabé. Parmi les généraux qui illustrèrent le règne de Théophile, on comptait Manuel Mamiconiens, célèbre par son courage, son intrépidité et son incorruptible fidélité. Mais Théophile, cédant à la délation, avait cru que Manuel aspirait au trône. L'empereur avait résolu de le perdre quand Manuel, averti à temps, prit la fuite et se sauva auprès du calife. Il retournait bientôt à Constantinople sur les assurances de Théophile.

Le calife El-Memoun avait donné la magistrature de l'Arménie arabe, en 818, à l'émir Hol qui s'appliqua à faire cesser les abus et à administrer pacifiquement le pays. Il eut cependant à réprimer une révolte fomentée par Sévata, prince d'origine perse, allié aux Bagratides. Depuis quelque temps les nobles de la Perse remuaient beaucoup sous l'instigation de la cour de Byzance, et aspiraient à secouer le joug des Arabes. Ils avaient choisi pour centre de leurs mouvements les frontières de l'Arménie, où ils opéraient, à l'occasion, de concert avec les grands de ce pays. Sembat Bagratide, Sahac Sunide et quelques autres grands s'étaient joints à Sévata, sans tenir compte des injonctions de l'émir, qui finit par employer les armes pour maîtriser le mouvement. Sahac Sunide était tué dans une rencontre et les autres se sauvaient dans les montagnes. Ces continuelles rébellions et les préparatifs de guerre de l'empereur Théophile qui s'était porté dans l'Arménie byzantine au commencement de son règne, décidèrent le calife Mohassem (833-842) à agir contre les Arméniens avec quelque ménagement. Hol était rappelé et remplacé par un autre émir, en même temps que Bagarat Bagratide était créé prince d'Arménie. Le calife était obligé de recourir à ces moyens d'apaisement depuis que Théophile avait remporté une grande victoire en Cappadoce (837) et était rentré triomphalement dans la capitale, suivi de vingt-cinq mille prisonniers. Mais quand l'année suivante les Byzantins durent battre en retraite, l'émir s'en prit à Bagarat, soupçonné d'avoir participé à la révolte de Baban ou Babec, un prétendu descendant des anciens rois de Perse, qui avait inutilement combattu les Arabes sur l'encouragement des Byzantins. Bagarat fut saisi, enchaîné et envoyé en prison à Bagdad par l'émir Abou-Seïd (845).

Aux perturbations qui désolaient l'Arménie arabe venaient s'ajouter les maux causés par la question religieuse des Manichéens ou Pauliciens, qui avaient envahi à cette époque l'Arménie byzantine. Les Pauliciens, chassés de toutes les provinces s'étaient réfugiés au IXe siècle, dans les montagnes de l'Arménie et de la Cappadoce. Ils n'avaient pas trouvé grâce devant l'esprit d'orthodoxie de Byzance ; ils avaient été persécutés par Justinien II et combattus par Michel I et Léon l'Arménien.

L'impératrice Théodora, la femme de Théophile, avait déclaré la guerre aux Iconoclastes et, dans sa fureur, elle avait ordonné de massacrer tous les sectaires manichéens ou pauliciens qui persistaient encore dans leur erreur. Au dire des chroniqueurs, l'Arménie byzantine, fut ensanglantée cruellement, et cent mille manichéens furent passés par les armes (845).

L'émir Abou-Seïd, qui avait mécontenté tout le monde par ses duretés, avait été obligé de s'enfuir après le massacre de son fils Youssouf (842). Le calife irrité dépêchait en Arménie le féroce Bouha, avec ordre de s'emparer de tous les grands et de châtier sévèrement les rebelles. Le nouvel émir, qui était de race turque, prit la route de l'Aderbeijan et du Vasparoucan, où il commença son œuvre de destruction. De là, il se porta à Dovine, et, pendant que ses soldats ravageaient le pays, il saisit tous les grands qui tombèrent dans ses mains pour les emmener en captivité et les torturer afin de les obliger d'abjurer leur foi. Sembat Bagratide, reconnu alors par la nation comme un chef, fut conduit par Bouha, à Bagdad, où il fut torturé et jeté en prison comme Bagarat. Sembat mourut victime d'une cruauté inflexible, mais la rigueur avec laquelle le calife Motawakel voulut sévir contre les Arméniens ne réussit pas à faire mettre bas les armes, ni à apaiser les esprits. Ces mesures contre les chrétiens d'Arménie étaient d'autant plus inopportunes que les Byzantins reprenaient sérieusement l'offensive contre le Califat, et que les généraux de Michel III portaient la guerre en Mésopotamie et en Syrie. Les chrétiens du Pont et de la Cappadoce repoussaient de leur côté les musulmans, et Pétronas remportait une victoire complète près de Damas. Les Arméniens avaient repris courage; Achot, le fils du malheureux Sembat, se mettait à la tête de ses guerriers, pour lever encore une fois l'étendard de la révolte. Menacé par les armées byzantines, le calife dut céder devant la révolution grandissante, et reconnut finalement Achot comme premier magistrat, avec la dignité de prince des princes d'Arménie (859). Le nouveau Bagratide parvenait ainsi à une situation que ses prédécesseurs n'avaient jamais pu acquérir. Il allait même, profitant de la faiblesse du califat, prendre le titre de roi et fonder une dynastie. Depuis son homonyme, qui avait gagné les faveurs de Merwan, les Bagratides n'avaient pas cessé de lutter pour faire valoir leur suprématie et s'octroyer une sorte d'indépendance. Après la disparition des Mamiconiens de la scène, les Bagratides avaient tenu le premier rang dans les révoltes, mais rien ne présageait qu'à la suite d'un siècle de terribles convulsions, dont l'Arménie arabe avait été le théâtre, celle-ci eût gardé assez de vitalité pour s'affranchir de la domination étrangère.

CHAPITRE VI

Les Bagratides et les Arzérounis.

(840-1050 après J.-C.)

1

Les principautés des Bagratides et des Arzérounis. — Les Sunides.

La prépondérance des Bagratides s'était de plus en plus accentuée dans les contrées arméniennes soumises au Califat. On eût dit, quand ils se donnèrent le titre de roi, que les Bagratides allaient recueillir la succession des anciens rois d'Arménie. La tâche était plus que difficile ; il fallait s'affranchir de la domination étrangère, puis triompher de la rivalité des autres familles, comme les Arzérounis et les Sunides, qui étaient restés debout et tenaient fortement à leurs prérogatives. La noblesse continuait toujours à former une puissance sociale dans le pays ; elle usait encore du droit de lever des troupes, soit pour ses luttes intestines, soit pour la défense de son territoire contre une attaque étrangère. Les privilèges féodaux continuant d'exister, les Bagratides devaient être impuissants à réaliser l'œuvre de l'unité nationale. Bien plus, le relèvement du peuple arménien allait à l'encontre des intérêts de l'Empire byzantin, qui gardait sous sa domination une partie de ce peuple. L'Arménien était loin de posséder la sympathie de Byzance. Les dissensions religieuses qui continuaient toujours, avaient si bien tendu les relations que les Byzantins éprouvaient à l'égard du chrétien d'Arménie, autant de répulsion que pour le musulman. Le retour offensif des Byzantins dans ces contrées, opéré à la suite de Basile, de Nicéphore, de Zimiscès, n'eut au fond d'autre objectif que l'annexion du pays à l'Empire. En fait, les Bagatrides durent se contenter de leur nom pompeux de roi, et ne furent que des princes sans force, à la merci des émirs de l'Aderbeijan et d'autres dynastes arméniens ou ibériens, qui s'étaient taillés eux aussi des petits états autonomes. Pendant les deux siècles que dura à peu près la suprématie des Bagratides, l'Arménie indépendante fut sans cesse ravagée par des luttes locales et par l'incursion des voisins. Ce fut une vie de misère que le règne de ces princes, obligés en définitive d'abandonner leur patrimoine pour aller trouver un asile sur un territoire grec, dans l'impossibilité de résister contre l'invasion des Seldjoukides. Les orthodoxes grecs ne furent ni étonnés, ni contrariés que les Arméniens non unis fussent livrés par le Christ et sa mère dans les mains des envahisseurs. Mais malgré leur faiblesse, le règne des princes bagratides fut un bienfait et une ère de prospérité pour l'Arménie. Les Bagatrides, et les Arzérounis par émulation, protégèrent les arts, le commerce, l'agriculture; ils bâtirent des villes, des forteresses, élevèrent de nombreuses constructions, surtout des églises dont les ruines jonchent encore les districts de l'Ararat et du Vaspouracan. Tout ce que l'on rencontre aujourd'hui comme vestiges de l'activité du peuple arménien, date de l'époque bagratide, dont la fécondité surprenante se révèle à chaque pas par des monuments dont quelques-uns semblent braver les siècles.

Le royaume des Bagatrides ne comprenait que la province d'Ararat, notamment les districts de Schirac et de Phaunène ; la ville de Dovine, la dernière capitale de l'Arménie restait même au pouvoir d'un émir. Par contre, les Arzérounis possédaient un domaine plus considérable, comprenant les régions de Van, d'Urnica, de Naxuana, avec une certaine suprématie sur le district de la Moxuène. La famille des Sunides possédait toujours son antique patrimoine confinant à l'Albanie. Achot, qui s'était fait décerner le titre de prince des princes d'Arménie (859) par le calife Motawakel, était parvenu à pacifier le pays ; il avait confié le commandement de ses milices à son frère Abas ; il entretenait des relations amicales avec les petits souverains d'Ibérie, d'Albanie et de la Colchide, ses voisins. Achot avait marié une de ses filles à Grégoire Dérénic, prince du Vaspouracan, il vivait en bonne intelligence avec l'émir de l'Aderbeijan, alors le dynaste musulman le plus puissant des confins de l'Arménie, qui, profitant de la faiblesse du califat, s'était fait céder une sorte de suzeraineté sur les contrées chrétiennes avoisinant le Caucase. Le prince des princes ne tarda pas à prendre, par l'intermédiaire de cet émir, le titre un peu pompeux de roi, qui fut sanctionné par une cérémonie de couronnement présidée par le catholicos Ghévorg, en présence de l'émir, des grands et du peuple assemblés (885). L'empereur Basile I qui venait de battre les Sarrasins en Cilicie le reconnaissait par des présents, et le nouveau roi s'empressait d'aller à Constantinople saluer Léon VI, le fils et successeur de Basile. Achot, dont le règne s'annonçait sous d'heureux auspices mourait en route avant de rentrer dans son pays (889).

Son fils Sembat (892-913), qui parvint à se faire reconnaître au bout de trois ans de lutte contre son oncle Abas, en compétition pour le pouvoir royal, ne put consolider son trône ; il mena une vie misérable pendant son règne de vingt-deux ans. Sembat avait eu le malheur, après qu'il eut saisi le pouvoir, d'envoyer une ambassade à l'empereur Léon. Ce rapprochement avec la cour de Byzance avait mécontenté l'émir Aphschine, qui vint aussitôt envahir le territoire de Schirac ; il s'empara de la personne du catholicos Ghevorg (877-898), puis il prit d'assaut la forteresse de Kars et ne consentit à évacuer le pays qu'en prenant pour otage le fils du roi. A peine échappé au péril, Sembat se prenait de querelle avec les dynastes chrétiens ses voisins, et avec Gaghik, prince du Vaspouracan, qui réclamait la restitution de la ville de Naxuana que le Bagratide avait cru adjuger aux Sunides. A ces malheurs s'ajoutait une calamité, un tremblement de terre ébranlait l'Ararat et ruinait totalement la ville de Dovine.

Gaghik de Vaspouracan gagna Youssouff qui venait de succéder à son père Aphschine et se fit donner, lui aussi, le titre de roi (903) pour contrecarrer Sembat. De ce jour la scission entre les princes les plus puissants de l'Arménie devint complète, et Sembat, abandonné à ses propres forces, ne tarda pas à tomber dans les mains de Youssouff qui le fit enchaîner et livrer au bourreau. Le corps du malheureux roi fut cloué sur une croix à Dovine (913) pour assouvir la vengeance que le féroce émir nourrissait contre lui. Son fils Aschot (915-928), dit le Fer, parvint néanmoins à saisir le pouvoir, mais il ne tarda pas à avoir les mêmes difficultés que son père. Youssouff, cet ennemi implacable des Bagratides, lui suscita un compétiteur dans un de ses neveux, dont il ne put se débarrasser qu'à grand'peine, et sous son règne une affreuse famine désola le pays (918). Au milieu de ces misères, il crut en imposer aux princes de Vaspouracan en se faisant donner par l'émir Sbough, qui avait un moment remplacé le féroce Youssouff, un titre de plus, celui de roi des rois arméniens, si peu digne d'un faible roitelet comme lui. Youssouff reprenait incontinent son attitude hostile et forçait le pauvre Aschot à se réfugier dans l'île du lac de Sévane. Ses sujets, émus par tant de misères vinrent à la fin le dégager en donnant la chasse aux musulmans.

Pendant que le roi bagratide était victime de tous ces tracas, Gaghik de Vaspouracan avait su maintenir la tranquillité dans ses domaines. Craignant pour lui le sort d'Aschot, il avait mis en état de défense ses châteaux, et avait appelé sous les armes ses guerriers, afin d'être prêt à toute éventualité. Youssouff, redoutant de l'attaquer, se contenta d'exiger le tribut qu'il s'était engagé de payer.

Aschot n'avait pas d'héritier direct : les grands désignèrent son frère Abas. Celui-ci agit prudemment, il traita avec le lieutenant de l'émir, qui résidait à Dovine, et obtint la délivrance des prisonniers, ce qui ramena un peu la confiance. Abas abandonna Schiracavane, la résidence des Bagratides, pour se fixer à Kars dont le site se prêtait merveilleusement à la défense. Il la fortifia, l'orna de constructions et d'une belle église qui rehaussait sa réputation aux yeux du peuple. Mais la tranquillité ne devait jamais revenir. Tous les princes chrétiens d'Arménie et d'Ibérie se jalousaient, et tout en faisant la guerre contre l'ennemi commun, l'émir de l'Aderbeijan, ils se déchiraient entre eux pour le plus léger grief. Le roi des Aphgazes, un des princes de l'Ibérie, se livrait à une incursion dans le territoire bagratide, mais il en était cruellement puni. Abas s'emparait de lui et lui faisait crever les yeux selon la coutume de ces temps.

Gaghik Arzérouni avait étendu sa suprématie sur tous les petits princes du Vaspouracan : il tenait entre ses mains la forteresse de Van et nombre de châteaux-forts. Il avait établi sa résidence à Vostane, sur le bord méridional du lac de Van, qu'il avait orné d'un palais somptueux ; puis il avait bâti une belle église dans l'île d'Agthamar qui lui servait de refuge. Il mourut en 937 en transmettant le pouvoir à son fils Aschot-Dérémie (937-953). Celui-ci trahi par son commandant des milices, auquel il avait donné un successeur, était tombé dans un piège de l'émir de Her, qui l'avait traîné en captivité. Il parvenait néanmoins à s'échapper et à gagner son pays, où il mourait au bout de quelques années en laissant pour héritier son frère Abou-Sah-Hamazasp (953-972).

Le réveil de l'empire byzantin vers le milieu du xe siècle, les victoires de Nicéphore-Phocas sur les Sarrasins, avaient arrêté la puissance des Abbassides. Zimiscès, avant de parvenir à l'empire remportait en Cilicie une grande victoire (944) et reprenait Antioche et Halep. Quelques années après Nicéphore Phocas parcourait lui-même la Syrie, l'Arménie, ravageait la Mésopotamie et faisait trembler le calife Moti. Ces succès effrayèrent à tel point les lieutenants du calife, qu'ils mirent un frein à leur ardeur d'attaquer et de subjuguer les chrétiens. Le contre-coup s'était fait sentir jusqu'au pays d'Ararat et au Caucase, et avait permis aux principautés chrétiennes de respirer. C'est au milieu de ces circonstances favorables qu'Aschot III, dit le Miséricordieux, succédait à son père en 952. Aschot put immédiatement mettre son pays à l'abri des bandes qui l'infestaient; il réunit une armée et devint assez fort pour se faire respecter par ses voisins. Il fut sacré solennellement à Ani, dont il avait agrandi les fortifications. Les discordes intestines ne l'épargnèrent pas pourtant : il dut partager, sous la pression des grands, son domaine, et céder le district de Phaunène à son frère Mouchegh, qui s'empressa de prendre le titre de roi de Kars. Mais Aschot était lui-même assez fort pour repousser une invasion des musulmans commandés par un certain Hamdoun, qui fut saisi et tué. Le règne d'Aschot III fut une ère de prospérité; la paix régnait tout autour, et le roi assurait le bonheur de son peuple en élevant des églises, des hôpitaux pour les pauvres, des couvents pour les moines. C'est sous son règne que Zimiscès, qui était parvenu à l'empire, parut dans la Taronitide à la tête d'une forte armée destinée à combattre les Sarrasins, et à réparer l'échec subi l'année précédente par un de ses généraux. L'empereur byzantin, qui parcourait maintenant l'Asie en conquérant, était lui aussi d'origine arménienne, étant natif de la Sophène. Grand capitaine et prince habile, il avait fait trembler tous les ennemis de l'empire. Sa présence en Arménie pouvait être considérée comme une menace pour l'indépendance des princes arméniens. Ceux-ci se hâtèrent de se mettre sur la défensive, mais Aschot, rassuré bientôt sur les intentions de l'empereur, se déclara son allié fidèle. Le héros couronné écrivit même une lettre au roi bagratide, où il racontait sa glorieuse campagne de la Syrie. Aschot s'empressa de mettre à la disposition de son impérial ami un fort contingent détaché de son armée (973), et tout danger d'immixtion byzantine fut conjuré.

L'empereur Basile I avait transporté en Macédoine une foule de ses sujets arméniens pour les opposer aux Bulgares, comme Zimiscès avait fait transplanter aux environs de Philippopoli des colons militaires pauliciens. Une partie de ces émigrés forcés, mécontents de leur sort, se révoltaient et allaient se joindre aux Bulgares pour se soustraire aux persécutions du clergé grec. L'empereur, exaspéré contre les Arméniens à cause de cette défection, ne demanda pas mieux que de laisser faire le clergé grec en Asie. Les métropolitains de Sébaste et de Mélitène montrèrent le plus grand zèle dans cette persécution religieuse ; ils firent torturer les prêtres et défendirent aux Arméniens de se réunir au son des cloches pour la prière (1). Malgré toutes ces persécutions, les Arméniens n'en restaient pas moins obstinément attachés à leur église. Le patriarche Anania (943-967) avait répondu hardiment à cette guerre de religion ; il avait ordonné de son côté de baptiser à nouveau, tous ceux qui avaient reçu ce sacre de la main du clergé grec. Tous les chrétiens grecs ou ibériens qui

---

(1) Cette défense avait subsisté plus tard sous les musulmans.

adhéraient à l'Eglise arménienne étaient venus se fixer dans les domaines des Bagratides et des Arzérounis. Le trône patriarcal était alors occupé par Khatzic II (972-992) (1), prélat très distingué, très versé, dans les écritures. Il ne cessa d'élever sa voix contre ces odieuses persécutions, et soutint les Arméniens par la parole de ses évêques. Tel était le mépris professé par les Byzantins et les Georgiens, leurs frères en orthodoxie, pour l'Eglise arménienne, qu'au siège de Khlad en 992 les guerriers ibériens de David Curopalate brûlaient les églises arméniennes comme des temples impies.

Aschot le Miséricordieux mourut en 977, après un règne heureux d'un quart de siècle. De ses trois fils Sembat, Gaghik et Gourghen, l'aîné Sembat lui succéda le premier, le plus jeune, Gourghen, reçut comme apanage l'Albanie arménienne, avec le titre de roi comme c'était devenu l'usage. Sembat avait fait d'Ani sa capitale en l'agrandissant et en la fortifiant de nouveau. La nouvelle capitale formait un vaste triangle borné par la rivière Akhourian et par un ravin profond. Le troisième côté était protégé par un superbe rempart construit en appareil magnifique, flanqué de tours et des portes munies de pont-levis. Il avait, en outre, doté la ville d'un palais royal, avec des salles dont les murs étaient recouverts de mosaïque, de bains somptueux, et d'un grand nombre d'églises et de chapelles décorées de sculptures superbes et d'inscriptions royales en beaux caractères lapidaires. Une nombreuse

---

(1) Khatzic ou Gaghik résida, à l'exemple de ses trois prédécesseurs Anania, Vahane et Stéphanos, dans la petite ville d'Arghine ou Arkina près d'Ani. Il y bâtit une cathédrale dans le style de cette architecture arméno-byzantine qui date de l'époque bagratide.

population s'y pressaient, les marchandises les plus riches s'entassaient dans ses bazars, et Ani devenait la ville la plus considérable et la plus active de l'Arménie. Mais le règne de Sembat était attristé par une guerre fratricide avec son oncle Mouchegh, le roi de Kars, qui avait cherché à lui enlever quelques-uns de ses châteaux. Sembat déclara la guerre, envahit le territoire de son oncle, s'empara de plusieurs bourgs, mais il dut faire la paix et se retirer devant David, le puissant Curopalate de Daïk, qui était venu au secours de Mouchegh. Sembat II finit ses jours en 989 ou 990, sans postérité, après un règne de douze ans. Il a laissé dans les chroniques nationales le renom d'un glorieux roi, vainqueur de Mouchegh, de l'émir de Dovine, et de beaucoup d'autres dynastes musulmans et chrétiens. Basile II, qui était monté sur le trône à peu près en même temps que lui, avait eu dans les premières années de son règne, des guerres redoutables sur les bras pour ne pas vivre en bonne harmonie avec le roi bagratide, son voisin. Sur le tard, disent les chroniqueurs, Sembat s'était enorgueilli. Un de ses forfaits, aux yeux de ces chroniqueurs, fut d'épouser sa nièce contre les règlements de l'Eglise.

Dans le Vaspouracan. le roi Aschot (1) (969-983) avait succédé à son père Abou-Sahl ; il entretenait de bonnes relations avec son homonyme Aschot Bagratide. Il s'était même entendu avec son voisin pour s'opposer, le cas échéant, contre toute éventualité d'annexion de leurs domaines à l'empire par Zimiscès. Aschot, après un règne

---

(1) Skilitzès et Cedrénus appellent les rois du Vaspouracan ou d'Aspracanie les Archôns de la haute Médie.

pacifique de treize à quatorze ans, transmettait le pouvoir à son frère Gourghen Khatzik (983-1002) qui continua la même politique de conciliation avec les Bagratides. A l'exemple des rois d'Ani, les princes arzérounis ornèrent Vostane, leur résidence, de fortifications, de palais, d'églises; ils ont fondé des hôpitaux, des monastères à l'usage des moines studieux. Les patriarches ne trouvant plus de sécurité à Dovine, ruinée d'ailleurs en grande partie par le tremblement de terre de l'an 894, transportèrent leur résidence dans le Vaspouracan, au monastère de Varag, près de Van, puis dans l'île d'Agthamar jusqu'à l'année 959, pendant laquelle le patriarche Anania alla se fixer à Arkina près d'Ani.

La célèbre famille des Sunides, qui semblait avoir cessé de jouer tout rôle politique depuis la chute des Sassanides, était toujours en possession, de père en fils, de son patrimoine qui s'étendait au nord-est du lac de Sévane, jusqu'aux frontières de l'Albanie. Durant la domination des Osticans arabes, les Sunides, en butte aux mêmes exactions, avaient opéré, souvent de concert avec les Bagratides, pour se défendre contre l'ennemi commun. Vers la fin du IX⁵ siècle, au temps de d'Aschot I, le chef de la famille, était un certain Vassac, qui épousa une des filles du prince des princes. Mais son successeur Sembat ne reconnut point la suzeraineté des Bagratides, et prit le titre de roi, quoiqu'il eût lui-même à souffrir de Youssouf. Les chroniques nationales désignent cette principauté, presque indépendante, sous le nom de royaume des Sunides ou de Capane, du nom du château où ils avaient établi leur résidence. Les Sunides avaient des liens de parenté avec les autres grands d'Arménie. Vassac, le fils de Sembat, avait donné sa fille Cadraminé en mariage au roi Gahghik I, d'Ani. Vassac était réputé pour sa piété et sa bonté ; il mourut sans héritier direct et transmit son patrimoine à ses neveux Sembat et Grégoire, auxquels succéda Senékérim, fils du roi des Aphgazes albaniens, descendant des Sunides du côté maternel. Protégé un instant par Mélik-Schah, il fut le dernier prince régnant des Sunides, emporté, quelque temps après dans une nouvelle invasion des Seldjoukides. Plusieurs princesses sunides furent célèbres par leur piété et les dons qu'elles firent à l'église et au clergé. Les chroniqueurs citent la princesse Buregh Sunide, noble dame d'une grande beauté, très pieuse, qui était accourue au-devant d'Héraclius avec des chevaux, des armes et des provisions, quand l'empereur arrivait en Arménie pour poursuivre la guerre contre la Perse. La princesse Chahandoukht, femme de Sembat, avait embelli le bourg de Tic de constructions et d'une église pour l'offrir au monastère de Tadero. On y voit encore une inscription datant de son temps. Les nombreuses ruines d'églises, de monastères, de châteaux, attestent que les princes sunides avaient suivi le mouvement imprimé par les Bagratides. Leur domaine est devenu dès le viie siècle le principal foyer d'instruction, avec un séminaire célèbre à Tadew, où allaient étudier la plupart des diacres qui se consacraient aux études théologiques. C'est là qu'avait étudié Pétros, évêque des Sunides, qui vivait vers la fin du vi^e siècle, et qui avait acquis la réputation d'un écrivain doublé d'un poète. Les couvents des Sunides étaient encore célèbres au ixe siècle avec leurs moines qui avaient appris à orner les manuscrits par des miniatures.

II

Les lettres et les Arts au temps des Bagratides.

L'époque des Bagratides, qui se signala par l'éclosion des arts, particulièrement de l'art de construction, n'exerça pas une action caractéristique sur l'évolution intellectuelle. Les lettres arméniennes, qui avaient brillé d'un bel éclat vers le milieu du ve siècle, avaient été arrêtées dans leur essor durant les temps de misère qu'eut à traverser le peuple arménien. Les moines qui les cultivaient encore, restaient confinés dans un cercle restreint, les condamnant à une sorte d'isolement. L'activité de ces écrivains s'est bornée à la littérature religieuse, aux hymnes, aux odes et aux chants d'église, dans lesquels ils recherchaient le réconfort de leur âme. De là, à dater du ve siècle, prit naissance une riche poésie religieuse qui occupe également une si grande place dans la littérature sacrée byzantine, ainsi que dans les productions littéraires occidentales du moyen-âge. On trouve dans ces chants d'église, auxquels participait le peuple, des morceaux pleins de charme, de suavité et de beauté naïve (1). Malheureusement l'art y consiste souvent dans les formes, dans la recherche et dans la juxtaposition de mots, vides de sens. Ailleurs c'est une poésie artificielle et mécanique. Les homélies ont aussi une large part dans cette littérature arménienne du moyen âge. Les recherches

---

(1) Le genre des mélodies fut aussi imité et cultivé avec quelque succès par ces écrivains du moyen âge.

d'élégance et de beauté, le dédain de la langue populaire et l'influence fâcheuse de l'esprit oriental, font que leur style est affecté, prétentieux et souvent pesant. Les œuvres qui concernent la théologie, la dogmatique, se ressentent des mêmes influences ; la rhétorique d'école y joue le principal rôle, au détriment de la pensée et de la solidité du fond. Quant aux sciences, qui étaient aussi en décadence chez les Byzantins, elles ne trouvèrent aucun asile dans les monastères de l'Arménie. Anania de Schirac, auteur de ces temps, qui fit la tentative de fonder une école de sciences, n'eut même pas d'élèves. Mais les moines arméniens, hors du domaine religieux, ne dédaignèrent pas les récits historiques ; ils cultivèrent surtout avec succès le genre des chroniques. Pour l'histoire de l'église, ils adoptèrent Socrate le Scolastique, où ils firent quelques interpolations. D'une manière générale les lettres arméniennes subirent l'influence de l'esprit oriental, avec ses métaphores et ses longueurs fatigantes dans le récit. C'est ce style qui domine à partir du VIIIe siècle. Les auteurs donnent libre carrière aux expressions outrées, aux mots composés, à la phraséologie, dont la langue arménienne eut tant à souffrir.

Parmi les productions poétiques on peut placer au premier rang l'hymne composée en l'honneur de la vierge Hribsimé, que l'on attribue au patriarche Comitas. Ecrite dans une langue simple et harmonieuse, l'hymne de Comitas atteint parfois le lyrisme. Stéphanos Sunide, auteur du VIIIe siècle, en a composé quelques-unes qui se font remarquer par leur charme et par l'élévation des idées. Le patriarche Jean III, le Philosophe, érudit théologien et poète tout à la fois, écrivit des lettres pastorales contre la secte des Pauliciens, des discours, des homélies ; il a composé des hymnes, des mélodies, qui ne manquent pas de beauté. Vers la fin du VIIIe siècle apparaît un auteur qui s'adonne à la narration des faits historiques. C'est Léonse le diacre, doué d'un certain talent, mais dénué de sens critique, et qui fait dans une langue simple et claire la narration d'événements passés en Arménie sous la domination des Arabes. On trouve au commencement du Xe siècle d'autres auteurs qui traitent le genre historique, mais qui n'ajoutent aucun éclat aux lettres arméniennes. Le patriarche Jean V, dit l'Historien, né aux environs de Dovine, formé à l'école de Maschtotz, son prédécesseur, écrit une histoire générale d'Arménie, qui commence au déluge, à la dispersion des peuples selon la Bible, et va jusqu'au règne d'Aschot II. Pour les temps anciens comme pour l'époque des Arsacides, l'auteur s'en rapporte à Moïse de Khorène et brille peu par ses connaissances, qu'il emprunte en général aux sources nationales. Mais son ouvrage abonde, à partir des Bagratides, de détails nouveaux qui sont parfois fort précieux. Il sait émouvoir son lecteur quand il parle des malheurs qu'endura l'Arménie sous l'invasion arabe. Malheureusement Jean se préoccupe de faire parade de style orné et d'expressions recherchées, ce qui en fait un mauvais rhéteur. Thomas Arzérouni, son contemporain, avec son histoire de la maison de Vaspouracan, lui est supérieur par ses connaissances plus étendues comme par le style, bien que celui-ci, par endroits, trahisse l'influence arabe. Thomas écrit en général correctement, mais sa lecture est parfois difficile à cause des expressions inintelligibles qu'il emploie. Sa généalogie des Arzérounis est incomplète et sans grande valeur, quant aux origines de cette famille.

L'ouvrage de Thomas est plutôt intéressant pour les événements de la dernière moitié du IX° siècle. Un autre chroniqueur, qui a écrit quelque temps après, a plus de mérite : c'est Étienne ou Stéphanos de Tarone, dit Açoghik ou Asolnic (1) dont l'ouvrage date de l'an 1000. Stéphanos était apparemment un ecclésiastique, peut-être le secrétaire du patriarche Sarkis, qui s'est démis de ses fonctions en 1019. Le résumé qu'il donne des temps anciens, car son histoire commence aussi à la création du monde, est sans valeur et même sans méthode. Mais les chroniques d'Acoghik consignées dans le troisième livre de son ouvrage, sont précieuses par l'exactitude des faits et des dates et par les renseignements qu'il fournit ou qu'il complète sur l'histoire générale de son temps. Açoghik est le meilleur annaliste de l'époque des Bagratides ; il est véridique et impartial. Mais naturellement toute critique fait défaut dans un travail de ce genre.

Il faut arriver à Grégoire de Narec, surnommé le Pindare d'Arménie, né en 951, pour trouver l'illustration des lettres arméniennes au X° siècle. Grégoire était le fils d'un évêque ; il avait été placé dès son enfance au couvent de Narec, dans le Vaspouracan, à l'école du moine Anania, pour embrasser la carrière ecclésiastique. Passionnément amoureux d'études, d'une grande élévation d'âme, d'un jugement sûr, il acquit une brillante érudition, et par ses connaissances des écritures saintes il ne tarda pas à occuper le premier rang dans la littérature sacrée. Il attira l'attention du roi Gourghen du Vaspouracan qui lui

---

(1) Ce surnom est dû probablement à ses connaissances dans la musique sacrée.

demanda un commentaire sur le Cantique des Cantiques. Il le fit, dit-on, à l'âge de vingt ans, si lucide et si pur de style que ce commentaire d'écolier fut regardé comme un chef-d'œuvre littéraire. C'est comme poète d'une originalité inimitable que Grégoire occupe une grande place dans les lettres arméniennes. Dans ses odes sacrées, l'auteur brille par son lyrisme et chante avec le sentiment le plus élevé, les grandes fêtes de l'Église : la Nativité, l'Epiphanie, la Résurrection et la Transfiguration du Christ. Son œuvre capitale est un recueil de prières ou élégies sacrées, nommé vulgairement Narec, dans lesquelles on voit surgir le souffle vivifiant de son âme. La pensée populaire s'est complue dans ces supplications adressées à Dieu, et le Narec de Grégoire est devenu le bréviaire des générations futures. C'est dans ces prières que Grégoire apparaît comme une figure à part, avec un style qu'aucun autre ne saurait imiter. Grégoire de Narec s'éloigne à la fois des classiques et des écrivains de son époque. Son style est peut-être entaché d'emphase asiatique, il est même parfois obscur, mais ces lacunes ne nuisent pas au récit qui étale avec profusion les idées les plus nobles, dans une langue personnelle, marquée d'une forte empreinte, inconnue jusque là.

Si les arts plastiques, les arts industriels n'ont laissé que très peu de vestiges permettant d'apprécier l'habileté des artistes, les ruines d'églises, de châteaux, de tours, de remparts, qui datent du règne des Bagratides, témoignent que l'art de la construction fut des plus prospères en Arménie vers les xe et xie siècles. La sculpture d'ornementation est largement représentée, surtout la sculpture tombale, tantôt grossière et naïve, tantôt d'une grande finesse de travail, avec des figures humaines, des animaux, des entrelacs, des rosaces. Rien que les ruines d'Ani, la capitale des Bagratides, forment un ensemble d'édifices qui étonnent encore l'antiquaire. Les remparts, reconstruits et complétés en 980 sous le règne de Sembat II, constituent un précieux spécimen de l'architecture militaire byzantine. L'enceinte, formée d'un double mur construit à grand appareil, haut d'une dizaine de mètres, est munie de créneaux, d'escarpes, de tours, de donjons tantôt ronds, tantôt carrés ou polygonaux. Quelques-unes de ces tours sont à un étage, d'autres à deux et trois étages, elles sont décorées, comme les murs qui les relient, de plate-bandes, de losanges, de croix et de nombreuses inscriptions en beaux caractères lapidaires. Des portes en plein cintre ou en ogive, enrichies de moulures et d'ornementations, et flanquées de donjons, donnent accès à la ville. Au-dessus de la porte principale est gravé un lion en marche, emblème de la dynastie des Bagratides. Parmi les monuments à demi-ruinés on distingue encore la cathédrale, qui fut terminée par la reine Catraminée. Extérieurement, c'est un édifice de forme rectangulaire, comme la plupart des églises de ces temps, bâti en belle pierre d'appareil, percé de meurtrières en guise de fenêtres, dont les parements sont décorés par une arcature, indépendamment d'une corniche sculptée qui couronne les murs et forme fronton sur la façade. A l'intérieur quatre piliers massifs, formés de faisceaux de colonnes à chapiteaux lourds et difformes, supportent une tour cylindrique coiffée d'un cône qui s'élance au-dessus du toit, comme les dômes de toutes les vieilles églises que l'on voit en Arménie et en Géorgie. La division en forme de croix, les piliers et la coupole centrale dérivent peut-être du style byzantin, mais l'appareil de la porte, l'ornementation et le galbe du dôme font voir que les éléments empruntés à l'art persan y jouent un grand rôle. Une autre église, qui est dédiée au Sauveur, présente un plan différent : c'est un octogone formé d'hémicycles, surmonté toujours du dôme cylindrique. La vieille église du village de Tigor, non loin d'Ani, diffère quelque peu par son aspect lourd, gauche et pauvre, et par son tambour aplati. La façade est flanquée de contreforts, qui contrastent avec la masse de l'édifice. C'est l'Eglise d'Agthamar, construite par Gaghik de Vaspouracan, qui présente le spécimen le plus richement conçu de cette architecture religieuse de l'époque bagratide. A l'intérieur, la forme en croix apparaît plus nettement, pendant qu'à l'extérieur les murs sont ornés de sculptures représentant des figures humaines, des animaux, des oiseaux, des plantes, d'un travail lourd et naïf il est vrai, mais d'une profusion inconnue sur les églises d'Arménie.

L'église principale du monastère de la Caverne ou de Gheghard, près d'Erivan, qui date du XIIe siècle, est ornementée plus simplement. Construite en blocs taillés dans la lave grise, quatre grosses colonnes d'un style oriental en occupent le centre, et supportent une coupole carrée, ornée de caissons. C'est par une large ouverture percée au sommet de cette coupole et par quelques meurtrières, que la lumière pénètre. La vieille église de l'île de Sévane, bâtie par la princesse Mariam, fille d'Aschot I, est aussi d'une grande simplicité : les murs en blocs taillés sans aucune ornementation supportent la toiture, munie d'un petit dôme dodécagonal sans meurtrières.

Des restes d'architecture militaire se voient encore aux

18.

ruines de Kara-Kala, à l'endroit où l'Araxe traverse le défilé de Coghb. Au milieu des amas de lave se dresse l'antique forteresse dont les tours de porphyre ou de lave semblent braver les siècles. Le cimetière qui avoisine la forteresse est un vaste champ de pierres tombales naïvement sculptées.

Les monuments que les Bagratides ont laissés ne forment pas l'expression d'un style original et d'un art national ; ils représentent un type qui est venu au jour par l'amalgame de l'art byzantin avec les éléments persans ou arabes, et qui s'est particularisé sous l'influence des matériaux entrant dans la construction. Contrariés dans leur hardiesse par l'emploi exclusif de la pierre, des architectes ont recours à la lanterne cylindrique pour remplacer la voûte sphérique, qu'ils construisaient avec la brique.

D'un côté l'influence artistique des Perses et des Arabes, de l'autre l'usage de la pierre taillée, donnèrent naissance à cette architecture hétérogène qui caractérise l'époque bagratide. L'origine de cette architecture religieuse, qu'on a appelée arméno-byzantine, remonte probablement au VIIIe siècle, au temps où les Arabes exerçaient fortement leur influence dans cette partie de l'Arménie. Il n'existe aucun monument datant des siècles précédents, mais à voir les quelques débris de construction, notamment les chapiteaux byzantins, provenant d'une église construite par le patriarche Narsès III, près d'Etchmiazine, les édifices religieux antérieurs au XIIIe siècle devaient être marqués du cachet byzantin d'une manière plus apparente. Procope rapporte que des artistes byzantins furent appelés en Arménie, sous le règne de Justinien, pour construire des églises et des couvents. Si l'architecture de l'époque bagratide tire ses origines de l'art byzantin, son ordonnance s'en éloigne notablement. Les églises arméniennes sont en général de forme rectangulaire et la croix qui dessine l'intérieur diffère de la croix byzantine, en ce sens que les quatre bras ne sont pas égaux.

En dehors de l'architecture religieuse, de la miniature et de l'enluminure dont on aimait à orner les évangiliaires, les autres branches de l'art ne purent prendre aucun essor au milieu des guerres incessantes dont l'Arménie était le théâtre. La statuaire, prohibée d'ailleurs par l'Eglise, est inconnue, et toute l'activité des sculpteurs se renferme dans l'ornementation sur la pierre. Ceux-ci étaient même incapables d'exécuter des bas-reliefs, et les quelques tentatives que l'on rencontre dans ce genre sont d'un travail primitif et grossier. L'ivoirerie, où excellent les artistes du moyen âge, est aussi un art ignoré. Les ivoires qui enrichissent les évangiliaires proviennent de Byzance ou d'Italie. Les plaques d'ivoire de l'Evangile d'Etchmiazine (989), un des plus anciens manuscrits arméniens, sont l'œuvre de l'école de Ravenne.

La mosaïque et la peinture murale ont laissé à peine de traces permettant de se rendre compte si ce genre de décoration a été en faveur sous les Bagratides. En tout cas, on dut faire appel aux artistes byzantins pour décorer les églises et les palais. Les chroniqueurs signalent les fresques de l'église du monastère de Tadew (980), exécutées par des artistes qu'on fit venir de loin, du pays des Romains. A l'exemple de l'école byzantine du xe siècle, la voûte, qui était regardée comme l'image du ciel, fut couverte de la figure du Christ, imposant et majestueux, et les murs furent peints d'images d'évangélistes, de prophètes, de martyrs et de compositions représentant les grandes fêtes de l'Eglise. L'effet était merveilleux et saisissant; les fidèles croyaient voir des images animées et s'en effrayaient.

Par contre la miniature et l'enluminure prirent un certain développement en Arménie. Les premiers essais sont des copies de l'art syriaque, auquel les premiers chrétiens d'Arménie eurent recours sous la tutelle des évêques syriens. On en trouve au frontispice de l'Evangile d'Etchmiazine, qui naturellement ne comportent aucune comparaison avec l'art byzantin. L'Evangile du couvent des Mikhitaristes de Venise, qui date apparemment du xe siècle, est enrichi de miniatures, qui semblent être l'œuvre d'un artiste byzantin. Les manuscrits arméniens qui datent du xe siècle sont généralement ornés de miniatures provenant de l'étranger; les artistes nationaux furent de mauvais copistes, pendant qu'en Ibérie la miniature s'était développée et avait produit des œuvres remarquables. C'est à partir du xiiie siècle que les artistes arméniens cultivent avec succès l'art de la miniature. L'école arménienne traite avec autant de vigueur le genre religieux que le profane; elle excelle surtout dans l'enluminure. Le genre religieux est toujours inspiré de l'art byzantin, mais dans les compositions profanes la miniature se dégage de l'influence byzantine, et crée, s'aidant d'éléments orientaux, un art vraiment national. L'ornement polychrome est largement représenté dans les manuscrits des xiie et xiiie siècles. C'est la feuille de palmier qui intervient le plus souvent dans ce genre d'ornementation, comme dans la composition des majuscules. Peu après, les majuscules et les initiales sont figurées par des oiseaux tenant dans leur bec des branches, ou encore par des poissons diversement contournés. Les ornements en feuilles de palmier sont vraisemblablement empruntés à l'art persan ou arabe ; quant à l'ornementation tirée du monde vivant, qui se rencontre aussi sur les manuscrits carolingiens, elle date probablement du temps des croisades.

L'émaillerie, qui fut un art particulièrement florissant en Géorgie du XIe au XIVe siècle n'a pas laissé de spécimen en Arménie ; du moins on ne rencontre aucun ouvrage de ce genre qui lui soit propre. Par contre, l'orfèvrerie fut de tout temps un art fort cultivé en Arménie et au Caucase. Les premiers spécimens de l'orfèvrerie arméno-géorgienne datent du VIIIe siècle. On y remarque l'influence de la Perse, même sur les objets religieux. Quant aux arts industriels qui sont en rapport direct avec le développement du luxe, ils ne purent atteindre en Arménie une grande prospérité. Les belles étoffes étaient importées des Indes, de la Syrie ou de Byzance. Mais la fabrication des objets en cuivre ciselé ou travaillé au marteau, surtout des ustensiles de ménage, était très développé, et l'Arménie avait le monopole de ces objets à cause de ses mines de cuivre. Il en était de même de la fabrication des armes blanches. Les lames damassées de Carine et d'Ani était des œuvres artistiques. La sculpture sur bois, qui semble avoir pris naissance vers le tard, peut-être après le XIe siècle, était surtout appliquée à l'ébénisterie, à la menuiserie, où l'on voit encore dominer les éléments orientaux, avec de nombreuses inscriptions.

Le commerce fut de tout temps très prospère en Arménie, et les Arméniens devinrent des trafiquants renommés. Placée sur la route qui va de Byzance ou de Trébizonde en Perse, en Asie centrale et aux Indes, l'Arménie était devenue, au temps des Bagratides, un grand entrepôt de commerce. Théodosiopolis et Ani en étaient les centres et leurs bazars regorgeaient de produits de tous les pays. Les marchands arméniens se transportaient partout, à Constantinople, en Italie, en Syrie, à Bagdad, dans la Perse et jusqu'aux Indes. Ils servaient d'intermédiaires au trafic des peuples de l'Occident et de l'Orient.

III

Faiblesse et chute définitive des principautés arméniennes.

Depuis un siècle que durait leur autorité, les Bagratides, loin de réaliser l'unité nationale, n'avaient fait que subir, après chaque règne, des morcellements nouveaux, dans l'impuissance de réunir sous leur sceptre tous ces princes qui se rendaient indépendants autour d'eux. Ces morcellements devaient nécessairement entraîner leur chute et l'incorporation à l'Empire de Byzance de cette partie indépendante de l'Arménie, vers laquelle les empereurs semblaient diriger leurs vues depuis leurs récents succès sur les Sarrasins. Les territoires à l'ouest du lac de Van avaient déjà reçu des garnisons impériales comme prélude de ce qu'il devait en advenir. Jusque là, l'Empire et les principautés chrétiennes d'Arménie et d'Ibérie, vivaient dans une entente tacite, grâce à la communauté de religion et aux relations établies avec Byzance par la mer Noire, relations auxquelles l'invasion arabe n'avait pas pu porter atteinte. Basile II et puis Constantin Monomaque changèrent de politique pour annexer l'Arménie et la Géorgie.

Au moment où le roi d'Ani, Sembat II, mourait sans postérité et transmettait son patrimoine à son frère, Gaghik I (990-1020), la guerre civile fomentée par les révoltes de Skéleros et des Bardas Phoca était réprimée, et Basile était en état de se mettre à la tête de ses armées pour combattre les Bulgares en Europe, les Sarrasins en

Syrie. L'armée impériale qui opérait contre les Bulgares comptait encore un grand nombre d'officiers et de soldats recrutés dans les provinces arméniennes. On y voyait le magistros Grégoire Palhavide, et Sahac de Hantzit. La famille de Grégoire appartenait à la noblesse et descendait, au dire des chroniqueurs, de la tige de l'Illuminateur. Elle possédait dans l'Ararat le château-fort de Btchni avec un domaine assez considérable. Grégoire était à la fois un général habile et un lettré distingué. Ne pouvant s'entendre avec les Bagratides, il avait été à la cour de Byzance, servir dans l'armée impériale qui opérait contre les Bulgares. Plus tard, il avait eu le gouvernement d'un comté en Mésopotamie, où il ne s'occupait plus que des lettres. Son fils, qui lui avait succédé dans la même charge, était aussi un écrivain ; dégoûté du monde, il avait fini par se vouer à la vie ascétique d'où la nation l'avait appelé pour l'élever au trône patriarcal en 1065.

Basile II ne devait pas tarder à annexer, presque sans combat, une partie de l'Arménie indépendante, le pays de Taïk et la Gogarène (1), qui formaient le patrimoine de David, de ce dynaste arméno-géorgien qui était alors le plus puissant voisin des Bagratides. David, le contemporain de Gaghik I d'Ani, était le petit-fils d'Aschot Miséricordieux. Tantôt allié, tantôt hostile aux Bagratides, il avait considérablement agrandi sa principauté ; il possédait, outre le Daïk et la Gogarène, la haute vallée du Kour avec la ville de Tiflis. C'était, à entendre les chroniqueurs

---

(1) Appelé Somkhethe par les Georgiens. Les souverains du royaume d'Aphkhasie ou de Géorgie descendaient aussi des Bagratides, ils possédaient notamment l'Imérétie actuelle, la Mingrélie et quelques parties de la Gourie.

arméniens, un prince doux et pacifique, libéral et ami du pauvre. Il avait fait toujours une guerre acharnée avec ses alliés les rois d'Ani, de Kars et de la Georgie, contre les musulmans. Il leur avait enlevé, en 992, tout le territoire situé au nord-ouest du lac de Van, avec les villes de Manazkert, de Khlat et d'Ardjis, en le repeuplant de colons arméniens et georgiens. Mais David avait soutenu ouvertement Bardas Phocas avec les princes de la Taronitide et de l'Akilisène. Quand ces derniers furent pris, tués ou exilés, David, dans son impuissance de résister seul contre Basile II, s'empressait de lui jurer obéissance et s'engageait, n'ayant pas de postérité, à lui léguer ses états après sa mort. L'empereur lui donnait alors la dignité de Curopalate, si prisée par les dynastes chrétiens asiatiques. Un autre prince d'origine georgienne, le magistros Tchortchovanel, alors gouverneur de la Derxène, s'était rangé aussi du côté de Bardas Phocas, mais il avait été arrêté et tué en 990.

La conduite de Gaghik, roi d'Ani, qui passait aux yeux des chroniqueurs comme un prince fort et constamment victorieux, avait été correcte durant la révolte des compétiteurs de Basile II. Les musulmans lui avaient donné le titre éblouissant de Schah-in-Schah armen. Il surpassait en valeur militaire tous les rois bagratides, tout en étant fort religieux et grand bâtisseur d'édifices pieux. Il avait épousé la pieuse princesse Catramité, qui avait achevé la construction de la cathédrale d'Ani, commencée par Sembat. Il avait, en outre, transféré le siège du catholicos à Ani (992). Malgré tout, Gaghik ne put empêcher l'incorporation à l'empire des états de son allié David. Celui-ci, arrivé à un âge très avancé, avait été empoisonné

19

en l'an 1000 par l'évêque Hilarion, qui s'était mis à la tête d'un complot ourdi contre le prince par les grands de la cour. Basile II se transportait aussitôt en Arménie pour prendre possession personnellement du domaine qui lui revenait par testament. Pendant que l'empereur se dirigeait sur Manazkert, tous les princes chrétiens des alentours s'empressaient d'aller à sa rencontre pour lui rendre hommage. Il y avait là le roi d'Aphkhasie, le roi Abas de Kars à la tête de ses guerriers vêtus de rouge, Sénékérim, roi de Vaspouracan, avec sa cour. Seul Gaghik s'était abstenu de venir jurer de son amitié. Basile s'en était offensé, mais sa colère ne s'était pas traduite par des menaces. Il s'était contenté de punir les meurtriers de David en faisant noyer Hilarion, le principal meurtrier.

Le règne de Gaghik, qui dura jusqu'en 1020, fut, comme celui de son frère, un temps de calme et de prospérité pour les principautés d'Arménie. Mais des difficultés devaient surgir après sa mort : le droit de primogéniture n'existant pas et les rois bagratides devant constituer à leur mort des apanages à chacun de leurs fils, des dissensions éclatèrent aussitôt. La succession fut attribuée au fils aîné, Jean Sembat, soutenu par Keorki, roi de Géorgie, pendant que l'empereur protégeait Aschot, l'autre fils de Gaghik. De plus, Keorki s'était mis en tête de s'emparer à son profit de l'ancien domaine de David. Basile II retournait de nouveau en Arménie pour châtier le rebelle et Jean Sembat, soupçonné d'avoir aidé Keorki dans l'aventure. L'armée byzantine, qui avait campé à Carine, avançait, sous le commandement de l'empereur, jusque dans la Phasiane, et atteignait Keorki au lac de Palacatsis, sur les limites du pays de Schirac. La bataille restait indécise, mais les Géorgiens durent battre en retraite et furent vivement poursuivis. Les Byzantins détruisirent tout sur leur route, crevèrent les yeux aux vaincus, outragèrent les femmes et emmenèrent de nombreux prisonniers qu'ils vendirent dans les bazars de Trébizonde (1021 et 1022) pendant leur hivernage en cette ville.

Le catholicos Petros (1), surnommé le Thaumaturge qui était monté sur le trône patriarcal en 1019, avait été chargé par le roi d'Ani d'aller saluer l'empereur à Trébizonde pour apaiser sa colère. Par sa lettre, Jean Sembat avouait ses torts et demandait pour lui la paix ; il s'engageait, comme David, à céder à l'empire l'héritage de ses pères. Jean Sembat était un prince sans énergie, et de médiocre intelligence ; une corpulence extraordinaire, alourdie par sa petite stature, augmentait encore son indolence. Il avait failli être détrôné par son frère Aschot, lequel était par contre courageux et batailleur. Encouragé et secouru par Sénékérim, roi de Vaspouracan, Aschot avait cerné Ani et livré un combat fratricide sous les murs de la capitale. Sembat avait accepté par la médiation du catholicos, de partager le pouvoir avec Aschot en gardant pour lui Ani et ses environs, abandonnant à son frère les autres districts de son petit royaume. Aschot, de plus, était reconnu comme le successeur de son frère. Kéorki s'était brouillé avec Sembat, il s'était jeté à l'improviste sur Ani qu'il avait pillée, et avait forcé le malheureux roi, son prisonnier, à lui céder ses trois meilleures forteresses. Bientôt Aschot lui-même se trouvait aux prises avec une

---

(1) Petros le Thaumaturge avait été choisi par son prédécesseur Sarkès lors de sa retraite en 1019.

rebellion de ses sujets, et Sembat, le roi d'Ani semblait devoir jouir de quelque tranquillité.

Par un sort fatal, toutes ces luttes intestines qui déchiraient les principautés d'Arménie devaient coïncider avec l'invasion des Turcs, venant de l'Asie centrale. La première apparition des Turcs (1) (1021) se faisait du côté des campagnes du Vaspouracan. Le fils du roi Sénékérim accourait bien au devant d'eux, leur portait bien quelques coups, mais il était obligé de reculer devant leur nombre. Chargés d'un grand butin, les envahisseurs s'en allaient piller le district de Dovine. Pendant que les Turcs accablaient de leurs ravages le Vaspouracan et l'Ararat, les soldats de Basile dévastaient la Géorgie et étouffaient dans le sang toute résistance. C'étaient pour les chrétiens d'Arménie et de Géorgie des jours de calamités.

Sembat avait été créé magistros depuis qu'il avait pris l'engagement de léguer son royaume à l'Empire, il conservait pour sa vie durant le titre d'Archonte d'Ani. Basile II devait, en attendant, avoir la satisfaction de s'annexer les domaines de Sénékérim, pendant qu'il hivernait à Trébizonde. Sénékérim de Vaspouracan, qui avait succédé à son frère en 1003, était excédé des luttes qui désolaient sans cesse ses domaines. Incapable de résister contre les musulmans ses voisins, épouvanté surtout, de l'apparition des Turcs, il proposait à l'empereur, en 1022, de céder son royaume aux Byzantins, qui sauraient, eux, le protéger contre le danger. Il envoya à

---

(1) Les Arméniens désignent les Turcs sous le nom de Dadjik. Les Dadjik formaient une tribu touranienne, de race turque, qui a dû envahir en avant-garde l'Arménie.

Trébizonde son fils David, avec de riches présents, pour négocier la cession de sa principauté. L'empereur consentit à donner en échange de cette souveraineté le district plus paisible de Sébaste, situé sur les confins de l'Arménie-Mineure, avec les dignités de patrice, de magistros et de duc de Mésopotamie. Des commissaires impériaux prirent possession du Vaspouracan (1022), et Sénékérim alla se fixer à Sébaste avec ses fils, David, Adam, Abou-Sahl et Constantin, suivi en outre des gens de sa maison et de quarante mille émigrés, au dire des chroniqueurs. Le nouveau domaine (1) de Sénékérim devenait une seigneurie héréditaire, et à la mort de l'ex-roi, survenue en 1027, son fils David lui succédait. Mais cette seigneurie que les princes du Vaspouracan avaient cru posséder en paix, allait tomber, un demi-siècle après, sous la domination de ces mêmes Turcs qu'ils avaient fuis quelque temps auparavant. Les successeurs d'Alp-Arslan s'en emparèrent définitivement vers 1075, presqu'à l'avènement des Comnènes, et la descendance de Sénékérim sombra dans le naufrage. Ainsi disparut cette famille des Arzérounis dont l'origine remontait au temps des antiques rois d'Ourartou, et dont la descendance s'était maintenue dans cette partie de l'Arménie confinant la Médie pendant plus de dix-huit siècles, à travers les vissicitudes des temps. L'annexion pacifique du Vaspouracan qui rehaussait l'éclat du règne de Basile II, portait pour un demi-siècle les limites de l'Empire jusqu'aux frontières de la Médie. Le gouvernement du Vaspouracan fut attribué d'abord au

---

(1) Il comprenait en outre de Sébaste les villes de Théphrice (Tivrik) et d'Arabghir.

patrice Argyre, qui devait monter sur le trône de Byzance (1028), puis à Nicéphore Comnène, quand les Seldjoukides se rendirent maîtres de la contrée.

Le catholicos Petros Thaumaturge, après sa triste mission à Trébizonde se rendit à Sébaste auprès de Sénékérim, puis à Ani, pour se mêler encore à la politique. Maintenant que Taïk, la Gogarène et le Vaspouracan étaient incorporés à l'Empire, il ne restait plus, pour que toute l'Arménie indépendante appartînt à Byzance, qu'à annexer les domaines des Bagratides. La cession future de ces territoires était assurée, à la mort de Sembat, mais la prise de possession d'Ani ne devait pas se faire pacifiquement. Les grands et le commandant de la place, Bahram Pahlavide, s'opposèrent à la demande de Michel IV, qu'une armée byzantine venait appuyer. Ils se défendirent derrière les remparts et réduisirent les Byzantins, à la faveur d'une sortie, à lever le siège. Ils élirent comme roi Gaghik II (1040-1045), le neveu de Sembat, jeune prince valeureux qu'ils firent sacrer par ce même patriarche Pétros qui avait naguère négocié la cession du Vaspouracan. Les Byzantins ne voulaient point renoncer à leurs prétentions sur Ani : Constantin Monomaque, parvenu au trône, donna ordre au commandant de l'armée byzantine de prendre la ville par la force, et les Byzantins ne craignirent pas de se déshonorer en demandant l'appui de l'émir de Dovine pour dépouiller le jeune Gaghik. Comme la ville résistait toujours, Constantin Monomaque chercha d'attirer près de lui le jeune prince en lui promettant son amitié et la possession de son état pour lui et pour sa descendance. Les grands et le patriarche, soudoyés par les Byzantins, déterminèrent Gaghik à aller à Constantinople pour recevoir la confirmation de la promesse de l'empereur. Mais Gaghik fut retenu captif et Pétros décida les défenseurs à livrer la ville (1045). Cette conquête byzantine, réalisée dans des conditions si peu honorables, fut du reste bien éphémère ; les Turcs succédèrent peu après aux Byzantins dans la possession de ces contrées infortunées. Gaghik reçut en apanage la petite ville de Bizu, en Cappadoce, qui fut pour lui moins une compensation qu'un lieu d'exil jusqu'en 1079. Son caractère ardent et batailleur lui avait créé une foule d'ennemis parmi les officiers de la garnison, qui le surprirent et l'enfermèrent au château de Cybistra, où ils commirent le crime de l'étrangler. Pour achever la déchéance totale des Bagratides il ne restait plus que Kars avec son prince Gaghik, fils d'Abas. Celui-ci s'y maintint jusqu'en 1064, et quand Alp-Arslan eut pris Ani, il abandonna sa ville pour aller se réfugier dans le Taurus, au château de Zamantau (1).

La déchéance des derniers Gaghik d'Ani et de Kars décida du sort de la famille des Bagratides ; elle disparut de la scène dans la tourmente des guerres et des invasions. Les Bagratides qui jouèrent dès les commencements, alors qu'ils formaient une puissante famille noble, un rôle considérable dans l'histoire de l'Arménie, avaient réussi, grâce à leur esprit de suite, leur adresse et souvent leur valeur guerrière à s'élever à une sorte de souveraineté royale qui s'était maintenue durant deux siècles environ. Les derniers Bagratides étaient trop épuisés pour tenir tête au danger qui les pressait de toutes parts ; le torrent

---

(1) Petite place située au sud de Césarée, sur la rivière de Zamanti, affluent du Sarus.

de la nouvelle invasion les emporta. A côté de leur faiblesse, leur impuissance à réduire le régime féodal, leur incapacité politique qui les empêcha de créer un organisme viable, il est juste de signaler que le pouvoir de ces rois Bagratides, avec ses tendances civilisatrices et ses soucis de bien être matériel, fut un temps de bienfait au cours de ces siècles de barbarie.

TABLE CHRONOLOGIQUE DES PRINCES BAGRATIDES

A ANI		PATRIARCHES D'ARMÉNIE	
Aschot I	885	Stéphanos	931
Sembat I	889	Théodoros	932
Aschot II	915	Elisée	938
Abas	928	Anania	943
Aschot III	952	Vahane	968
Sembat II	977	Stéphanos III	969
Gaghik I	990	Hatchik	972
Jean Sembat III	1020	Sarkès I	992
Gaghik II	1040-45	Pétros (Thaumaturge)	010-45

A KARS	
Mouchegh	961
Abas	984
Gaghik	1025-64

IV

Invasion des Seldjoukides. — Dispersion du peuple arménien.

Les rois sassanides, tout en combattant l'empire d'Orient pour prendre pied sur les bords de la Méditerranée, avaient su tenir en respect les peuples belliqueux de la Sogdiane par de nombreuses expéditions dirigées à l'est de leur empire. La Perse avait servi de rempart contre le débordement des peuples de la Scythie d'Asie, et Chosrau Anouschiran était parvenu à briser la puissance des Hephthalites en faisant du cours de l'Oxus une barrière contre ces peuples envahisseurs. Les Arabes, ayant le plus souvent en vue la propagande de leur religion, avaient au contraire attiré, par la voie de l'Iran, les peuples Turcs campés au nord de la Sogdiane. Les califes de Bagdad avaient incorporé dans leurs armées ces races guerrières converties à l'islamisme. Comme les Barbares germaniques dans l'empire d'Occident, les Turcs dominèrent de plus en plus dans les armées du califat et parvinrent à exercer non seulement des fonctions militaires, mais aussi des fonctions civiles, disposant des califes comme les Germains avaient disposé des empereurs romains. C'est vers le commencement du xie siècle que les Turcs commencèrent à faire des conquêtes à leur profit. Récemment convertis à l'islamisme, ils avaient l'ardeur des néophytes et ne rêvaient que conquêtes. Ils savaient se servir de la fortification mieux que les Arabes : ils mettaient en état de défense les passages de rivières et de montagnes au fur et à mesure qu'ils avançaient, procédant dans leur invasion par bonds successifs et assurant ainsi la conservation de leurs conquêtes. Leur chef Togroul-Beg, petit-fils de Seldjouk avait fondé une nouvelle dynastie, celle des Seldjoukides. Il s'était emparé de Khorassan, de la Médie et de la Perse, et il ne devait pas tarder à se rendre maître de la puissance temporelle du califat, à régner avec le titre de Sultan (1037) et à se revêtir de la dignité d'Emir-ul-Uméra, qui lui conférait toute la puissance.

Les Turcs avaient apparu sur les frontières de l'empire byzantin du côté de l'Arménie (1021). C'étaient au dire des chroniqueurs arméniens, des guerriers à l'aspect étrange, aux cheveux longs et flottants, armés de traits meurtriers, semant la mort et la dévastation. Les Byzantins avaient à peine pris possession des anciens domaines des Bagratides et des Arzérounis, que les armées de Togroul-Beg, grossies des hordes de la Médie et de la Perse, vinrent les envahir et camper dans la Phasiane. Elles avancèrent de là vers la Carénitide pour s'emparer de Théodosiopolis, saccager et incendier la ville populeuse d'Arzen. L'année précédente, les Turcs avaient pris d'assaut le fort de Sembat, dans l'Akilisène, dont ils avaient massacré les défenseurs, sans ménager les femmes et les enfants (1).

Pour s'opposer à l'invasion il eût fallu disposer de forces que l'Empire ne possédait plus. Etienne, général de Constantin Monomaque, avait bien remporté quelques succès sur les Turcs, mais il était finalement battu et fait prisonnier pour être vendu comme esclave. Catacolon, gouver-

---

(1) Aristacès de Lastivert.

neur des Taoques, Liparite, roi d'Ibéric, secondés par Grégoire Pahlavide et Aharon de Vaspouracan, avaient aussi rassemblé des troupes, ils avaient même infligé de grosses pertes aux Seldjoukides, quand Liparite tomba prisonnier et les chrétiens se débandèrent frappés de terreur. Peu après Togroul-Beg revint en Arménie à la tête d'une nouvelle armée munie de machines, pour attaquer la place forte Manaskert, et quand il ne put la prendre devant l'énergique défense de Basile, commandant de la place, il se jeta sur les villes voisines de Khlath et d'Arzgué, qu'il brûla en massacrant tous ceux des habitants qui tentèrent de résister.

A la mort de Togroul-Beg (1063), son fils Alp-Arslan renouvela les attaques pour ranger sous sa domination la Géorgie, l'Arménie, la Cappadoce et le Pont. Il tomba sur Ani qui fut prise et saccagée après un court siège (1064). Les Grecs s'en consolèrent et ne virent dans la chute de la ville (1) que la manifestation de la volonté du Christ et de sa mère livrant aux musulmans les Arméniens souillés d'hérésie. Ce fut le signal de la ruine de l'ancienne capitale des Bagratides : ses habitants commencèrent à émigrer ; les uns s'échappèrent dans la Crimée et en Pologne, d'autres allèrent à l'ouest, dans les montagnes du Taurus, en Cilicie. Les retours offensifs des Byzantins ne servaient à rien ; l'invasion avançait toujours en Asie-Mineure. Césarée était prise en 1067 et cent mille Turcs occupaient la Cappadoce et le Pont. L'invasion des provinces de l'empire rendait de plus en plus difficile le recrutement des forces byzantines : l'empire était réduit à la nécessité de se

---

(1) Sous le règne de Constantin Ducas.

servir de corps soldés, de mercenaires accourus de l'ouest, comme les Varangues et les Francs. Malgré le danger, l'empereur romain Diogène s'était porté lui-même en Arménie pour repousser Alp-Arslan. Il était battu et fait prisonnier (1071) comme Etienne, ne devant sa libération qu'à une forte rançon. La victoire remportée par le sultan décidait du sort du plateau d'Arménie. Les Byzantins s'en retiraient définitivement pendant que les habitants étaient voués à tous les malheurs.

Les succès d'Alp-Arslan n'avaient eu cependant aucune portée quant à la possession durable de ces contrées ; l'anarchie régnait partout. Lui disparu, le torrent de l'invasion s'était arrêté un instant, les Grecs avaient repris leur ancienne position alors que les émirs s'entredéchiraient par des dissensions intestines. La trêve qui en résulta fut d'ailleurs bien courte ; Melek-Schah (1072-1093) vint achever les conquêtes commencées par son père. Le nouveau sultan envahit l'Asie-Mineure, chassa les Byzantins de la Syrie septentrionale (1075), s'empara d'Edesse, d'Alep, d'Antioche, étendant sa domination jusqu'à la Méditerranée. Il ramena à l'ordre les émirs et les tyrans qui s'étaient déclarés indépendants. Un de ses lieutenants fit la conquête de l'Albanie en prenant d'assaut la ville de Gantzac. Unissant à la vaillance des qualités nobles et une grande générosité, Melek-Schah fit cesser les horreurs, protégea les peuples vaincus, particulièrement les Arméniens qui s'étaient soumis à sa puissance. La paix et la tranquillité dont jouit la nation sous son règne arrêta un moment le mouvement d'émigration (1).

---

(1) Math. d'Edesse.

Quand après la mort de Melek-Schah, l'empire des Seldjoukides se fut dissocié, les territoires arméniens, furent partagés entre les Grecs, les Georgiens et les émirs musulmans qui en occupaient les parties orientales et méridionales. Les Byzantins avaient réoccupé la Haute-Arménie, les rois de Georgie s'étaient emparés d'Ani et des pays limitrophes en délogeant les Tartares. L'insécurité, le désordre régnaient partout, et ces malheureux pays étaient toujours infestés par les bandes pillardes. La nature elle-même semblait seconder l'action destructive de l'homme : Ani, ébranlée par de violents tremblements de terre, ne présentait plus qu'un amas de décombres (1).

La dévastation avait fait naître la famine ; la situation n'était plus tenable pour des chrétiens, qui, afin de fuir la mort ou l'esclavage, commencèrent à s'exiler ou à faire cause commune avec les hordes et les Kourdes qui avaient commencé à cette époque à avancer vers l'ouest. Parmi les émigrants, les uns gagnèrent, comme auparavant, la Crimée, la Moldavie, la Transylvanie et la Pologne, les autres allèrent en Galatie, en Bithynie et dans les montagnes du Taurus, où des princes arméniens avaient créé un noyau d'indépendance. Le mouvement d'émigration, joint à la décroissance de la population chrétienne, fit de l'Arménie un pays musulman. A partir du xive siècle, les Arméniens ne formèrent plus que des enclaves au milieu des Turcs, des Tartares et des Kourdes.

La situation du patriarcat était devenue nécessairement fort précaire depuis que la ville d'Ani était tombée au pouvoir des Grecs et des Seldjoukides. Le catholicos

---

(1) Ani fut abandonnée en 1319.

Hatchik (1054-1060), neveu et successeur de Pétros le Thaumaturge, avait été conduit à Constantinople et retenu captif par Constantin Ducas. On n'avait pu lui donner un successeur qu'en 1065, et le nouvel élu, Bahram Pahlavide ou Grégoire II, avait fixé son siège à Zamentan (1) dans les montagnes du Taurus, pour se rapprocher des Arméniens qui s'étaient réfugiés dans ces parages (2).

Tel fut le sort de ce peuple arménien échoué sur le plateau d'Ararat, dont il avait fait l'avant-garde du christianisme depuis le iv° siècle. Longtemps protégé par les empereurs païens de Rome, il n'avait pas toujours trouvé, dans la Byzance chrétienne, l'appui nécessaire pour garder le boulevard du christianisme. Malgré cela, ce petit peuple ne s'était laissé entamer ni sous le joug des Sassanides ni sous l'invasion arabe, mais la domination étrangère avait trop lourdement pesé sur lui, pour qu'il pût résister contre le débordement des nouveaux peuples qui envahis-

---

(1) Le trône patriarcal fut ensuite transporté à Roum-Kala (1147) sur l'Euphrate, puis à Sis (1293) et de nouveau à Valarsapat en Etchmiazine, dans l'Ararat, quoique Sis ait gardé jusqu'à nos jours ses catholicos particuliers.

(2) Oschine, originaire du pays des Sunides, avait été un des premiers à émigrer dans les montagnes du Taurus avec ses frères et les nobles de sa maison. Il s'était emparé de la forteresse de Lambron, en en Cilicie et, en se reconnaissant vassal de l'Empire grec, il était confirmé dans sa conquête. Il devint ainsi le fondateur de la puissante famille des Héthoumiens. De son côté, Roupen s'était jeté dans le Taurus, et son fils Constantin s'était emparé de la forteresse de Vahca, qui fut la première capitale du futur royaume arménien de la Cilicie. Les princes arméniens de la Cilicie, qui avaient étendu leur pouvoir jusqu'à la mer et à l'Amanus, et qui étaient entrés en rapport avec les Croisés et les sultans d'Iconium, maintinrent leur indépendance jusqu'en 1375 sous Léon VI. Tombé prisonnier dans les mains des sultans d'Égypte et mis en liberté sur l'intervention du roi de Castille, Léon vint mourir à Paris le 29 novembre 1393 et fut enterré à Saint-Denis, dans le sépulcre des rois de France.

saient l'Occident. Force lui était faite de se disperser pour échapper à l'extermination ou à la perte de sa nationalité et de sa religion.

Quand on envisage sa situation géographique, les attaques incessantes auxquelles il fut en butte, on peut dire que le peuple arménien fit preuve d'une rare ténacité pour maintenir son existence durant une vingtaine de siècles. D'autres peuples, placés dans les mêmes conditions, n'auraient pas certes mieux évolué, à travers les vicissitudes des temps.

FIN

Paris, Typ. Chantenay, 15, rue de l'Abbé-Grégoire.

www.ingramcontent.com/pod-product-compliance
Lightning Source LLC
Chambersburg PA
CBHW070613160426
43194CB00009B/1264